रज़ा पुस्तक माला

# ब्रज ऋतुसंहार

कविता

रज़ा फ़ाउण्डेशन | THE RAZA FOUNDATION

# ब्रज ऋतुसंहार

ब्रजभाषा काव्य की षट् ऋतु-विषयक उत्कृष्ट कविताओं का संकलन

संकलयिता

प्रभुदयाल मीतल

राजकमल प्रकाशन

**रज़ा पुस्तक माला : कविता**

प्रधान सम्पादक : अशोक वाजपेयी | सम्पादक : पीयूष दईया

राजकमल प्रकाशन प्रा.लि. और रज़ा फ़ाउण्डेशन का सह-प्रकाशन

ISBN : 978-81-267-3096-4

**मूल्य** : ₹750



**पहला संस्करण** : 2018

**प्रकाशक** : राजकमल प्रकाशन प्रा. लि.
1-बी, नेताजी सुभाष मार्ग, दरियागंज
नई दिल्ली-110 002

**शाखाएँ** : अशोक राजपथ, साइंस कॉलेज के सामने, पटना-800 006
पहली मंजिल, दरबारी बिल्डिंग, महात्मा गांधी मार्ग, इलाहाबाद-211 001
36 ए, शेक्सपियर सरणी, कोलकाता-700 017

वेबसाइट : www.rajkamalprakashan.com
ई-मेल : info@rajkamalprakashan.com

**मुद्रक** : यश प्रिंटोग्राफिक्स
नोएडा-201301 (उत्तर प्रदेश)

BRAJ RITUSANHAR
*(Poems) Edited & Collected by* Prbhudyal Meetal

# आमुख

कलाओं में भारतीय आधुनिकता के एक मूर्धन्य सैयद हैदर रज़ा एक अथक और अनोखे चित्रकार तो थे ही उनकी अन्य कलाओं में भी गहरी दिलचस्पी थी। विशेषतः कविता और विचार में। वे हिन्दी को अपनी मातृभाषा मानते थे और हालाँकि उनका फ्रेंच और अँग्रेज़ी का ज्ञान और उन पर अधिकार गहरा था, वे, फ्रांस में साठ वर्ष बिताने के बाद भी, हिन्दी में रमे रहे। यह आकस्मिक नहीं है कि अपने कला-जीवन के उत्तरार्द्ध में उनके सभी चित्रों के शीर्षक हिन्दी में होते थे। वे संसार के श्रेष्ठ चित्रकारों में, २०-२१वीं सदियों में, शायद अकेले हैं जिन्होंने अपने सौ से अधिक चित्रों में देवनागरी में संस्कृत, हिन्दी और उर्दू कविता में पंक्तियाँ अंकित कीं। बरसों तक मैं जब उनके साथ कुछ समय पेरिस में बिताने जाता था तो उनके इसरार पर अपने साथ नवप्रकाशित हिन्दी कविता की पुस्तकें ले जाता था : उनके पुस्तक-संग्रह में, जो अब दिल्ली स्थित रज़ा अभिलेखागार का एक हिस्सा है, हिन्दी कविता का एक बड़ा संग्रह शामिल था।

रज़ा की एक चिन्ता यह भी थी कि हिन्दी में कई विषयों में अच्छी पुस्तकों की कमी है। विशेषतः कलाओं और विचार आदि को लेकर। वे चाहते थे कि हमें कुछ पहल करना चाहिये। २०१६ में साढ़े चौरानवे वर्ष की आयु में उनकी मृत्यु के बाद रज़ा फ़ाउण्डेशन ने उनकी इच्छा का सम्मान करते हुए हिन्दी में कुछ नये क़िस्म की पुस्तकें प्रकाशित करने की पहल *रज़ा पुस्तक माला* के रूप में की है, जिनमें कुछ अप्राप्य पूर्व प्रकाशित पुस्तकों का पुनर्प्रकाशन भी शामिल है। उनमें गांधी, संस्कृति-

चिन्तन, संवाद, भारतीय भाषाओं से विशेषत: कला-चिन्तन के हिन्दी अनुवाद, कविता आदि की पुस्तकें शामिल की जा रही हैं। सभी पुस्तकों पर रज़ा साहब और उनके समकालीन मित्र चित्रकारों आदि की प्रतिकृतियाँ आवरणों पर होंगी।

हिन्दी की परम्परा और सर्जनात्मक वैभव का बहुत बड़ा हिस्सा ब्रज काव्य है। ब्रज काव्य में भक्ति, शृंगार और प्रकृति पर केन्द्रित कविताएँ अपनी विपुलता, विविधता और काव्य-कौशल के लिए विख्यात रही हैं। उनमें सौन्दर्य को भाषिक सौन्दर्य में रूपान्तरित करने की अद्‌भुत क्षमता दीख पड़ती है। लगभग सात दशकों पहले मथुरा के एक विद्वान्-रसिक श्री प्रभुदयाल मीतल ने 'ब्रजभाषा साहित्य का ऋतु-सौन्दर्य' नाम से प्रकृति-काव्य का एक संचयन प्रकाशित किया था जिसकी प्रस्तावना महापण्डित राहुल सांकृत्यायन ने लिखी थी। अपनी परम्परा के स्मृति-लोप के इस अभागे समय में इसे 'ब्रज ऋतुसंहार' शीर्षक से पुनर्प्रकाशित कर रहे हैं। *रज़ा पुस्तक माला* के अन्तर्गत ऐसे गौरवग्रन्थों को फिर से पाठकों के सामने लाने का यह एक उपक्रम है। स्मृति के पुनर्वास की एक चेष्टा। हमारे रसिक विद्वान् मित्र रामशंकर द्विवेदी ने इस पुस्तक की मूल प्रति हमें उपलब्ध करायी है जिसे हम आभारपूर्वक आपके सामने ला रहे हैं।

अशोक वाजपेयी

अगस्त २०१७, नयी दिल्ली

# प्राक्कथन

ज्योतिष–शास्त्रियों ने सूर्य की गति की कल्पना करते हुए उसके एक क्रांत वृत्ताकार मार्ग की भी कल्पना की है। सूर्य जितने समय में इस मार्ग का पूरा चक्कर लगाता है, उसे एक वर्ष कहा जाता है। इस मार्ग पर स्थित सूर्य कभी पृथ्वी के निकट रहता है और कभी इससे दूर हो जाता है। जब सूर्य पृथ्वी के निकट रहता है, तब यहाँ पर गर्मी की अधिकता और शीत की न्यूनता होती है। जैसे–जैसे सूर्य पृथ्वी से दूर होता जाता है, वैसे–वैसे ही यहाँ पर गर्मी की न्यूनता और शीत की अधिकता होती जाती है। इस प्रकार सूर्य की स्थिति से उत्पन्न गर्मी सर्दी की न्यूनाधिकता ही ऋतुओं का कारण है।

सूर्य के वृत्ताकार मार्ग के ज्योतिषियों ने १२ भाग किये हैं। ज्योतिष–शास्त्र में इन १२ भागों को १२ राशियाँ और लोक में १२ महीने कहा जाता है। गर्मी, सर्दी और वर्षा के कारण वर्ष के ६ विभाग किये जाते हैं, जिनको छह ऋतु कहते हैं। इस प्रकार प्रत्येक ऋतु दो–दो महीनों की होती है। वृत्ताकार मार्ग पर स्थित सूर्य जब छह महीनों तक पृथ्वी के निकट होता है, तब उसे उत्तरायण और शेष छह महीनों तक जब वह पृथ्वी से दूर होता है, तब उसे दक्षिणायन कहते हैं। उत्तरायण में शिशिर, बसंत और ग्रीष्म तथा दक्षिणायन में वर्षा, शरद और हेमंत ऋतुएँ होती हैं।

यह क्रम सौर मान के अनुसार है; किंतु सूर्य के अतिरिक्त चंद्रमा की गति के अनुसार भी वर्ष और महीनों की गणना की जाती है। चांद्र गणना में वर्ष का आरंभ चैत्र से होता है। इसलिए इस मत के अनुसार ऋतुओं का आरंभ भी चैत्र में पड़ने वाली बसंत ऋतु से किया जाता है। सौर गणना में ऋतुओं का आरंभ शिशिर से होता है, जैसा ऊपर लिखा गया है।

प्रकृति के प्रत्येक व्यापार का अनुकूल अथवा प्रतिकूल प्रभाव मानव-जीवन पर पड़ना स्वाभाविक है, इसलिए साहित्य में ऋतु-वर्णन की परिपाटी अत्यंत प्राचीन काल से प्रचलित है। संस्कृत साहित्य में ऋतुओं का बड़ा मनोरम वर्णन मिलता है। कालिदास कृत 'ऋतुसंहार' इस विषय की प्रमुख रचना है। संस्कृत के अतिरिक्त प्राकृत और अपभ्रंश साहित्य में भी ऋतुओं का सुंदर वर्णन किया गया है। हिंदी साहित्य में ब्रजभाषा कवियों की ऋतु-वर्णन संबंधी एक परंपरा है, जिसके अनुसार विक्रम की १६वीं शती से अब तक सैकड़ों कवियों ने षट् ऋतु विषयक रचनाएँ की हैं। इस प्रकार ब्रजभाषा में ऋतु-वर्णन संबंधी विशाल साहित्य रचा गया है, जो काव्य-सौंदर्य में अपनी समता नहीं रखता है। परिष्कृत साहित्य के अतिरिक्त लोक गीतों में भी ऋतु-वर्णन अति प्राचीन काल से होता रहा है। यद्यपि अत्यंत प्राचीन लोक गीतों के प्रामाणिक नमूने इस समय प्रचुर परिमाण में उपलब्ध नहीं हैं, तथापि इस बात के यथेष्ट प्रमाण हैं कि प्राचीन काल में लोक गीतों द्वारा ऋतु-वर्णन अत्यंत विशद रूप में होता था। बंग, गुर्जर एवं राजस्थान प्रदेशों में १०वीं से १२वीं शती के अनेक ऋतु-संबंधी गीत अब भी उपलब्ध हैं।

वैष्णव संस्कृति में कृष्ण और राधा का सर्वोपरि महत्त्व है, जिसके कारण वैष्णव साहित्य, संगीत एवं चित्रकला आदि कृष्ण और राधा की प्रेम-लीलाओं से ही विशेषतया संबंधित हैं। लोक-मानस पर भी राधा-कृष्ण की कितनी गहरी छाप है, इसके प्रमाण वे लोक गीत हैं, जिनमें राधा-कृष्ण का विविध भाँति से वर्णन किया गया है। बंग एवं गुर्जर प्रदेशों के प्राचीन ऋतु गीतों में भी कृष्ण-लीला का ही वर्णन मिलता है, किंतु राजस्थान के ऋतु गीत वहाँ के शूरवीरों के वर्णनों से भरे हुए हैं।

संस्कृत साहित्य में कालिदास आदि प्राचीन कवियों ने सौर मान के अनुसार शिशिर से ऋतु-वर्णन का आरंभ किया है। इसके विरुद्ध हिंदी साहित्य में चांद्र मान को प्रमुखता देते हुए बसंत से ऋतु-वर्णन का आरंभ किया जाता है। होली शिशिर ऋतु के अंत में होने पर भी एक प्रकार से बसंत ऋतु का उत्सव है। होली के साथ-ही-साथ बसंत ऋतु का आरंभ होता है, इसलिए संस्कृत कवियों के अनुसार शिशिर से ऋतु-वर्णन करने में हमको भी अधिक सुविधा थी। उस समय हमारा संकलन भी अधिक क्रमबद्ध होता; किंतु हिंदी कवियों की प्रचलित परिपाटी के अनुसार हमने बसंत से ही अपने ऋतु-वर्णन का आरंभ किया है। साहित्यिक वर्णन की दृष्टि से होली और बसंत में

अधिक अंतर नहीं है और ब्रजभाषा के कवियों ने इन दोनों का मिला-जुला वर्णन किया भी है; किंतु पृथक् ऋतुओं के अंतर्गत होने के कारण प्रसंग की दृष्टि से वे एक-दूसरे से बहुत दूर पड़ गये हैं। पाठकों को इन दोनों का वर्णन साथ-साथ पढ़ने से विशेष आनंद आ सकता है।

समस्त ऋतुओं में बसंत सर्वश्रेष्ठ है। इस ऋतु में प्रकृति अपना नूतन श्रृंगार करती है, जिसके कारण समस्त भू-मंडल प्राकृतिक सौंदर्य से परिपूर्ण हो जाता है। इस आनंददायक ऋतु का कथन समस्त भाषाओं के कवियों ने जी-भरकर किया है। ब्रजभाषी कवियों ने भी इसका विविध भाँति से बड़ा विशद वर्णन किया है। उन्होंने बसंत के अतिरिक्त होली का कथन भी बड़े हर्षोल्लास के साथ किया है। यदि होली और बसंत संबंधी समस्त ब्रजभाषा रचनाएँ एकत्र कर दी जायँ, तब उनकी संख्या अन्य ऋतु-संबंधी कविताओं से बहुत अधिक होगी। होली और बसंत के पश्चात् वर्षा विषयक रचनाओं का महत्त्व है। यदि होली और बसंत विषयक कविताएँ पृथक् कर दी जायँ, तब वर्षा संबंधी ब्रजभाषा कविताएँ काव्य-सौंदर्य और काव्य-परिमाण दोनों दृष्टियों से सर्वश्रेष्ठ ज्ञात होंगी। वर्षा ऋतु है भी बड़ी सुहावनी ऋतु। इस ऋतु में समस्त रस ही नहीं, वरन् समस्त ऋतुओं की भी सामग्री मिलती है। यही कारण है कि ब्रजभाषा के कवियों ने इसका बड़ा विशद वर्णन किया है। प्रस्तुत पुस्तक में भी वर्षा संबंधी रचनाएँ सबसे अधिक परिमाण में संकलित की गयी हैं। वर्षा, बसंत और होली के पश्चात् ब्रजभाषा कवियों का मन शरद वर्णन में अधिक रमा है। इस ऋतु की रात्रि बड़ी मनोरम होती है। निर्मल आकाश, प्रकाशमान चंद्र और उज्ज्वल चंद्रिका के कारण कवियों को इस ऋतु के वर्णन की स्वाभाविक प्रेरणा मिली है। शरद की सुहावनी रात्रि में श्रीकृष्ण ने गोपियों के साथ रास-लीला की थी, अतः ब्रजभाषा कवियों ने शरद वर्णन के साथ रास-लीला पर भी सुंदर रचनाएँ की हैं। इन ऋतुओं के अतिरिक्त उन्होंने ग्रीष्म, हेमंत और शिशिर का वर्णन विशेष विस्तार एवं मनोयोगपूर्वक नहीं किया है। फिर भी इन ऋतुओं के वर्णन में काव्य-सौंदर्य और काव्य-चमत्कार की कमी नहीं है।

ऋतुओं का संबंध प्रकृति से है, अतः उनके कथन में प्राकृतिक छटा का वर्णन होना आवश्यक है। ब्रजभाषा के कवियों की ऋतु-संबंधी रचनाओं के विषय में कहा जा सकता है कि उनमें प्रकृति-चित्रण और नैसर्गिक वर्णन की अपेक्षा ऋतुओं के उत्तेजक प्रभाव का अधिक कथन किया गया है। ऋतुओं

का प्रकृति-चित्रण दो प्रकार से हो सकता है—केवल प्राकृतिक दृश्यों का उल्लेख करने से अथवा प्राकृतिक दृश्यों का मानव-जीवन पर जो प्रभाव पड़ता है, उसका कथन करने से। प्रथम कार्य चित्रकार का है और द्वितीय कार्य कवि का। यदि काव्य मानव-जीवन का दर्पण है, तब उसमें इस प्रकार का वर्णन होना उचित ही है। ऐसी दशा में ब्रजभाषा-कवियों के ऋतु-कथन को भी उचित कहा जा सकता है, किंतु इसके औचित्य का एक दूसरा प्रमुख कारण भी है। बात यह है कि रस-शास्त्रियों ने ऋतुओं को शृंगार रस के उद्दीपन विभाग के अंतर्गत माना है, इसलिए शृंगार रस की रचनाओं में कवियों को उनके उद्दीपक प्रभाव का वर्णन करना आवश्यक हो गया है। ऋतुओं के उद्दीपन प्रभाव की सांगोपांग योजना के लिए प्रत्येक ऋतु के अनुकूल विलास-सामग्री का भी विशद रूप से वर्णन किया गया है। इस प्रकार के कथन भक्त और शृंगारी दोनों प्रकार के कवियों की रचनाओं में मिलते हैं, यद्यपि उनके दृष्टिकोण में मौलिक भेद है। इसे उस युग का प्रभाव भी कहा जा सकता है।

सुख के साथ दुख और संयोग के साथ वियोग अनिवार्य रूप से लगे हुए हैं। संयोगावस्था में जो वस्तुएँ सुखदायक ज्ञात होती हैं, वे ही वियोगावस्था में दुखजनक प्रतीत होती हैं। ब्रजभाषा-कवियों ने जहाँ ऋतुओं के संयोग-सुख का कथन किया है, वहाँ उन्होंने वियोगावस्था की विरह-व्यथा का भी वर्णन किया है। सुख के दिन बात कहते ही बीत जाते हैं, किंतु दुख की घड़ियाँ बड़ी कठिनता से कटती हैं। यही कारण है कि कवियों ने संयोग-सुख की अपेक्षा वियोग-व्यथा का बड़ा विशद और मार्मिक कथन किया है। यह आश्चर्य की बात है कि उन्होंने अधिकतर नायिका की मनोव्यथा का ही कथन किया है और उन्होंने नायक की विरह-वेदना का वर्णन प्रायः नहीं किया। नायिका की वियोग-व्यथा का वर्णन करने के लिए ब्रजभाषा काव्य में 'बारह-मासा' लिखने की भी परिपाटी प्रचलित है। प्रस्तुत पुस्तक में वियोग शृंगार की ऐसी मार्मिक रचनाओं का संकलन किया गया है, जिन्हें पढ़कर कलेजा मुँह को आने लगता है।

इस पुस्तक की रचना के समय अनेक मुद्रित एवं हस्तलिखित काव्य-ग्रंथों से ऋतु-संबंधी रचनाएँ प्रचुर परिमाण में संगृहीत की गयीं। इनके अतिरिक्त कंठस्थ करने वाले काव्य-रसिकों से भी मैंने बहुत-सी कविताएँ लिखी थीं। इस प्रकार एकत्र की हुई कई सहस्त्र कविताओं में से ९६१ चुनी हुई ऋतु-

संबंधी रचनाएँ इस पुस्तक में संकलित की गयी हैं। ऋतु-विषयक ब्रजभाषा काव्य का ऐसा सर्वांगपूर्ण संकलन हिंदी साहित्य में कदाचित प्रथम बार प्रकाशित हो रहा है, जिसके लिए मैं उक्त ग्रंथ-कर्ताओं एवं काव्य-रसिकों का अनुगृहीत हूँ। भारत के प्रसिद्ध विद्वान महापंडित राहुल सांकृत्यायन जी ने अपनी विद्वत्तापूर्ण प्रस्तावना द्वारा इस पुस्तक का गौरव बढ़ाया है। इसके लिए मैं उनका विशेष रूप से आभारी हूँ।

प्रभुदयाल मीतल

अग्रवाल भवन, मथुरा

द्वि. आषाढ़ कृ. ५, सं. २००७

# प्रस्तावना

ब्रजभाषा का काव्य-साहित्य इतना विशाल है कि इसका पूर्ण परिचय देना विशेषज्ञों के लिए भी दु:साध्य है। खड़ी बोली की कविता के विकास और प्रचार के साथ ब्रज-माधुरी के प्रेमियों की संख्या का कम होते जाना खेद की बात है। कारण कि हिंदी क्षेत्र के बाहर के हिंदी-पाठकों के लिए ब्रज-भाषा कठिन प्रतीत होने लगी है। वे तभी इसका परिचय प्राप्त करने का प्रयत्न कर सकते हैं जब उन्हें मालूम हो कि ब्रज-वाणी कितने अनमोल रत्नों की खान है। मीतल जी इस दिशा में कितना महत्त्वपूर्ण काम कर रहे हैं, इसका एक प्रमाण उनकी यह नवीन रचना 'ब्रजभाषा साहित्य का ऋतु-सौंदर्य' है। छहों ऋतुओं के शोभा-वर्णन में हमारे महान् कवियों ने कितना कमाल किया है इसे आप यहाँ देख सकते हैं।

विश्व के दूसरे महान् कवियों की भाँति हमारे देश के कवियों का भी ऋतु-वर्णन प्रिय विषय रहा है। कालिदास ने तो 'ऋतुसंहार' की रचना षड्ऋतु-वर्णन के लिए ही की थी। संस्कृत महाकाव्यों की ऋतु-वर्णन परंपरा को प्राकृत महाकाव्यों में भी अक्षुण्ण रखा गया। अपभ्रंश साहित्य हमारे लिए बहुत महत्त्व रखता है, क्योंकि अपभ्रंश ही हमारी हिंदी भाषा का—ब्रज, मैथिली आदि जिसके ही अंग हैं—आदि स्रोत हैं। साहित्य में भी हमारे कवियों को अपभ्रंश काव्यों से प्रेरणा मिली है, यद्यपि आगे चलकर वह प्राकृत तथा अपभ्रंश की अपेक्षा संस्कृत से अधिक ली जाने लगी। हमारे छन्दों का उद्‌गम भी यही अपभ्रंश है। इन सब कारणों से हम अपभ्रंश साहित्य की उसी तरह उपेक्षा नहीं कर सकते, जिस तरह भाषा की कुछ कठिनाइयों के कारण हिंदी काव्य-प्रेमी सूर और बिहारी के काव्य की उपेक्षा

नहीं कर सकते। ब्रजभाषा का विशाल साहित्य अब भी अधिकांश हस्त-लेखों के रूप में है; यही अवस्था अपभ्रंश के ध्वंसावशिष्ट साहित्य की भी है। यहाँ यह अप्रासंगिक न होगा, यदि ब्रजभाषा की ऋतु-संबंधी कविताओं से तुलना करने के लिए यहाँ पर कुछ अपभ्रंश के नमूने दे दिए जायँ। अपभ्रंश की ये कविताएँ हमने अपनी 'हिंदी काव्य-धारा' में संकलित की हैं।

## बसंत

इस ऋतु का वर्णन करते हुए प्रस्तुत पुस्तक पृष्ठ-३४ पर दी हुई "रितु बसंत तरु लसंत कामिनी, भामिनी सब अंग-अंग, रमत फाग री। चर्चरी अति विकट ताल गावत गीतहिं रसाल" आदि विष्णुदास की इस कविता के साथ आठवीं सदी के महाकवि स्वयंभू की पंक्तियाँ देखिए—

पइठु बसंत-राउ आणंदें। कोइल कलयलु मंगल-सद्दें॥
अलि-मिहुणेहिं बंदिणेहि पढ़ंतेहि। वरहिण वावणेहि णंच्चंतेहिं॥
कत्थइ चूअ-वणइ पल्लवियइँ। णव-किसलय-फल-फुल्लु ब्भवियइँ॥
कत्थइ गिरि-सिहरहिं विच्छायइँ। खल-मुँह इव मसि-वण्णइँ जायइँ॥
कत्थइ माहव-मासहो मेइणि। पिय-विरहेण व सूसइ कामिणि॥
कत्थइ गिज्जइ-वज्जइ मंदलु। णर-मिहुणेहिं पणच्चिउ गोंदलु॥
कत्थइ अंगारय-संकासउ। रेहइ तंबिरु फुल्लु पलासउ॥
णं दावाणलु आउ गवेसउ। "को मइ दड्ढ ण दड्ढु पएसउ"॥
ऊसरु ऊसरुतहु अपवित्तउ। अण्णए णव पुप्फवइएच्छित्तउ॥
कत्थइ मूय-कुसुम-मंजरियउ। णाइ बसंत वड़ायउ धरियउ॥
कत्थइ पवण-हयइ पुण्णायइ। णं जगे उत्थल्लिया पुण्णायइ॥
कत्थइ अहिणवाइ भमरउलइ। थियइ बसंत-सिरिह णं कुरुलइ॥

उपर्युक्त पंक्तियों के साथ ही ग्यारहवीं सदी के मुल्तानी कवि अब्दुर्रहमान की निम्न पंक्तियाँ देखिए—

खणु मुणिउ दुसहु जम-कालपासु। वर-कुसुमिहि सोहिउ दस दिसासु॥
गय णिवउ णिरंतर गयणि चूय। णव मंजरि तत्थ वसंत हूय॥
जल-रहिय मेह संतविअ काइ। किम कोइल कलरउ सहण जाइ॥
रमणी-यण रत्थिहि परिभमंति। तूरा-रवि तिहुयण वाहिरंति॥
चच्चिरिहि गेउ हुणि करिबि तालु। नच्चीयइ अउव्व वसंत-कालु॥
घण-निविड-हार परिखिल्लरीहिं। रुणझुण-रउ मेहल-किंकिणीहिं॥

## ग्रीष्म

इस ऋतु के वर्णन में केशवदास, सेनापति और करन के साथ ग्यारहवीं सदी के बब्बर की उक्तियाँ देखिए—

तरुण-तरणि तबइ धरणि, पवण बहइ खरा।
लग्ग णाहि जल वड मरुथल, जण-जिअण-हरा॥
दिसइ चलइ हिअअ दुलइ, हम इकलि वहू।
घर णहि पिअ सुणहि पहिअ! मण इच्छइ कहू॥

बब्बर के अतिरिक्त उसके समकालीन अब्दुर्रहमान की पंक्तियाँ देखिए—

विसम झाल झलकंत जलंतिअ तिव्वयर।
महियलि वण-तिण-दहण तवंतिय तरणि-कर॥
जम-जीहइ णं चंचलु णहयलु लहलहइ।
तडतडयड धर तिडइ ण तेयह भरु सहइ॥
अइउन्हउ बोमयलि पहंजणु जं वहइ।
तं झंखरु विरहिणिहि अंगु फरिसिउ दहइ॥

## वर्षा

इस ऋतु के वर्णन में भुवनेश, दिवाकर, बेनीप्रवीन तथा दूसरे कवियों की रचनाओं के साथ आठवीं सदी के महाकवि स्वयंभू की कुछ पंक्तियाँ देखिए—

अमर महद्घणु गहिय करे, मेह गइंदे चडिवि जस-लुद्धउ।
उप्परि गिंभ-णराहिवहो, पाउस-राउ णाइँ सण्णद्धउ॥
जे पाउस-णरिंदु गलगज्जिउ, धूली रउ गिंभेण विसज्जिउ।
गंपिणु मेह विंदि आलग्गउ, तडि करवालु पहारेहिं भग्गउ॥
जं वि वरम्मुहु चलिउ विसालउ, उट्ठिउ हण-हणंतु उण्हालउ।
धग-धग-धग-धगंतु उद्घाइउ, हस-हस-हस-हसंतु संयाइउ॥
जल-जल-जल-जलंतु पयलंतउ, जालावलि फुलिंग मेल्लंतउ।
मेह-मेहग्गय-घड विहडंतउ, जं उण्हालउ दिट्ठ भिडंतउ॥

दसवीं सदी के फक्कड़ महाकवि पुष्पदंत पावस पर कहते हैं—

मय-उलु तसइ रसइ वरिसइ घणु। पीयलु सामलु विरसइ सुरधणु॥
महि-णीहरिउ हरिउ बड्ढइ तणु। पवसिय-पियहि पियहि तप्पइ मणु॥
फुल्ल कलम्ब-तंवु दीसइ वणु। तिम्मइ तम्मइ मणि जूरइ जणु॥

तडि तडयडइ पडइ रुजइ हरि। तरु कडयडह फुडइ विहडइ गिरि॥
जलु परियलइ घुलइ घुम्मइ दरि। अइरय सरइ भरइ पूरे सरि॥
जलु थलु सयलु जलुजि संजायउ। मग्गु अमग्गुण किंपि वि णायउ॥

बारहवीं सदी (१०८८-११७९ ई.) के आचार्य हेमचंद्र सूरि ने भी पावस पर कविताएँ उद्धृत की हैं—

रेहइ अरुण-कंति धरणी-अलि इंदगोवया।
पाउस-सिरि नाइ पय जावय-विंदु लग्गया॥
गहिरु गज्जइ धरइ मय-वारि, विहलं-घुलु नहु कमइ।
गज्जइ घणमाला घणघणाह, नं मयण-निवइणो कुंजरघड॥
वज्जहिं गज्जिर-घण-मद्दल, नच्चहिं नह-यल-अंगणि नव-चंचल विज्जुल।
गायहिं सिहि इह संगीअउ, पाउस-लच्छिहि करइ जुआणह मण आउल॥

## शरद

सौंदर्य का वर्णन केशवदास, सेनापति, सेवक ने किया है। अब त्रिपुरी के कवि बब्बर का चमत्कार देखिए—

णेत्ताणंदा उग्गो चंदा, धवल-चमर-सम सिय अरविंदा।
उग्गे तारा तेआ-सारा, विअसु कुसुअ-वण-परिमल-कंदा॥
भासे कासा सब्बा आसा, महुर-पवण लह-लहिअ करंता।
हंसा सद्दे फुल्ला बंधू, सरअ-समअ सहि! हिअ अहरंता॥

अथवा अब्दुर्रहमान की रसवती वाणी में—

गय विद्दरवि वलाहय गयणिहि। मणहर रिक्ख पलोइय रयणिहि।
हुयउ वासु छम्मयलि फणिंदह। फुरिय जुन्ह निसि निम्मल चंदह॥
सोहइ सलिलु सरिहिं सयबत्तिहि। विविह तरंग तबंगिणि जंतिहि॥
धवलिय धवल संख-संकासिहि। सोहइ सरह तीर संकासिहि॥
णिम्मल णीर सरिहिं पवहंतिहिं। तड रेहंति बिहंगम-पंतिहिं॥
पडिबिंबउ दरसिज्जइ विमलहिं। कद्दम भारु पमुक्किउ सलिलहिं॥
दिंतिय णिसि दीवालिय दीवय। णव ससिरेह-सरिस करि लीअय॥
मंडिय भुवण तरुण जोइक्खहिं। महिलिय दिंति सलाइय अक्खिहिं॥

## हेमंत

चित्रण में केशवदास के साथ अब्दुर्रहमान को देखिए—

तह कंखिरि अणियत्ति, णियंती दिसि पसरु।
लइ ढुक्कउ कोसिल्लि हिमंतु तुसार भरु॥
हुइय अणायर सीयल, भुवणिहि पहिय जल।
ऊसारिय सत्थरहु सयल कंदुट्ट दल॥
सेरंधिहिं घणसारु ण चंदणु पीसयइ।
अहरक ओला लंकिहिं मयणु समीसियइ॥
सीहंडिहि वज्जियउ घुसिणु तणि लेवियइ।
चम्पएलु मियणाहिण सरिसउ सवियइ॥

## शिशिर

सौंदर्य के सुंदर वर्णन में केशव, सेनापति की सूक्तियों के साथ बब्बर की रचना का चमत्कार देखिए—

जं फुल्लु कमल-वण बहइ लहु पवण, भमइ भमरकुल दिसि-विदिसं।
झंकार पलइ वण खट्ट कुहिल गण, विरहिअ हिअ हुअ दर-बिरसं॥
आणंदिय जु अजण उलसु उठिअ मण, सरस णलिणि-दल किअ सश्रणा।
पलट सिसिररिउ, दिअस दिहर भउ, कुसुम समअ अवतरिअ वणा॥

अपभ्रंश के इन उद्धरणों से प्रस्तुत पुस्तक के ऋतु-वर्णन की तुलना करने पर मालूम होगा कि स्वयंभू, पुष्पदंत, अब्दुर्रहमान और बब्बर के उत्तराधिकारियों ने कविता के ध्वज को नीचे नहीं गिरने दिया।

एक साधारण कविता-समुच्चय में ऋतु-वर्णन पढ़ लेने से पाठकों की तृप्ति नहीं होती थी। मीतल जी ने ब्रजकाव्य-महोदधि से ऋतु-वर्णन के इतने अधिक और सुंदर रत्नों को एकत्रित कर साहित्य-प्रेमियों का बहुत उपकार किया है। उनके ब्रज साहित्य के गंभीर ज्ञान और उनकी न विश्राम लेने वाली लेखनी से ब्रजभाषा साहित्य के प्रचार और उसे प्रकाश में लाने के लिए अभी बहुत आशा की जा सकती है।

राहुल सांकृत्यायन
नैनीताल
२६-०६-१९५०

# ऋतुसंहार
## प्रकृति की पट्टी पर उकेरी गयी अल्पना

रामशंकर द्विवेदी

ऋतुसंहार
प्रकृति की पट्टी पर उकेरी गयी अल्पना

क्या किसी ऐसे लोक की कल्पना संभव है, जहाँ दिक्-प्रांतर और आकाश न हो। वनस्पति जगत् न हो, प्रकृति की हरीतिमा और प्रकाश की विविध वर्णाभ उज्ज्वलता न हो। आदम और ईव के मिथक रचना के पूर्व स्वर्गोधान पहले है। वेदों में भी इन्द्र, वरुण (जल और मेघ के अधिष्ठात् देवता), मित्र (सूर्य) सविता सभी हैं। उषा सूक्त भी है और पृथिवी सूक्त भी। मनुष्य या देव की जो भी लीला है, वह प्रकृति के प्राँगण में ही हुई है। इसलिए मनुष्य के जितने भी कलात्मक प्रयास हैं, उनमें बाह्य जगत् अर्थात् प्रकृति का प्रभूत चित्रण मिलता है। ऐसा लगता है प्रकृति के संकाश से ही मनुष्य के हृदय ने धड़कना सीखा है। प्रकृति मानो उसकी चित्त पट्टी पर उकेरी गयी अल्पना हो।

हिंदी काव्य में प्रकृति के दो रूप मिलते हैं—एक तो उसमें उद्दीपनकारी शक्ति का अनुसंधान किया गया है। प्रकृति मनुष्य के मन में विविध प्रकार के स्पंदनों को जगाती रहती है। दूसरे रूप में प्रकृति शांत, सौम्य, अनुत्तेजक रूप में मनुष्य को प्रतिभासित होती है। ऐसी स्थिति में मनुष्य की दृष्टि उसके निरपेक्ष सौंदर्य पर पड़ती है। रस-शास्त्र में प्रकृति के पहले विनियोग को उद्दीपनकारी कहा जाता है और दूसरे विनियोग को आलम्बनात्मक। आलोचक रामचन्द्र शुक्ल ने प्रकृति के इस दूसरे रूप को अच्छा समझा है और पहले रूप को उन्होंने उतना मान नहीं दिया है। उसका कारण है, पहले में प्रकृति गौण और उसके माध्यम से मानवीय भावनाओं का प्रकटीकरण मुख्य होता है।

भारत में प्रकृति पर विस्तार से विचार किया गया है। शंकराचार्य प्रकृति को मिथ्या मानते हैं। वे कहते हैं—जो भी दृश्य है, वह नश्वर है। पर विशिष्टाद्वैतवाद में प्रकृति को भी सत्य माना गया है। दृश्य को भ्रमात्मक कहा गया है जैसे रज्जु में सर्प का भ्रम। पर सर्प भी सत्य है और रज्जु भी सत्य है। भ्रम असत्य है पर भ्रम का आधार या उसकी कल्पना सत्य है। फिर कहा जाता है यह सत्य भी असत्य है पर उससे उत्पन्न भय सत्य है क्योंकि उसका परिणाम द्रष्टा के मन पर दृष्टिगोचर होता है।

'सांख्य' दर्शन में सिर्फ दो तत्त्व हैं—एक प्रकृति, दूसरा पुरुष। पुरुष के कारण ही प्रकृति में विकृति अर्थात् सक्रियता, गति या स्पंदन पैदा होता है। यह पहला दर्शन है जिसने प्रकृति को महत्त्व दिया। दार्शनिक ऊहापोह के विस्तार में न जाकर मेरा प्रतिपाद्य काव्य में प्रकृति के विनियोग से है। दरअसल काव्य या कलाएँ राग के परिसर में ही गतिशील होती रहती हैं।

प्रकृति जड़ नहीं प्राणवन्त है। वह भी हमारी तरह सुख-दुःख का अनुभव करती है। अब तो भौतिक विज्ञान ने यह सिद्ध कर दिया है कि पदार्थ और कुछ नहीं ऊर्जा का सघन रूप है। १९वीं और २०वीं शताब्दी में महान वैज्ञानिक जगदीशचन्द्र वसु ने तमाम प्रयोगों द्वारा यह सिद्ध कर दिया है कि प्रकृति भी हमारी तरह साँस लेती है। उसमें भी जीवन है, प्राण है और वह भी अनुभव करती है। उन्होंने अपनी 'अव्यक्त' पुस्तक में इस मूक, मौन और मुखर भाषा से रहित जगत् की जीवंतता पर विस्तार से अपने प्रयोगों के निष्कर्ष जात परिणामों का बखान किया है। इस दृष्टि से उनके दो निबंध जन्म और मृत्यु महत्त्वपूर्ण हैं। किसी पौधे पर आघात करने पर उसकी क्या प्रतिक्रिया होती है—वसु महाशय ने इस पर भी प्रयोग किये हैं।

इसी जीवंत प्रकृति से मानव जगत् घिरा हुआ है। शब्द ने जब से काव्य का रूप ग्रहण किया है तब से प्रकृति के विविध रूपों का वर्णन उसमें उपलब्ध होता है। प्रकृति और मनुष्य के राग-विराग का पहला दृष्टांत कालिदास के 'ऋतुसंहार' में मिलता है। हालाँकि ऋतु-चित्रण की यह परंपरा अपभ्रंश काव्य में भी मिलती है जैसा कि राहुल सांकृत्यायन ने अपनी 'ऋतु-सौंदर्य' की भूमिका में दिखाया है। ब्रजभाषा साहित्य के मर्मज्ञ प्रभुदयाल मीतल को 'ब्रजभाषा साहित्य का ऋतु-सौंदर्य' ग्रंथ-रचना की प्रेरणा कालिदास के 'ऋतुसंहार' से ही मिली है। उन्होंने अपने 'प्राक्कथन' में लिखा है—'प्रकृति के प्रत्येक व्यापार का अनुकूल अथवा प्रतिकूल प्रभाव मानव-जीवन पर

पड़ना स्वाभाविक है, इसलिए साहित्य में ऋतु-वर्णन की परिपाटी अत्यन्त प्राचीन काल से प्रचलित है। संस्कृत साहित्य में ऋतुओं का बड़ा मनोरम वर्णन मिलता है। कालिदासकृत 'ऋतुसंहार' इस विषय की प्रमुख रचना है।'

ब्रजभाषा कवियों की ऋतु-वर्णन-परंपरा का उल्लेख करते हुए उन्होंने लिखा है—'हिंदी-साहित्य में ब्रजभाषा कवियों की ऋतु-वर्णन संबंधी एक परंपरा है, जिसके अनुसार विक्रम की १६वीं शती से अब तक सैकड़ों कवियों ने ही षट्-ऋतु विषयक रचनाएँ की हैं। इस प्रकार ब्रजभाषा में ऋतु-वर्णन संबंधी विशाल साहित्य रचा गया है, जो काव्य-सौंदर्य में अपनी समता नहीं रखता है।'

ब्रजभाषा कवियों का जो ऋतु-वर्णन है, उसके माध्यम से उन्होंने विभिन्न ऋतुओं के मानव-मन पर पड़ने वाले प्रभावों का विस्तार से वर्णन किया है। इस प्रभाव के मूल में 'राग' या श्रृंगार रस के उत्तेजक दृश्य हैं। इसलिए मीतल जी लिखते हैं—'ऋतुओं के उद्दीपन प्रभाव की सांगोपांग योजना के लिए प्रत्येक ऋतु के अनुकूल विलास-सामग्री का भी विशद रूप से वर्णन किया गया है।' उनका कहना है—'इस प्रकार के कथन भक्त और श्रृंगारी—दोनों प्रकार के कवियों की रचनाओं में मिलते हैं, यद्यपि उनके दृष्टिकोण में मौलिक भेद है। इसे उस युग का प्रभाव भी कहा जा सकता है।'

इस पुस्तक की रचना में उन्होंने जो प्रभूत परिश्रम किया है, वह सराहने योग्य तो है ही वरन् प्रेरक भी है। उन्होंने इस संकलन के लिए 'अनेक मुद्रित एवं हस्तलिखित काव्य-ग्रंथों से ऋतु-संबंधी रचनाएँ प्रचुर परिमाण' में संगृहीत की थीं। इसके अतिरिक्त कंठस्थ करने वाले काव्य-रसिकों से भी उन्होंने बहुत-सी कविताएँ लिखी थीं। इस प्रकार उनके पास कई सहस्र रचनाएँ एकत्र हो गयीं, जिनमें से चुनी हुई ऋतु-संबंधी रचनाएँ इस पुस्तक में संकलित की गयी हैं।

इस संकलन को उन्होंने ब्रजभाषा की ऋतु-संबंधी कविताओं का पहला संकलन कहा है। और मेरी दृष्टि में भी फिर कोई इस तरह का दूसरा संकलन देखने को नहीं मिला है।

इस संकलन का ढाँचा क्या है, इस पर भी थोड़ा विचार कर लेना चाहिए। ऋतु-सौंदर्य का वर्णन 'वसंत' ऋतु से क्यों किया गया—'शरद्' से क्यों नहीं। मीतल जी ने ज्योतिष के हिसाब से ऋतु-चक्र पर विचार करते हुए 'वसंत' को ही पहली ऋतु मानकर अपने संकलन का क्रम निर्धारित किया

है। इसके लिए उनके संकलन पर उनकी मौलिकता की भी छाप है। हर ऋतु के प्रारंभ में उन्होंने किस 'राशि' में वह ऋतु पड़ती है इसका उल्लेख किया है, फिर इस ऋतु की अवधि किन दो महीनों में होती है, उसका भी संकेत किया है। जैसे—'बसंत' ज्योतिष के हिसाब से 'मीन-मेष' राशि में पड़ता है। इसकी कालावधि चैत्र और वैशाख मास भर है। इसी तरह ग्रीष्म की अवधि ज्येष्ठ और आषाढ़ है, वर्षा की श्रावण और भादों, शरद् की क्वार और कार्तिक तथा हेमंत की मार्गशीर्ष और पौष एवं शिशिर की माघ और फाल्गुन। इनकी क्रमशः राशियाँ हैं—वृषभ-मिथुन, कर्क-सिंह, कन्या-तुला, वृश्चिक-धनु तथा मकर-कुम्भ। हर ऋतु का लक्षण बताने वाला एक दोहा भी हर ऋतु के प्रारंभ में दिया गया है। जैसे 'वसंत' के लक्षण व्यंजक दोहा इस प्रकार है—

बरनि बसंत सु पुष्प अति, विरह-विदारन वीर।
कोकिल कलरव, कलित वन, कोमल सुरभि समीर॥

ग्रीष्म का देखिए—

ताते सरल समीर मुख, सूखे सरिता-ताल।
जीव अचल, जल-थल विकल, ग्रीषम सफल रसाल॥

वर्षा में क्या-क्या होता है, एक दोहे में देखिए—

वर्षा हंस-पयान, बक-दादुर-चातक-मोर।
केतकि पुष्प-कदंब-जल, सौदामिनि घनघोर॥

इसी तरह शरद् में परिवेश का रूप कैसा होता है—

अमल अकास, प्रकास ससि, मुदित कमल-कुल काल।
पंथी पितर पयान नृप, सरद सु 'केशव' दास॥

हेमंत का रूप कैसा होता है, इस छोटे से दोहे में देखिए—

तेल-तूल-तांबूल-तिय, ताप तपन रतिवंत।
दीर्घ रैनि, लघु दिवस पुनि, सीत सहित हेमंत॥

शिशिर ऋतु के लक्षणों को द्योतित करने वाला दोहा इस प्रकार है—

सिसिर सरस मन बरनिये, 'केशव' राजा-रंक।
नाचत-गावत रैन-दिन, खेलत-हँसत निसंक॥

इन दोहों के अलावा हर ऋतु पर गद्य में एक छोटी सी टिप्पणी दी गयी है

जो उस ऋतु पर थोड़ा विस्तार से प्रकाश डालती है। इसमें ऋतु का परिचय, उसके लक्षण, उसका मानव-मन पर पड़ने वाले प्रभाव का निर्देश रहता है। यद्यपि इस टिप्पणी का परिसर एक या दो पृष्ठ का होता है किन्तु किसी भी ऋतु के वैशिष्ट्य को जानने के लिए ये टिप्पणियाँ अत्यन्त महत्त्वपूर्ण हैं।

इन टिप्पणियों का शीर्षक है—'ऋतु-परिचय' जैसे बसंत-परिचय, ग्रीष्म-परिचय आदि। इसके अंतर्गत मीतल जी ने ऋतु की प्रकृति, उसके स्वभाव के अलावा, उसमें होने वाला परिवर्तन, मौसम के अनुसार जन-जीवन में होने वाले क्रिया-कलापों पर भी प्रकाश डाला है। अब 'बसंत' ऋतु को ही लीजिए। इसके परिचय में उन्होंने लिखा है—'ऋतुओं में सर्वश्रेष्ठ मानने के कारण इसे ऋतुराज कहते हैं। इसके आते ही प्रकृति अपना नूतन शृंगार करने लगती है। पल्लवहीन वृक्षों में नई कोंपलें आने लगती हैं। आम के वृक्षों में नए बौर आने लगते हैं, पक्षियों के कलरव और भ्रमरों की गुंजार से समस्त वन-बाग मुखरित हो उठते हैं।'

बसंत के मानव-जीवन पर पड़ने वाले प्रभावों का उल्लेख करते हुए उन्होंने इस ऋतु में प्राचीन काल में होने वाले उत्सवों का भी संकेत किया है जैसे मदनोत्सव, बसंतोत्सव, सुबसंतक, अशोकोत्तंसिका आदि। फिर इन उत्सवों में क्या होता था उसका भी विवरण दिया गया है। इन उत्सवों का विस्तारपूर्वक वर्णन आचार्य हजारी प्रसाद द्विवेदी ने अपनी पुस्तक 'प्राचीन भारत में कलात्मक विनोद' में किया है। इस ऋतु की एक विशेषता यह भी है कि इसमें गायन-वादन और सरस्वती पूजा भी होती है। बसंत पंचमी के दिन काव्य-गोष्ठियों का आयोजन भी इस ऋतु की एक विशेषता है। यह परंपरा बिहार, मिथिला और अन्य अंचलों में आज भी छिट-पुट रूप में प्रचलित है।

ब्रजभाषा काव्य में ऋतु-सौंदर्य उस काल की रचना है जब आधुनिकता का कोई चिह्न नहीं था और न आज जैसे किसी भी ऋतु में किसी भी ऋतु की कृत्रिम रचना करने वाले साधन थे। फिर भी ऋतुओं का प्रभाव तो आज भी वैसा ही है, हाँ, पर्यावरण प्रदूषण और ग्रीन गैसों के उत्सर्जन से मौसमों में होने वाले आकस्मिक परिवर्तनों से जनजीवन जरूर अस्त-व्यस्त या पीड़ित होता रहता है।

ग्रीष्म आते ही बसंत की कमनीयता धीरे-धीरे तिरोहित होने लगती है, पथिक रास्ता चलना छोड़ घने वृक्षों की छाया में विश्राम करने लगते हैं। पहने गये साधारण वस्त्र भी गर्मी के कारण असह्य हो जाते हैं। भक्त कवियों ने अपने

इष्ट देव को सुख पहुँचाने के लिए खस आदि के कृत्रिम साधनों से शीतल वातावरण उत्पन्न करने का वर्णन किया है। विलासी लोग इस मौसम में अनुकूलता के साधन ढूँढ़ ही लेते हैं। तालाब, पोखर, नदियाँ आदि क्षीणतोया हो जाती हैं।

बसंत के बाद ब्रजभाषा-कवियों की सबसे प्रिय ऋतु वर्षा है। इसलिए प्रभुदयाल मीतल ने सबसे अधिक पृष्ठ इसी ऋतु-सौंदर्य के चित्रण को दिए हैं। मीतल जी के शब्दों में ''वर्षा ऋतु सबसे अधिक मनोरम और सुहावनी ऋतु होती है, इसलिए कवियों ने इसका अत्यन्त विस्तारपूर्वक वर्णन किया है। ग्रीष्म ऋतु की प्रचंड तपन से संत्रस्त चराचर जगत् के लिए वर्षा ऋतु वरदान के रूप में आती है। इसीलिए इसका इतना अधिक महत्त्व माना जाता है।''

ऋतु-परिचय में कहीं-कहीं मीतल जी ने भावविह्वल होकर गद्य काव्य की रचना कर दी है—बादलों की गरज, बिजली की चकाचौंध और कोयल की कुहू-कुहू की मधुर ध्वनि से चारों ओर रस बरसाने लगे, झिल्लीगण झनझनाने लगे और मेंढक टर्राने लगे। इस प्रकार वर्षा-ऋतु ने सदल-बल समस्त पृथ्वी पर अपना अधिकार कर लिया।

शरद के आते ही घोर वर्षा से प्राणियों को राहत मिल जाती है। इस ऋतु का सबसे बड़ा सौंदर्य इसकी चाँदनी रात है। नदियों का जल स्वच्छ हो जाता है। पथिक रास्ता चलने लगते हैं। वर्षा के दुर्दिन बीत जाते हैं। यह वही शरद ऋतु है जिसमें भगवान श्रीकृष्ण ने रास रचाया था। इसलिए कृष्ण भक्त कवियों ने इस ऋतु चित्रण में 'रास' या कृष्णलीला के बड़े मनोरम चित्र खींचे हैं। वर्षा और शरत् ऋतु के सौंदर्य ने भारत की चित्रकला—विशेषकर राजपूत कला को विशेष प्रभावित किया है।

हेमंत ऋतु कष्टकारक शीत के कारण बड़ी कठोर होती है। लम्बी रातों से ऊबकर लोग सूर्योदय की प्रतीक्षा करते रहते हैं। इस ऋतु में सूर्य की ऊष्मा बड़ी क्षीण होती है। बिहारी ने तो यहाँ तक लिख दिया कि घर-जमाई की तरह इस ऋतु का दिन कब उदित हुआ, कब अस्त हो गया इसका पता ही नहीं चलता। फिर भी मीतल जी ने ब्रजभाषा-कवियों के अनुसार हेमंत ऋतु में शीत निवारण के पंच 'तकार' बताए हैं। वे हैं—तरुणी, तांबूल, तैल, तूल और तरणि। उन्होंने इन 'तकारों' का खुलासा करते हुए लिखा है—'तरुणी स्त्री का सहवास, बढ़िया मसालों से बने हुए तांबूल का चर्वण, तैल-मर्दन,

तूल अर्थात् रुई के वस्त्रों का धारण और तरणि अर्थात् सूर्य की धूप का सेवन—ये वे साधन हैं, जिनका विलासीजन प्रचुरता से उपयोग करते हैं।'

हेमंत के बाद शिशिर ऋतु का आगमन होता है। इसके परिचय में मीतल जी लिखते हैं—'शिशिर शीत के उत्थान और पतन की ऋतु है। इस ऋतु के लक्षणों में उन्होंने भयंकर सर्दी, बर्फीली वायु, मेघ की गरज और बिजली की चमक के साथ माघ मास की वर्षा, आँधी-तूफान एवं ओला-पाला की अधिकता बताई है, जिनके कारण शीत की कठोरता अपनी चरम सीमा पर पहुँच जाती है। इसके फलस्वरूप वन-उपवन और बाग-बगीचों के खिले हुए पुष्प ही नहीं, वरन् उनके पत्ते तक झड़ने लगते हैं। पूरा वातावरण उजाड़ हो जाता है और शिशिर म्लान होकर बसंत के लिए जगह छोड़ने लगता है।'

मीतल जी के अनुसार, फाग और होली शिशिर ऋतु की विशेषताएँ हैं जिनके कारण यह नीरस ऋतु भी सरस बन जाती है। शिशिर ऋतु की दृष्टि से ब्रजभाषा काव्य का पर्यवेक्षण करने के बाद मीतल जी ने लिखा है कि इस ऋतु के वर्णन में कवियों का मन रमा नहीं है, किन्तु उन्होंने होली का कथन बड़े विस्तार एवं मनोयोगपूर्वक किया है।

ब्रजभाषा-कवियों के ऋतु-सौंदर्य-संबंधी कविताओं के संकलन के पीछे मीतल जी की एक विशेष दृष्टि रही है। इस साहित्य के गहन अनुशीलन से उन्हें इसके पीछे एक विन्यास मिला है। उस विन्यास के कुछ निश्चित चरण या वर्ण हैं। उनके चयन और क्रम से उनका विवेक झलकता है। इसलिए उन्होंने ऋतु-सौंदर्य-संबंधी काव्य को एक परिपाटी के अनुसार सजाया है। विभिन्न चरणों को उन्होंने विभिन्न वर्गों में बाँटकर उन्हें विभिन्न शीर्षक दिए हैं। कुछ शीर्षक या वर्ग तो हर ऋतु-वर्णन में समान रूप से विन्यस्त हुए हैं, पर कुछ में विषय-वस्तु के अनुसार भिन्नता, विविधता या व्यतिक्रम आ गया है। जैसे—'विलास' शब्द लीजिए। ऋतु आने पर उसका आनन्द उठाना। अब 'विलास' मानव-मन की उस राग-चेतना को व्यक्त करता है, जिसमें उसकी सुखोपभोग की प्रवृत्ति उल्लासपूर्वक आनन्द मनाती है। अब इस विलास की प्रवृत्ति किन-किन ऋतुओं में सजग और सक्रिय रहती है, जैसे—ग्रीष्म-विलास, वर्षा-विलास, शरद-विलास, हेमंत-विलास, शिशिर-विलास। बसंत में भी मानव-मन विलास करता है किन्तु उसमें राग-रंग की प्रधानता होती है, इसलिए वहाँ विलास की जगह राग-रंग शब्द का प्रयोग किया गया है।

इसी तरह से कहीं-कहीं विहार शब्द का प्रयोग किया गया है। फिर इस शीर्षक के अंतर्गत उस तरह की कविताओं का संकलन किया गया है। जैसे ग्रीष्म-विहार, वर्षा-विहार, शरद-विहार, किसी-किसी ऋतु-विषयक कविताओं का विन्यास विरह अथवा वियोग के अंतर्गत किया गया है। जैसे, वसंत-वियोग, ग्रीष्म-वियोग, वर्षा-वियोग, किसी-किसी ऋतु में वियोग के स्थान पर विरह शब्द का प्रयोग कर उसके अंतर्गत विरह-संबंधी कविताओं को संकलित किया गया है। कहीं-कहीं वियोग है तो वियोग के पहले संयोग दिया गया है। जैसे—बसंत-संयोग, वर्षा-संयोग। किसी-किसी ऋतु में केवल विरह है जैसे ग्रीष्म में, शरद में, हेमंत में। कहीं-कहीं दोनों हैं अर्थात् विरह भी और वियोग भी, जैसे—शिशिर में। किसी-किसी में विरह और वियोग दोनों हैं, जैसे वर्षा ऋतु में। जिस किसी ऋतु के वर्णन में कवियों ने लंबे रूपक का विधान किया है, वहाँ रूपक के अंतर्गत ऐसी कविताओं को एक साथ दिया गया है, जैसे—बसंत-रूपक, ग्रीष्म-रूपक, वर्षा-रूपक। कहीं-कहीं ऋतु के चित्रांकन में वर्णन शब्द का प्रयोग किया गया है और कहीं 'छवि' शब्द प्रयुक्त हुआ है, जैसे—वर्षा-वर्णन और शरद-छवि, हेमंत-वर्णन, शिशिर-वर्णन। ऋतु-सौंदर्य के अंकन के लिए 'बहार' शब्द का भी प्रयोग किया गया है, जैसे—बसंत-बहार, वर्षा-बहार।

ब्रजभाषा साहित्य के ऋतु-सौंदर्य के अंतर्गत जो भी कविताएँ दी गयी हैं उनमें एकरसता, उबाऊपन न होकर विविधता है। हर ऋतु की प्रकृति, प्रभाव, विस्तार, व्यापकता के आधार पर उनको विविध शीर्षकों में समेटा गया है। अब जैसे बसंत को लीजिए तो उसकी बहार कैसी होती है, उसमें राग-रंग कैसा होता है, उसमें उत्सव कैसे मनाया जाता है, उसका आगमन किस प्रकार होता है, मानव-मन उसका स्वागत किस प्रकार करता है, बसंत का प्रभाव और उसकी व्यापकता कहाँ तक होती है और फिर उसके विविध रूप कैसे हैं—इन्हीं बिन्दुओं को ध्यान में रखकर कविताओं का संकलन किया गया है। अब ग्रीष्म को लीजिए—ग्रीष्म और वसंत की प्रकृति, प्रभाव, उसकी मुद्रा में जो भेद है, उसके अनुसार उसके शीर्षकों में भी अंतर है, जैसे—ज्येष्ठ की दुपहरी, ग्रीष्म-विदा, ग्रीष्म-गरिमा, उसकी प्रचंडता, ग्रीष्म-विलास के साधन आदि क्या होते हैं जिससे उसके ताप का निवारण किया जा सके। अब जैसे वर्षा में झूला या झूलना एक विशेष चीज होती है जो मानव-मन के उल्लास को व्यक्त करती है। वह अन्य ऋतुओं में नहीं होता है। शरद का महत्त्वपूर्ण पक्ष कृष्ण का रास रचाना है। शरद की चाँदनी का

अपना महत्त्व है। ऐसा चन्द्रोदय अन्य ऋतुओं में नहीं होता है। इस दृष्टि से शरद-विषयक कविता का विशेष महत्त्व है। शिशिर ऋतु में फाग रस-रंग, फाग-अनुराग, होली-बहार विषयक काव्य अन्य ऋतु-संबंधी काव्य से एकदम भिन्न है। इस प्रकार ब्रजभाषा साहित्य के ऋतु-सौंदर्य वर्णन में नवीनता, विविधता और भिन्नता मिलती है।

मजेदार तथ्य यह है, चाहे तो ग्रीष्म की प्रचंड गर्मी हो या बसंत की पीतांभ, कोमल उज्ज्वलता या कँपकँपाते हेमंत और शिशिर का शीत हो, कवियों ने हर ऋतु में सौंदर्य का ही चित्रण किया है। सौंदर्य का विधान उन्हें हर ऋतु में दृष्टिगोचर हुआ है। इस दृष्टि से ब्रजभाषा के कवि अपूर्व सौंदर्य-द्रष्टा और रस-स्रष्टा हैं। कला में ढलकर हर वस्तु सुंदर हो जाती है। प्रकृति का इस प्रकार का चित्रण मध्यकाल में ही उपलब्ध होता है। बाद की कविता में ऋतुओं के वर्णन ने प्रकृति-वर्णन का स्थान ग्रहण कर लिया जबकि ऋतुओं का आवर्तन-विवर्तन आज भी जारी है। बाद की कविता अर्थात् श्रीधर पाठक, रामनरेश त्रिपाठी, मुकुटधर पांडे अथवा गया के मोहनलाल महतो 'वियोगी', केदारनाथ मिश्र, प्रभात या जनार्दन प्रसाद झा 'द्विज' की कविताओं में प्रकृति रूप-चित्रण देखा जाए तो उसमें पर्याप्त भिन्नता मिलेगी। ऐसा लगता है कवियों का मन प्रकृति के और समीप आ गया हो। बाद में प्रकृति-काव्य की दृष्टि से पंत-काव्य ने तो नई आभा ग्रहण कर ली। प्रसाद की 'कामायनी' का पूरा विधान तो प्रकृति की पट्टी पर ही घटित होता है। प्रकृति के निरपेक्ष, सजीव चित्रण की दृष्टि से उनके 'झरना' और 'लहर' दोनों काव्य भी महत्त्वपूर्ण हैं जबकि महादेवी में प्रकृति रूपकों की प्रधानता है। और निराला में तो ऋतु-चक्र का आवर्तन है लेकिन उनके प्रकृति-चित्रण में मानवीयकरण तथा वैयक्तिक भावों और प्रतीकात्मकता का अधिक बोलबाला है।

ब्रजभाषा-कवियों के ऋतु-सौंदर्य पर एक अन्य दृष्टि से भी विचार किया जा सकता है और वह है उनकी शब्द-रचना, उनकी भाषा का ध्वनि-सौंदर्य, प्रयोग की दृष्टि से लयबद्धता। ऐसा लगता है ब्रजभाषा-कवियों को संगीत, ताल, लय छन्द का पूरा ज्ञान था। उनकी पद-रचना, छन्द-सौंदर्य या कवित्त-सवैयों की रचना का इस दृष्टि से अनुशीलन बड़ा उपयोगी होगा। यह लक्षित किया जा सकता है कि विभिन्न ऋतुओं के सौंदर्य-चित्रण में उन्होंने लोकभाषा या जीवन में प्रचलित कितने शब्दों का प्रयोग किया है या कितने नये शब्दों

की रचना की है। इसे दो-चार उदाहरणों से जाना जा सकता है।

ग्रीष्म का एक वर्णन देखिए—

> बरबरात वैहर प्रचंड, खंड मंडल पै,
> धरधरात धूपन की दुति पीन अरफरात।
> झरझरात पवन के झोंक आऐं अरअरात,
> खरखरात पात-पात वृच्छन तें चरचरात॥
> भरभरात भामिनि भवन माँझ बैठी जाय,
> हरवरात, हाय-हाय! पीब-पीब! बरबरात।
> कहै बच्चूराम छिन-छिनक में चुरमुरात,
> जल बिन मीन जैसै, सेज हू पै फरफरात॥

अब इस उद्धरण में एक से ध्वन्यात्मक शब्दों का प्रयोग सिर्फ शब्द-क्रीड़ा ही नहीं है, इनके पीछे भाव राशि ही उमड़ी पड़ रही है जो प्रकृति के मानव-मन पर होने वाले प्रभाव को तीव्रता के साथ व्यंजित करती है। रेखांकित शब्दों का प्रयोग और चुनाव दोनों देखने योग्य हैं। इस तरह के प्रयोग प्रचुर मात्रा में मिलते हैं और ब्रजभाषा-कवियों के भाषा-बोध और उनके प्रायोगिक विनियोग पर अलग से शोध अपेक्षित है।

आधुनिक काल में प्रकृति सौंदर्य-चित्रण की दृष्टि से मुझे दो काम याद आते हैं—एक डॉ. रघुवंश का और दूसरा सच्चिदानन्द हीरानन्द वात्स्यायन 'अज्ञेय' का। डॉ. रघुवंश ने अपने ग्रंथ प्रकृति-काव्य में प्रकृति के सैद्धान्तिक और व्यावहारिक दोनों रूपों पर गंभीर काम किया और इस दृष्टि से 'अज्ञेय' द्वारा सम्पादित, संकलित ग्रंथ 'रूपाम्बरा' अब तक अनन्य पद का अधिकारी है। 'ब्रजभाषा साहित्य का ऋतु-सौंदर्य' के बाद प्रकृति-सौंदर्य-संबंधी रचनाओं का हिंदी काव्य में क्रमिक विकास हुआ और उस विकास पर युग की प्रेरणाओं की स्पष्ट छाप है। जैसे प्रभुदयाल मीतल ने 'ब्रजभाषा साहित्य का ऋतु-सौंदर्य' शीर्षक से ब्रजभाषा में रचित कविताओं का संकलन किया है—क्या इसी तरह के काव्य-संकलन की और भी संभावनाएँ तलाशी जा सकती हैं? इसका उत्तर यह है कि हाँ, संभावनाएँ हैं और आधुनिक हिंदी काव्य से प्रकृति-विषयक कविताओं का संकलन कई दृष्टियों से किया जा सकता है। मौसमों या ऋतुओं का जैसा क्रमबद्ध वर्णन ब्रजभाषा साहित्य में मिलता है वैसा तो हिंदी के परवर्ती काव्य में नहीं मिलता, क्योंकि ब्रजभाषा काव्य की यह एक परिपाटी बन गयी थी फिर भी हिंदी के प्रबन्ध काव्यों और फुटकर

कविताओं में प्रकृति के ऋतु-चक्र के कारण बदलते चेहरे का प्रभाव मानव-मन पर पड़ना जरूरी था। उसका चित्रण मिलता है पर वह ब्रजभाषा साहित्य का अनुवर्तन नहीं है, उस पर मौलिकता की छाप है। हिंदी में जो भी प्रबन्ध काव्य लिखे गये वे संस्कृत काव्यों की परिपाटी पर लिखे गये हैं। संस्कृत काव्यों में प्रकृति-वर्णन की एक लम्बी परिपाटी रही है। साकेत में उर्मिला के विरह-वर्णन में गुप्त जी ने ऋतुओं का भी वर्णन किया है। आधुनिक हिंदी काव्य में प्रकृति-वर्णन में नवीनता, मौलिकता के दर्शन सबसे पहले छायावादी कवियों—प्रसाद, पंत, निराला और महादेवी के काव्य में मिलते हैं। इन कवियों में प्रसाद, पंत और निराला ने तो प्रकृति के प्रति अपनी दृष्टि ही बदल दी। फिर सुमित्रानन्दन पंत को तो प्रकृति का ही चितेरा कहा जाता है।

ऊपर अज्ञेय द्वारा सम्पादित 'रूपाम्बरा' की चर्चा की गयी। यहाँ उस पर थोड़ा विस्तार से विचार करना आवश्यक है।

'रूपाम्बरा' का प्रकाशन १९६० में पंत जी की षष्टिपूर्ति के अवसर पर हुआ था। 'अज्ञेय' जी ने इसके संकलन सम्पादन में जो परिश्रम और अपनी सूझ-बूझ का परिचय दिया है, उसे देखते हुए इसकी योजना काफी पहले बनाई गयी होगी और इसमें समय भी काफी लगा होगा। हालाँकि इस महत्त्वपूर्ण काम में उनके सहयोगी रहे हैं सर्वेश्वर दयाल सक्सेना।

इसके नीचे लिखा हुआ है, आधुनिक हिंदी के प्रकृति-काव्य का संकलन और विवेचन। संकलित कवियों को 'विभावन', 'भावन' और 'अनुभावन' तीन खंडों में विभाजित किया गया है। इसमें अमीर खुसरो, नजीर अकबराबादी से लेकर कीर्ति चौधरी तक ११२ कवियों की कविताओं का संकलन किया गया है। कवियों का क्रम उनकी जन्मतिथि या समय के अनुसार है। इस संकलन के अनुसार प्रकृति के विवर्तन को पूरी तरह देखा जा सकता है। इस संकलन का महत्त्व ऐतिहासिक है, इसके आधार पर १९६० अथवा १९४० या बाद में जन्मे और इस संकलन में जिन्हें न लिया गया हो उनकी प्रकृति-संबंधी कविताओं का एक चयन संकलित किया जा सकता है। इस संकलन में ऐसे कवियों की भी कविताएँ दी गयी हैं, आगे चलकर हिंदी में, जिनकी पहचान कवि रूप में न रहकर एक समीक्षक या गद्य लेखक के रूप में भी बनी। जैसे बाल मुकुन्द गुप्त, रामविलास शर्मा तथा नामवर सिंह अथवा इस संकलन में ऐसे कवि भी हैं जिन्हें आज की पीढ़ी भूल चुकी है या उनसे सर्वथा अपरिचित है, जैसे—लोचन प्रसाद पांडेय, रूपनारायण पांडेय, मोहनलाल

महतो 'वियोगी', शिवाधर पांडेय, मुकुटधर पांडेय, उदयशंकर भट्ट, इलाचन्द्र जोशी, पुरुषार्थवती, केशव प्रसाद पाठक, नन्दकिशोर 'देवराज', हंसकुमार तिवारी, चन्द्रकुँवर वत्वलि एवं मालती परुलकर।

'विवेचन' में प्रारंभ में 'प्रकृति-काव्य : काव्य-प्रकृति' शीर्षक से अज्ञेय की गंभीर भूमिका है और अंत में 'रूप दर्शिका' के अंतर्गत विद्यानिवास मिश्र, रघुवंश, भारत भूषण अग्रवाल, ठाकुरप्रसाद सिंह के महत्त्वपूर्ण निबंध दिए गये हैं, जिनमें प्रकृति-चित्रण की परंपरा, बोध, मानव और प्रकृति का संबंध और उसका वैदिक साहित्य से लेकर आधुनिक और नई कविता में उसका प्रतिफलन देखा जा सकता है। पंत और प्रकृति पर भारतभूषण अग्रवाल का निबंध केंद्रित है।

अज्ञेय उन लेखकों में थे जो सदियों में उत्पन्न होते हैं इसीलिए उनके हर लेख में उनके गंभीर चिंतक के दर्शन होते हैं। उनकी छोटी सी छोटी उक्ति हमें सोचने को बाध्य करती है। 'रूपाम्बरा' के प्रारंभ में दी गयी उनकी 'प्रारंभिकी' इसी प्रकार की है। उन्होंने प्रकृति के सन्दर्भ में सबसे पहले उसकी परिभाषा का प्रश्न उठाते हुए कहा कि वैज्ञानिक, दार्शनिक, धर्मतत्त्व के चिंतक और सामान्यजन के उत्तर अलग-अलग होंगे। उन्होंने यह भी जोड़ा है कि एक के उत्तर भी अनेक तरह के होंगे। सिर्फ साहित्य इन विभिन्न और अलग उत्तरों में सामंजस्य बिठा सकता है। इसका कारण बताते हुए उन्होंने कहा है : क्योंकि एक तो साहित्य-दर्शन, विज्ञान और धर्म के विश्वासों से परे नहीं होता, दूसरे सांस्कृतिक परिस्थितियों के विकास के साथ-साथ साहित्यिक संवेदना के रूप भी बदलते रहते हैं।

फिर उन्होंने प्रकृति को मानव का प्रतिपक्ष बताते हुए उस सब कुछ को प्रकृति में समेट लिया है जो 'मानवेतर' है—वह सम्पूर्ण परिवेश, जिसमें मानव रहता है, जीता है, भोगता है और संस्कार ग्रहण करता है। फिर उन्होंने और भी स्थूल दृष्टि से इस पर विचार करते हुए कहा कि जो भी इन्द्रियगोचर है, जिसे हम देख, सुन और छू सकते हैं, वह सब प्रकृति के अंतर्गत है। किन्तु प्रकृति के साथ एक साहित्यकार का व्यवहार उसके बाह्य वर्णन पर ही जाकर नहीं रुका, उसने उसके अभ्यंतर में प्रवेश कर उससे अपना गहरा राग संबंध भी जोड़ लिया और इस प्रकार रीतिकालीन प्रकृति के बाह्य सौंदर्य के बरक्स वह छायावाद के सजीव प्रकृति-वर्णन तक पहुँचा।

अज्ञेय ने वैदिक, क्लासिकल युग, काव्ययुग से होते हुए प्रकृति-वर्णन की

परंपरा का ऐतिहासिक और क्रमिक सर्वेक्षण करते हुए कहा है कि नई काव्य प्रवृत्तियों को सामने रखकर एक अर्थ में यह कहा जा सकता है कि प्रकृति-काव्य अब वास्तव में है ही नहीं। एक विशिष्ट अर्थ में यह भी कहा जा सकता है कि छायावाद का प्रकृति-काव्य अपनी सीमाओं के बावजूद अन्तिम प्रकृति-काव्य था। उन्होंने नई काव्य-प्रवृत्ति और छायावाद की प्रकृति-दृष्टि की तुलना करते हुए कहा है कि छायावाद के प्रकृति-चित्रण में एक व्यापक नियम की अवहेलना न होकर उसके सिर्फ रूप-सौष्ठव की प्रधानता थी किन्तु नई कविता में प्रकृति तो है किन्तु उसका सौष्ठव-सम्पन्न रूप गायब है।

फिर उन्होंने कहा है 'प्रकृति-दर्शन' का वृत्त कालिदास के समय से पूरा घूम गया है। कालिदास 'प्रकृति के चौखटे में मानवीय भावनाओं का चित्रण' करते थे; आज का कवि 'समकालीन मानवीय संवेदना के चौखटे में प्रकृति' को बैठाता है। फिर उन्होंने प्रकृति काव्य-चित्रण की दृष्टि से पंत और निराला को युग-कवि माना है।

'रूपाम्बरा' आधुनिक कवियों के प्रकृति-वर्णन की दृष्टि से एक मानक और अनूठा संकलन है। परिशिष्ट में दिए गये चार निबंधों ने उसे और भी महत्त्वपूर्ण बना दिया है।

ब्रजभाषा साहित्य का ऋतु-सौंदर्य जिसका नामकरण अशोक वाजपेयी ने 'ब्रजभाषा ऋतुसंहार' किया है क्या उस जैसा कोई और भी प्रकृति-काव्य का संकलन तैयार किया जा सकता है? क्या इसकी संभावनाएँ तलाशी जा सकती हैं? जैसा 'नदी-संबंधी' कविताओं का संकलन अशोक वाजपेयी ने प्रयाग शुक्ल के द्वारा तैयार करवाया। इस दृष्टि से दो संकलन तैयार किये जा सकते हैं जिन्हें 'गद्य में ऋतुसंहार' या 'ऋतुसंहार का गद्यपर्व' कहा जा सकता है। अगर गोदान से लेकर अद्यतन हिंदी उपन्यासों के आधार पर ऋतु-वर्णन या प्रकृति-वर्णन के विभिन्न स्थलों का चुना हुआ संकलन तैयार किया जाए, तो देखने को मिलेगा कि एक कवि की दृष्टि और एक उपन्यासकार की दृष्टि प्रकृति के प्रति कैसी है! दूसरे एक संकलन इस प्रकार का भी हो सकता है कि हिंदी के ललित निबंधकारों ने प्रकृति के विभिन्न रूपों का वर्णन किस प्रकार किया है। इस दृष्टि से हजारीप्रसाद द्विवेदी, विद्यानिवास मिश्र, कुबेरनाथ राय, विवेकी राय, शिवप्रसाद सिंह, श्यामसुन्दर दुबे तथा श्रीराम परिहार के निबंधों की जाँच-पड़ताल की जा सकती है। एक तीसरा संकलन तैयार हो सकता है—१९६० के बाद के कवियों के प्रकृति-चित्रण

को लेकर। अज्ञेय की 'रूपाम्बरा' में जो कवि नहीं आए हैं—उन्हें लेकर उसी प्रकार का एक ऋतुसंहार तैयार किया जा सकता है।

'ब्रजभाषा साहित्य का ऋतु-सौंदर्य' की प्रस्तावना महापंडित राहुल सांकृत्यायन ने लिखी थी। उसके अंत में उन्होंने मीतल जी के संकलन की सराहना करते हुए लिखा था—'एक साधारण कविता-समुच्चय में ऋतु-वर्णन पढ़ लेने से पाठकों की तृप्ति नहीं होती थी। मीतल जी ने ब्रज-काव्य महादधि से ऋतु-वर्णन के इतने अधिक और सुन्दर रत्नों को एकत्रित कर साहित्य-प्रेमियों का बहुत उपकार किया है।'

रज़ा फाउंडेशन के प्रबंध न्यासी श्री अशोक वाजपेयी ने ब्रजभाषा साहित्य में वर्णित ऋतु-सौंदर्य की अधुना लुप्त परंपरा को पुनः प्रकाशित कर एक महत्त्वपूर्ण काम किया है। हिंदी में प्रकाशित पर आधुनिक पीढ़ी की नजरों में लुप्त ऐसी कई महत्त्वपूर्ण पुस्तकें हैं जिनका प्रकाशन बहुत महत्त्वपूर्ण है। रज़ा फाउंडेशन ने इस ओर ध्यान दिया है इसीलिए हिंदी-जगत् को उसका आभारी होना चाहिए।

श्री अशोक जी ने प्रस्तुत पुस्तक की प्रस्तावना मुझसे लिखवाई इसलिए मैं उनका विशेष आभारी हूँ। कारण यह भूमिका मुझसे भी बड़े अधिकारी और किसी योग्य व्यक्ति से भी लिखवाई जा सकती थी पर मुझ पर उनकी वदान्यता और दाक्षिण्य की कोई सीमा नहीं है।

इत्यलम्

रामशंकर द्विवेदी
उरई
दिसम्बर, २०१६

# क्रम

## वर्षा



## शरद



## हेमंत



## शिशिर

## ऋतु अनुसार पद-संख्या

| | ऋतु | | मास | | पद्य संख्या |
|---|---|---|---|---|---|
| १. | बसंत | ... | (चैत्र-वैशाख) | ... | १७८ |
| २. | ग्रीष्म | ... | (ज्येष्ठ-आषाढ़) | ... | ९५ |
| ३. | वर्षा | ... | (श्रावण-भाद्रपद) | ... | ३१५ |
| ४. | शरद | ... | (आश्विन-कार्तिक) | ... | १२१ |
| ५. | हेमंत | ... | (मार्गशीर्ष-पौषा) | ... | ८२ |
| ६. | शिशिर | ... | (माघ-फाल्गुन) | ... | १७० |
| | | | | कुल जोड़ | ९६१ |

# बसंत

✵

राशि—

मीन + मेष

✵

मास—

चैत्र + वैशाख

✵

बरनि बसंत सु पुष्प अति, विरह-विदारन वीर।
कोकिल कलरव, कलित बन, कोमल सुरभि समीर॥

# बसंत-परिचय

बसंत समस्त ऋतुओं में सर्वश्रेष्ठ ऋतु मानी गयी है, इसीलिए इसे ऋतुराज कहा जाता है। शिशिर के घोर संताप से संत्रस्त प्रकृति बसंत ऋतु के आते ही अपना नूतन शृंगार करने लगती है। पल्लवहीन वृक्षों में नई कोंपलें आने लगती हैं। शीघ्र ही समस्त वन-उपवन सुंदर नवोत्पन्न पत्र-पुष्पों से लहलहाने लगते हैं। आम के वृक्षों में नए बौर आने लगते हैं। शीतल, मंद, सुगंधित वायु चलने लगती है, जो पुष्प-मकरंद और आम्र-मंजरी से सुवासित होकर चतुर्दिशाओं को सुगंधित कर देती है।

पक्षियों के कलरव और भ्रमरों की गुंजार से समस्त वन-बाग मुखरित हो उठते हैं। आम्र-वृक्षों की डालियों पर जब कोकिलाएँ मत्त होकर कूकने लगती हैं, तब एक अजीब समाँ बँध जाता है। सरसों के फूलने से खेतों पर पीली चादर सी बिछी हुई ज्ञात होती है। ऐसा मालूम होता है कि बसंत के स्वागत के लिए प्रकृति ने सर्वत्र बसंती वस्त्रों की बिछायत की है। इस आनंददायक ऋतु में प्रकृति आनंद विभोर होकर समस्त जल-थल, भूमि-आकाश और जड़-जंगम पर परमानंद बिखेरती फिरती है। इस प्रकार सर्वत्र आनंद ही आनंद छा जाता है।

प्रकृति के प्रत्येक व्यापार का अनुकूल एवं प्रतिकूल प्रभाव प्राणीमात्र पर पड़ना स्वाभाविक है। सर्वाधिक चेतन एवं संवेदनशील प्राणी होने के कारण मानव-जीवन पर प्रकृति की गतिविधि का सबसे अधिक प्रभाव पड़ता है। फलतः बसंत ऋतु के हर्षोल्लास में मानव-मन खिल उठता है। इस भू-मंडल का सभ्य-असभ्य अथवा उन्नत-अवनत प्रत्येक मानव इस ऋतु में स्वभावतः आनंद-मग्न होकर अपने हृदय की आनंद-राशि बिखेरने के लिए उतावला हो जाता है। तब वह नाना प्रकार के उत्सव मनाकर अपने आनंदातिरेक को मूर्त रूप देने की चेष्टा करने लगता है।

हमारे देश में अत्यंत प्राचीन काल से इस ऋतु में अनेक उत्सव मनाने का वर्णन मिलता है। इस ऋतु के उत्सवों में मदनोत्सव, बसंतोत्सव, सुबसंतक,

अशोकोत्तंसिका आदि विशेष प्रसिद्ध हैं, जिनके मनोरंजक विवरणों से प्राचीन ग्रंथ भरे पड़े हैं। मदनोत्सव फाल्गुन से चैत्र मास तक मनाया जाता था, किंतु चैत्र शुक्ला द्वादशी से पूर्णमासी पर्यन्त इस उत्सव का हर्षोल्लास चरम सीमा पर पहुँच जाता था। त्रयोदशी को सर्वत्र कामदेव की पूजा होती थी। अगणित युवक और युवतियाँ अपने-अपने नगर और ग्राम के उद्यानों में मदनोत्सव मनाते हुए नाना प्रकार की केलि-क्रीड़ाएँ किया करते थे।

जिस दिन बसंत इस भू-मंडल पर सर्वप्रथम अवतरित होता है, उस दिन 'सुबसंतक' उत्सव मनाया जाता था। इस प्रकार आजकल की बसंत पंचमी का उत्सव प्राचीन काल के 'सुबसंत' का प्रतिनिधि समझना चाहिए। बसंत पंचमी आजकल के हिसाब से शिशिर ऋतु में पड़ती है, किंतु बसंत की धूम-धाम तभी से आरंभ हो जाती है। यद्यपि होलिकोत्सव भी शिशिर ऋतु में होता है, तथापि शिशिर और बसंत के संक्रान्ति काल में होने के कारण वह भी बसंतोत्सव का ही एक अंग माना गया है। इन उत्सवों में राजा से लेकर रंक तक सभी वर्गों के स्त्री-पुरुष समान उत्साह और उमंग से भाग लेते थे।

इन उत्सवों में भाग लेने वाली स्त्रियाँ लाक्षा रस और कुंकुम के रंग में रँगी हुई हलके लाल रंग की साड़ियाँ पहनती थीं। वे अशोक के लाल फूल और नवोत्पन्न आम्र-मंजरी धारण कर मल्लिका की माला पहनती थीं। उन दिनों बसंत में लाल वस्त्र और लाल पुष्प धारण करने का आम रिवाज था। आजकल इस ऋतु के उत्सवों में लाल छींटे पड़े पीले वस्त्र और सरसों के पीले फूलों का उपयोग किया जाता है। नाना प्रकार के नवीन पुष्पों से मनोरंजन करने के लिए उन दिनों उद्यानों में फूल बीनने का भी बड़ा महत्त्व था। इसके लिए 'पुष्पावचायिका' के नाम से एक उत्सव भी मनाया जाता था। आजकल भी इस ऋतु में फूलडोल के पुष्पोत्सवों का अधिक महत्त्व है। प्राचीन काल की तरह वर्तमान काल में भी बसंत ऋतु के अनेक उत्सव मनाए जाते हैं, जो बसंत पंचमी और होलिका से लेकर समस्त चैत्र मास में होते रहते हैं।

बसंत ऋतु के उत्सवों की एक विशेषता यह है कि इनमें काव्य-संगीत और गायन-वादन का विशेष समारोह किया जाता है। इस ऋतु के आनंददायी प्रभाव का यह स्वाभाविक परिणाम है। अति प्राचीन काल से कवियों ने इस ऋतु के अगणित गीत गाये हैं। इसका वर्णन करने पर उनकी वाणी अपूर्व उत्साह और अपरिमित उमंग से भर जाती है। ब्रजभाषा-कवियों ने इसका और भी सरस वर्णन किया है।

## चैत्र

फूलीं लतिका ललित, तरुन तन फूले तरुवर।
फूलीं सरिता सुभग, सरस फूले सब सरवर॥
फूलीं कामिनि कामरूप, करि कंतहि पूजहिं।
सुक-सारी कुल केलि, फूलि कोकिल कल कूजहिं॥
कहि 'केसव' ऐसे फूल महँ, सूल न हिए लगाइऐ।
पिय आप चलन की को कहै, चित्त न चैत चलाइऐ॥ १॥

**

चम्पक चमेलिन के चमन चमतकार,
चमू चंचरीक की चितौत चोरै चित हैं।
चाँदी कौ चबूतरा चहूँघा चमचम करै,
चंदन सों 'गिरिधरदास' चरचित हैं॥
चारु चाँद तारे कौ चंदोवा चाँद चाँदनी सो,
चामीकर चोपन पै चंचला चकित हैं।
चूनिन की चौकी चढ़ी चंद्रमुखी चूड़ामनि,
चाहन सों चैन करें चैत के चरित हैं॥ २॥

## वैशाख

मैन मदमाते मजेदार मनहर महा,
मुनि मनि मंतन के मन के मथन हैं।
मनिन कौ महल, महाल मनों मन्मथ कौ,
'गिरिधरदास' तामें मोदमई मन हैं॥
मंजु मल्लिकान की महँक मंजरीन की,
मधुप फिरें मत्त मधुमादक मगन हैं।
माधव के मास मध्य माधव मयंकमुखी,
मौज करें मिलै मनों मानिनी मदन हैं॥ ३॥

**

'केसवदास' अकास-अवनि बासित सुवास करि।
बहत पवन गति मंद गात मकरंद बिंद धरि॥
दिसि-विदिसिन छवि लागि, भाग पूरित पराग वर।
होत गंध ही अंध, बधिर बौरौ विदेसि नर॥
सुनि सुखद सुखद सिख सीख पति, रति सिखई सुख साख में।
बर बिरहिनि बधत विसेष करि, काम विसिख वैसाख में॥ ४॥

**

# बसंत

*

## बसंत की बहार

(राग बसंत)

आई बसंत रितु अनूप, सुनहु कंत! मोरे।
बोलत बन कोकिला, मनों कुहू-कुहू रस ढोरे॥
फूली बनराय-जाई, कुंद कुसुम घोरे।
मद रस के माते मधुप, फिरत दौरे-दारे॥
हम तुम मिल खेलें लाल! कुंज-भवन कौरे।
'गोविंद' प्रभु नंद-सुवन, खेलें इक ठौरे॥ ५॥

*

(राग मालकोश)

चल बन देख सयानी! यमुन-तट ठाड़ौ छैल गुमानी।
फूले कदंब, नाहर पलास द्रुम, त्रिविध पवन सुख-सानी॥
बहु रंग कुसुम-पराग महक रह्यौ, अलि लपटे गुंजत मृदु बानी।
कीर, कपोत, कोकिला धुनि सुन, रितु बसंत लहैकानी॥
सुन सखि-वचन, मिल उठी पीय सों, नव निकुंज की रानी।
बीनन चले दोऊ कुसुम कलियन, ब्रज-कुंजन रितु मानी॥ ६॥

*

(राग मालकोश)

फूल्यौ री सघन बन, तामैं कोकिला करत गान।
चलहु वेग वृषभान-नंदिनी! छाँड़ि कठिन मद मान॥
नव रितुराज आयौ री नेरे, मिल कीजै मधु-पान।
'सूरदास मदनमोहन' पिय कों रिझाइए, सुनाइए मिल मधुरी तान॥ ७॥

*

(राग सारंग)

देखो लालन! कुंज-भवन छवि।
लता, कुसुम, पल्लव, फल छाए, अति ही निविड़, पैठत नाहिंन रवि॥
आसन, बसन, साज फूलन के, फूलन की तहाँ डोरि रही छवि।
'रसिक' प्रीतम सुख बिलसैं निसि-दिन, सो सुख कहा कहै कोऊ कवि॥ ८॥

## बसंत का राग-रंग

(राग बसंत)

नवल बसंत, नवल वृंदावन, खेलत नवल गोवरधन-धारी।
हलधर नवल, नवल ब्रज-बालक, नवल बनीं गोकुल की नारी॥
नवल जमुन-तट, नवल विमल जल, नौतन मंद सुगंध समीर।
नवल कुसुम, नव पल्लव-साखा, कूजत नवल मधुर पिक-कीर॥
नव मृग-मद, नव अरगजा बंदन, नौतन अगर, सु नवल अबीर।
नव बंदन, नव हरद-कुमकुमा, छिरकत नवल परस्पर नीर॥
नवल महुवरी बाजै अनुपम, भूषन नौतन चीर।
नवल रूप 'कृष्णदास' प्रभू के, जस गावत मुनि धीर॥ ९॥

*

खेलत बन सरस बसंत लाल। कोकिल कल कूजित रसाल॥
जमुना के तट फूले तमाल। केतकी-कंद नौतन प्रबाल॥
तहाँ बाजत बीन मृदंग ताल। बिच-बिच मुरली अति ही रसाल॥
नव सत सजि आईं ब्रज की बाल। सजि भूषन-वसन अँग, तिलक भाल॥
चोबा, चंदन, अबीर हु गुलाल। छिरकत पीय मदन गुपाल॥
आलिंगन, चुंबन देत गाल। पहरावत उर फूल की माल॥
इहिं विधि क्रीड़त नृप-कुमार। 'कुंभनदास' बलि-बलि विहार॥ १०॥

*

रितु बसंत वृंदावन फूले द्रुम भाँति-भाँति,
सोभा कछु कहि न जात, बोलत पिक-मोर-कीर।
खेलत गिरिधरन धीर, संग ग्वाल वृंद, भीर,
विहरत मिल जमुना-तीर, बाढ़ी तन मदन-पीर॥
आईं ब्रज नवल नारि, संग राधिका कुमारि,
नव सत साजे सिंगार, नवल बसन चीर।
बदन कमल नैन-भाल, छिरकत केसर-गुलाल,
बूका-चोबा रसाल, सोंधौं-मृगमद-अबीर॥
बाजत वीना-उपंग, बाँसुरी-मृदंग-चंग,
मदनभेरि, महुवर, ढप, झाँझ, झालरी, मँजीर।
निरखत लीला अपार, भूलीं सुधि-बुधि सँभार,
बलिहारी 'विष्णुदास' देखत ब्रजचंद धीर॥ ११॥

*

(राग बसंत)

नव कुंज-कुंज कूजित विहंग। मानों बाजत बाजे नृप अनंग॥
द्रुम फूल रहे सब फलन संग। तहँ अति सुबास अरु विविध रंग॥
तहाँ बाजत झाँझ अरु ताल, चंग। अपवट, आवज, बीना, उपंग॥
अरु श्री मंडल, महुवर, मृदंग। बाजहिं, गावहिं लय मोरि अंग॥
धीमध धीकट धग ताधिलांग। दोउ मान लेत नृत्यत सुधांग॥
बूका गुलाल डारत उतंग। बलि 'द्वारकेस' छवि जुग त्रिभंग॥ १२॥

*

तेरी नवल तरुनता नव बसंत। नव-नव विलास उपजत अनंत॥
नव अधर अरुन पहाव रसाल। फूले विमल कमल लोचन विलास॥
चलि भ्रकुटि भंग भृंगन की पाँति। मानों हँसनि-लसन कुसुमनि सु भाँति॥
भई प्रगट अलप रोमावली मोर। स्वाँस सौरभ मलय पवन झकोर॥
चल फल उरोज सुंदर सु ठान। मृदु मधुर बोल लिऐं कोकिल गान॥
देखत मोहे ब्रज-कुँवर राय। बाढ्यौ मन मन्मथ चौगुनौ चाय॥
तोहि मिलि बिलस्यौ चाहत हैं स्याम। जाहि देखत लज्जित कोटि काम॥
तब चली चरन मन्थर बिहार। रुन झनन-झनन नूपुर झंकार॥
सु पुलकित गोकुलपति-कुमार। मिलि भयौ 'गदाधर' सुख अपार॥ १३॥

*

रितु बसंत, तरु लसंत कामिनी—
भामिनी सब अंग-अंग, रमत फाग री।
चर्चरी अति विकट ताल, गावत गीतहिं रसाल,
उरप, तिरप, लास्य, तांडव, लेत लाग री॥
बदन बूका गुलाल, छिरकत तकि नैन-भाल,
लाल गाल मृगज लेप, अधर दाग री।
गिरिवरधर रसिकराय, मेचक मुदरी लगाय,
कंचुकी पर छाप दीनीं, चकित नागरी॥
बाजत रसना मंजीर, कूजत पिक-मोर-कीर,
पवन भीर जमुना तीर, महल-बाग री।
'विष्णुदास' प्रभु प्यारी, मेंटत हँसि देत तारी,
काम-कला निपट नपुन प्रेम-आगरी॥ १४॥

*

## बसंतोत्सव

(राग बसंत)

श्री पंचमी परम सुमंगल मदन महोच्छव आज।
बसंत बनाय, चली ब्रज-सुंदरि, लै पूजा कौ साज॥
कनक कलस जलपूर, पढ़त रति-काम मंत्र रसमूल।
ता पर धरी रसाल मंजरी, आवृत पीत दुकूल॥
चोबा, चंदन, अगर, कुमकुमा, नव केसर, घनसार।
धूप, दीप नाना नीराजन, विविध भाँति उपहार॥
बाजत ताल, मृदंग, मुरलिका, बीना, पटह, उपंग।
गावत राग बसंत मधुर सुर, उपजत तान-तरंग॥
छिरकत अति अनुराग मुदित गोपीजन मदन गोपाल।
मानों सुभग कनक कदली मध, सोभित तरुन तमाल॥
यह विधि चलीं रितुराज बधावन, सकल घोष आनंद।
'हरिजीवन' प्रभु गोवरधन-धर, जय-जय गोकुलचंद॥ १५॥

*

ये देखो पंचमी रितु बसंत। तहाँ द्रुम अरु बेली सब फलंत॥
तहाँ पठइ ललितादि करि विचार। नव कुंजन में करिऐ बिहार॥
ले आईं सबै सिंगार साज। हरि दौरि मिले मनों मानराज॥
तब केसर, चोबा, अंगराग। खेलत गुपाल बाढ़यौ ऽनुराग॥
कल कोकिल कल रव सुक-समाज। अलि कूजत पुंज निकुंज गाज॥
रितु-कुंकम लै ठाड़ी निहार। मध्य राजत सरबस बेरि-बारि॥
सखी ताल-मृदंग बजाय-गाय। तहाँ 'द्वारकेस' बलिहारि जाय॥ १६॥

*

आजु सुभग दिन बसंत पंचमी, जसुमति करत बधाए।
विविध सुगंध उबटि कें लाला, ताते नीर न्हधाए॥
घर तें निकसि-निकसि ब्रज-सुंदरि, नंद-द्वार पै आईं।
अंब-मौर की पुष्प-मंजरी, कनक-कलस भरि लाईं॥
चोबा, चंदन और अगरजा, केसरि सुरंग मिलाई।
प्रमुदित छिरकत प्रान पिया कों अबीर-गुलाल उड़ाई॥
बाजत ताल, मृदंग, झाँझ, ढप, गावत गीत सुहाए।
तन, मन, धन, न्यौछावरि करिकें, आनंद उर न समाए॥
श्री गिरिधरजू! तुम चिरजीवो, भक्तन के सुखदाई॥
श्री बल्लभ-पद-रज-प्रताप तें, 'रसिक' सदा बलि जाई॥ १७॥

## बसंत का आगमन

फूले गुलाब कियारिन-कोरन, लौनी लवंग-लता उरझाई।
बोले चकोर चहूँ दिसि, कोकिल-भौंर-समूहन गूँज सुनाई॥
बंदनवार बँधे तरु-पंजन, कुंजन फूलन-सेज सोहाई।
आनई आन भई सब कें, सुनि कै रितुराज की आज अवाई॥ १८॥

*

चँहकि चकोर उठे, सोर करि भौंर उठे,
बोलि ठौर-ठौर उठे कोकिल सुहावने।
खिलि उठीं एकै बार कलिका अपार,
हलि-हलि उठे मारुत सुगंध सरसावने॥
पलक न लागी अनुरागी इन नैननि पै,
पलटि गये धौं कबै तरु मनभावने।
उँमगि अनंद अँसुवान लों चहूँघा लागे,
फूलि-फूलि सुमन मंद बरसावने॥ १९॥

*

कूँकि उठीं कोकिलान, गूँजि उठी भौंर-भीर,
डोलि उठे सौरभ समीर सरसावने।
फूलि उठीं लतिका, लबंगन की लौनी-लौनी,
झूलि उठीं डालियाँ कदंब सुख पावने॥
चँहकि चकोर उठे, कीर कर सोर उठे,
टेर उठीं सारिका विनोद उपजावने।
चटकि गुलाब उठे, लटकि सरोज-पुंज,
खटकि मराल रितुराज सुनि आवने॥ २०॥

*

आयौ रितुराज, फूल्यौ सुमन-समाज,
भयौ अमल अकास, बहै पवन हरैं-हरैं।
लपट लतान सों तमालन के जाल, बौरे—
अभित रसाल सो विसाल मन कों हरैं॥
कहत 'किसोर' कीर-कोकिला-चकोर, नहीं—
गनैं साँझ-भोर, चारों ओर सोर कों करैं।
आनँद मगन कैसी लगन लगाई देव,
मन्दिरन कुंज-कुंज अलि-पुंज गुंजरैं॥ २१॥

पाँखुरी लै साजी सेज सेवती की, बेलिन—
चमेलिन हू सररा बितान छवि छाई है।
फैल्यौ चहुँ गहब गुलाबन कौ गंध, धूरि—
धूँधरित सुरभि समीर सुखदाई है॥
चारयौ ओर कोकिल-चकोर-मोर-सोरन सों,
और छिति-छोरन अनंद अधिकाई है।
आज रितुराज के समागम के काज होत,
धाम-धाम बेलिन कें आनँद बधाई है॥ २२ ॥

*

आयौ रितुराज आज देखत बनै री आली!
छायौ महा मोद सों प्रमोद बन भूमि-भूमि।
नाँचत मयूर, मद उमँद मयूरिनि कों,
मधुर-मनोज, सुख चाखै मुख चूमि-चूमि॥
'पंडित प्रवीन' मधु लम्पट मधुप पुंज,
कुंजन में मंजरी कौ लेत रस घूमि-घूमि।
हेली! पौन प्रेरित नबेली सी द्रुमन-बेलि,
फैली फूल-बेलिन में झूल रही झूमि-झूमि॥ २३ ॥

*

मलय-गिरि-मारुत के मिस विरहाकुलनि,
दिसि-दिसि व्यालन कौ विष बगरायौ री।
ता पर 'किसोर' तैसौ पंचम नवल राग,
कोक की कलान भीनौ कोकिलान गायौ री॥
को न सुनि मोचै मान, लोंचै को न मिलन कों,
सोचै को न स्याम देखि, नेह सरसायौ री।
आमन के झौर लागे, अंकुरन मौर लागे,
भौंर लागे भ्रमन, बसंत अब आयौ री॥ २४॥

*

मृदु मंजु रसाल मनोहर मंजरी, मोर-पखा सिर पै लहरैं।
अलबेलि नबेलिन बेलिन में, नवजीवन जोति छटा छहरैं॥
पिक-भृंग सु गुंज सोई मुरली, सरसों-सुम पीत पटा फहरैं।
रसवंत विनोद अनंत भरे, ब्रजराज बसंत हिए बिहरैं॥ २५ ॥

*

बाटिका बिपिन लग्यौ छावन रँगीली छटा,
छिति तें सिसिर कौ कसाला भयौ न्यारौ है।

कुंजन किलोल सों लगे हैं कुल पंछिन के,
'पूरन' समीरन सुगंध कौ पसारौ है॥
लागत बसंत नव, संत मन जागौ मैन,
दैन दुख लागौ बिरहीन बरियारौ है।
सुमन-निकुंजन में, कुंजन के पुंजन में,
गुंजत मलिंदन कौ वृंद मतवारौ है॥ २६ ॥

*

मंजु मलयाचल के पौन के प्रसंगन तें,
लाल-लाल पल्लव लतान लहकै लगे।
फूलें लगे कमल, गुलाब आबवारे घने,
'शंकर' पराग में अकास अहकै लगे॥
बोलें लगीं कोकिल, भनंत भौंर डोलै लगे,
चोप सों अमोलै मकरंद चहकै लगे।
नीकौ न अटक, चढ्गौ काम कटक चारों ओर,
चारों ओर चटक सुगंध महकै लगे॥ २७॥

*

हूजै लाज बाज गाज काज है कहाँ कौ साज,
आज रितुराज लै समाज ताज धसै चेत।
'द्विज बलदेव' वन-बाग तौ निहारौ नैक,
बौरे करि डारै, डारै डाक सी अधीर हेत॥
ह्वै कै काह फेरि वैसे फरस फबे हैं फेर,
फहरें पताकैं फाज फेरौ झख होत खेत।
चौगुनौ चढ़ाब चाव चहँकि चकोर उठे,
ठौर-ठौर कैलिया कुहूकै करि हूकै देत॥ २८ ॥

*

डहडही भोरी मंजु डार मँहकार की पै,
चहचही चुहिल चहूँकित अलीन की।
लहलही लौनी लता लपटी तमालन पै,
कहकही तापै कोकिला की, काकलीन की॥
तहतही करि 'रसखान' के मिलन हेतु,
वहवही बनिता जे मानस मलीन की।
महमही मंद-मंद मारुत मिलन तैसी,
गहगही खिलनि गुलाब की कलीन की॥ २९ ॥

*

गौन हद हौन लागे, सुखद सुभौन लागे,
पौन लागे विषद, वियोगनि के हियरान।
सुभग सवाद लै सु भोजन लगन लागे,
जगन मनोज लागे जोगिन के जियरान॥
कहत 'गुलाल' वन फूलन पलास लागे,
सकल बिलासिन के हिये सुनि हियरान।
दिन अधिकान लागे, रितुपति आन लागे,
भान लागे तपन, सु पान लागे पियरान॥ ३०॥

*

छलकत छवि फूलन में गलकत मकरंद आली!
ललकत ललामी रवि, भौंर सो लजायौ है।
लहकत समीर त्रिविध, बहकत कोकिला बैन,
चहकत चिरैयाँ, सब आनँद बढ़ायौ है॥
ठनकत किंकिनि-रव, झनकत नूपुर-धुनि,
धधकत मृदंग ताल-रंग सों बजायौ है।
हरषत 'सुरेश' मन झझकत महेस जू कौ,
गमकत नगारे सों बसंत रितु आयौ है॥ ३१॥

*

## बसंत-स्वागत

जय बसंत रसवंत सकल सुख-सदन सुहावन।
मुनि-मन-मोहन भुवन तीन जिय-प्रेम गुहावन॥
जय सुंदर-स्वच्छंद-भाव-मय हिय प्रति परसन।
जय नंदन-बन-सुरभित-सुखद-समीरन सरसन॥
जय मधुमाते मधुप भीर कों चहुँ दिसि छोरन।
ललित लतान बितानन में दुति दलहिं बिथोरन॥
जय अनूप आनंद अमित अति अटल प्रदरसन।
जय रस-रंग-तरंग बेलि अलबेलिन बरसन।
करिवे स्वागत आप हरन-त्रयताप सकल थल।
जड़-जंगम जग-जीव जनौ जाग्यौ जोबन-जल॥
जो तरु बिथित-वियोग सदाँ दरसन तव चाहत।
नौचि नौचि कच-पातन अश्रु प्रवाह प्रवाहत॥
देखहु किसलय नहीं, आँखि अति अरुन भईं-तिन।

रोवत रोवत हाय! थके, अब टेर सुनो किन॥
तुम्हरी दिसिहिं निहारि पुलिक तन पात हिलावत।
करसों मानहुँ मिलन तुमहिं निज ओर बुलावत॥
बौरे नहीं रसाल, बने बौरे तब कारन।
बलिहारी तब नेह-नियम निठुराई धारन॥
तुम सौ कठिन कठोर और जग दूसर दीख न।
साँचौ किय निज नाम 'पंचसर कौ सर तीखन'॥
तौ हू मृदुल स्वभाव धारि जो प्रेमिन भावत।
करनौ वाकी ओर जाहि सों प्रेम लगावत॥
लखि तुम्हरे पद-कंज रंज सब भूलि-भूलि तन।
साजि-साजि सँग ललित लहलही लौनी लतिकन॥
भाँति-भाँति के बिटप-पटनि सजि वे ही आवत।
कोऊ फल, कोऊ फूल मुदित मन भेटहिं लावत॥
'जयति' परसपर कहत पसारत आपनि डारन।
मनहु मत्त मन मिलन मित्र कर कर गर डारन॥
आवहु आवहु वेगि अहो! रितुगन के नरपति।
तरु वृंदनि कों लखहु आप सोभा की संपति॥
वह देखो नव कली भली निज मुखहिं निकारति।
लगि-लगि बात-प्रभात गात अलसात सँभारति॥
प्रथम समागम-समर जीति मुख मुदित दिखावति।
लहकि-लहकि जनु स्वाद लैन कौ भाव बतावति॥
मुखहि मोरि जमुहाति भरी तन अतन-उमंगन।
जोम-जुवानी जगे चहत रस-रंग-तरंगन॥
वह देखो अलि पुंज कली-कल-कुंज गुँजारत।
मानहु मोहन मनहिं मदन कौ मंत्र उचारत॥
ठौर-ठौर मधु अन्ध भयौ वह देखो झूमत।
कबहूँ जा पर वा पर यों सब ही पर घूमत॥
मुकलित अंब कदंब-कदंबनि पै कल कूजत।
'केहू केहू' मोर अलापत आसा पूजत॥
अवरेखहु निज स्वच्छ छटा जमुना जल कूलन।
सटकि कंज वन सघन घटा नव फूले फूलन॥
द्रुम-डारिन के बीच चपल-चहचही चुहूकनि।
कोयल-कीर-कपोत कलित कल कंठ कुहूकनि॥
देखहु यमुना पुलिन सुभग सोभित रेती-छवि।

चिलकति झलकति मनहुँ कान्ति प्रगटी खेती फवि॥
ललकि हिलोरें खात कलिंदी रस सरसावति।
नीलाम्बर तनु धारि कृष्ण मिलिवे जनु धावति॥
भरे सरोवर स्वच्छ नील जल नलिन रहे खिलि।
सारस हंस चकोर घोर सब सोर करैं मिलि॥
जुही गंधि सों पुही चुही परिमल सुचि धावति।
पुहुप धूल धूसरित हीय सब सूल नसावति॥
हरी घास सों घिरे तुंग टीले नभ चुंवत।
तिन में सीधी सरल सरग दिसि डगर उलंवत॥
जब सों बहरैं लहरैं छहरैं तेरी समुदित।
बिन कारन नहिं ज्ञात आप आपहिं सों प्रमुदित॥
कोऊ सरसों सुमन फूल, जौ सिर सों बाँधत।
गरियारन-गोरिन के सँग कोउ चुलह मचावत॥
कहु गँवार गंभीर बसंती बसन रँगावत।
जो तब स्वच्छ स्वरूप सदा सबके मन भावत॥
ऊधम उमडयौ परत रँग्यौ जग तव रस रागत।
गारी-पिचकारी-तारिन सों तेरौ स्वागत॥३२॥

## बसंत का प्रभाव

औरें भाँति कोकिल-चकोर ठौर-ठौर बोलें,
औरें भाँति सबद पपीहन के बै गये।
औरें भाँति पल्लव लिए हैं वृंद-वृंद तरु,
औरें छवि-पुंज कुंज-कुंजन उनै गये॥
औरें भाँति सीतल-सुगंध-मंद डोलै पौंन,
'द्विजदेव' देखत न ऐसे पल द्वै गये।
औरें रति, औरें रंग, औरें साज, औरें संग,
औरें वन, औरें छन, औरें मन ह्वै गये॥ ३३॥

*

औरें भाँति कुंजन में गुंजरत भौरें-भीर,
औरें ठौर झौरन के बौरन के ह्वै गये।
कहै 'पदमाकर' सु औरें भाँति गलियान,
छलिया छवीले छैल औरें छवि छवै गये॥
औरें भाँति बिहँग-समाज में अवाज होति,
ऐसे रितुराज के न आवत दिन द्वै गये।

औरें रस, औरें रीति, औरें राग, औरें रंग,
औरें तन, औरें मन, औरें वन ह्वै गये ॥ ३४ ॥

*

सरसों के खेत की बिछायत बसंत बनी,
तामें खड़ी चाँदनी बसंती रतिकंत की।
सौने के पलंग पर बसन बसंत साज,
सौनजुही मालें हालें हिय हुलसंत की ॥
'ग्वालकवि' प्यारौ पुखराजन कौ प्यालौ पूर,
प्यावत प्रिया कों, करै बात बिलसंत की।
राग में बसंत, बाग-बाग बसंत फूल्यौ,
लाग में बसंत, क्या बहार है बसंत की ॥ ३५ ॥

## बसंत की व्यापकता

कूलन में, केलि में, कछारन में, कुंजन में,
क्यारिन में कलिन-कलीन किलकंत है।
कहै 'पदमाकर' पराग हू में, पौन हू में,
पानन में, पिकन पलासन पगंत है ॥
द्वार में, दिसान में, दुनी में, देस-देसन में,
देखो द्वीप-द्वीपन में दीपत दिगंत है।
बीथिन में, ब्रज में, नबेलिन में, बेलिन में,
बनन में, बागन में, बगरयौ बसंत है ॥ ३६ ॥

*

तरु पतझारन में, किसलय डारन में,
रमित पहारन में दुनी में दिगंत है।
त्रिविध समीरन में, यमुना के तीरन में,
उड़त अबीरन में झला झलकंत है ॥
छाय रह्यौ गुंजन में, अलि पुंज कुंजन में,
गाना में 'गोपाल' ऐसौ रूप दरसंत है।
फूल में, दुकूल में, तड़ागन में, बागन में,
डगर में, बगर में, बगरयौ बसंत है ॥ ३७ ॥

*

फेरि बन बौरे, मन बौरे से करन लागे,
फेरि मंद सुरभि समीर ह्वै कितंत गौ।

फेरि धीर-नासन पलासन में लागी आगि,
बहुरि बिरहीन-जूह डरपि इकंत गौ॥
'द्विजदेव' देखि इन भायन धरा तें फेरि,
जानिऐं कहाँ धौं भाजि सो हिमंत अंत गौ।
फेरि उर अंतर तें डगरि गयौई ग्यान,
फेरि बन-बागन में बगरि बसंत गौ॥ ३८॥

*

अवनि तें, अंबर तें, द्रुगम दिगंबर तें,
अपर अडंबर तें सखि! सरसौ परै।
कोकिला की कूकन तें, हियन की हूकन तें,
अतन भभूकन तें तन तरसौ परै॥
कहत 'किसोर' कंज-पुंजन तें, कुंजन तें,
मंजु अलि-गुंजन तें, देख दरसौ परै।
बसन तें, बासन तें, सुमन-सुवासन तें,
बैहर तें, बन तें, बसंत बरसौ परै॥ ३९॥

*

तालन पै, ताल पै, तमालन पै, आलन पै,
लाल-माल-बाल पै, रसाल सरसौ परै।
कहै 'कवि रामचंद' कुंद-कंद-वंदन पै,
चंद पै मलिन्द मतिमंद दरसौ परै॥
केकी केलि केसरि कुरंग केतकी पै कंज,
कारकूत कोकिल कदंब परसौ परै।
रंग-रंग रागन पै, संग ही परागन पै,
वृंदावन-बागन बसंत बरसौ परै॥ ४०॥

*

कोकिला कलापी कूँजें यमुना के नीर तीर,
वीर रितुराज कौ समाज दरसौ परै।
भनत 'किसोर' जोर अवनि कदंबन तें,
मंजु मंजरीन तें सुगंध सरसौ परै॥
काम व्यथा मेंटन कों, सुखद समेंटन कों,
भेंटन कों प्रीतम कौ प्रान तरसौ परै।
अवनि तें, अंबर तें, द्रुगम दिगंबर तें,
बैहर तें, बन तें, बसंत बरसौ परै॥ ४१॥

सुमन समुद्र हू तें, सीसमौर फंद हू तें,
चारु मुख चंद तें, अनंद दरसौ परै।
पीत पट बसन हू तें, कुंद से दसन हू तें,
मंद बिहँसन हू तें, रस सरसौ परै॥
मंद रव-तान हू तें, बंसी सुर गान हू तें,
मैन पैन बान तें, पराग परसौ परै।
भूषन बिसाल हू तें, लाल गुंज माल हू तें,
मौर बनमाल तें बसंत बरसौ परै॥ ४२॥

*

देस में, दिसान में, लतान-द्रुम-वेलिन में,
कुंजन में, गुंजन में रंग दरसानौ है।
पल्लव में, पौन में, पराग हू में, किसलय में,
कुसुम-कलीन अलि-गुंज हरसानौ है॥
खेतन में, क्यारन में, फूल कचनारन में,
झारन-पहारन में मोद सरसानौ है।
बाग में, बगर में, बनाव बन-बीथिन में,
वैहर में, वन में बसंत बरसानौ है॥ ४३॥

*

सुर ही के भार सूधे सबद सु कीरन के,
मन्दिरन त्यागि करैं, अनत कहूँ न गौन।
'द्विजदेव' त्यों ही मधु-भारन अपारन सों,
नैंक झुकि झूमि रहे मौंगरे-मरुअदौन॥
खोलि इन नैननि निहारौ तौ निहारौ कहा,
सुखमा अभूत छाइ रही प्रति भौन-भौन।
चाँदनी के भारन दिखात उनयौ सौ चंद,
गंध ही के भारन बहत मंद-मंद पौन॥ ४४॥

*

एकाएक आई कहूँ बैहर बसंत वारी,
संतवारी मंडली मसूसि त्रसिवै लगी।
कहै 'रतनाकर' दृगनि ब्रज-वासिन कैं,
रंगनि की विसद बहार बसिवै लगी॥
मसकन लागे वर बागे अंग-अंगनि पै,
उरज उतंगनि पै चोली चसिवै लगी।

पुनि ढप–तालनि की आनि बसी प्राननि में,
ध्याननि में धमकि धमार धसिवै लगी ॥ ४५ ॥

*

बसुधाधर में, बसुधा धर में, औ सुधाधर मेल्यौ सुधा में लसै।
अलि–वृंदन में, अलि–वृंदन में, अलि–वृंदन में अतिसै सरसै॥
हिए–हारन में, हर–हारन में, हिमि–हारन में 'रघुराज' लसै।
ब्रजबारन, बारन, बारन, बारन, बारंबार बसंत बसै॥४६॥

*

फूल रहे वन–गाग दसौ दिसि,
कोकिल–गुंज सों कुंज घनौ रहै।
बोलें मधुव्रत कुंजन में, अरु—
डोलत पौन सुगंध सनौ रहै॥
'कवि चंद जू' चैत की चाँदनी में
चित दंपति कौ रति–रंग ठनौ रहै।
राधाकृष्ण जू! रावरे राज्य में,
बार हू मास बसंत बनौ रहै॥ ४७॥

*

गूँजेंगे भौंर पराग भरे बन,
बोलेंगे चातक औ पिक गाइ कैं।
फूलेंगे टेसू कुसुंभ जहाँ लगि,
दौरैगौ काम कमान चढ़ाइ कैं॥
पौन बहैगी सुगंध 'मुबारिक',
लागैगी ही मैं सलाक–सी आइ कैं।
मेरौ मनायौ न मानैगी भामती,
ऐ ह्वै बसंत, लै जैहै मनाइ कैं॥ ४८॥

## बसंत–संयोग

आयौ बसंत, अनंदित बन, मकरंदित ह्वै कै पसारा करै।
अरु बोरौ रसाल पे कोयल बैठिकै, घरि धरै न, पुकारा करै॥
पति–हीन तिया जे हतीं घर में, तिनकों विरहानल जारा करै।
पिय प्यारे हमारे मिले सजनी! वो पपीहा मरयौ झकमारा करै॥ ४९ ॥

*

गावनौ धमार कौ सु लागत सुखद महा,
धावनौ सु मारुत कौ आनँद अनंत कौ।

चावनौ बढ़ावनौ भौ आलिन कौ गन गुनि,
हिय हुलसावनौ भौ कोकिल भनंत कौ।
'मनिदेव' भनत कलेस कौ पयावनौ भौ,
अंग उमँगावनौ भौ, देखें पद कंत कौ।
छावनौ गुलाल कौ सुहावनौ लगत आली!
भावनौ लगत मोहि आवनौ बसंत कौ॥ ५०॥

*

लिऐं कर कंचन-थार सबै, सजे तिन में नव मंगल साज।
उड़ावहिं बीर अबीर गुलाल, विसाल रहें बहु बाजत बाज॥
जमाए 'किसोर' मनोहर राग, भरी अनुराग सभार समाज।
अली अलबेली नबेली चली, ब्रजराजै बसंत बँधावन काज॥ ५१॥

*

थोरी सी वैस किसोरी सबै, भरि झोरी अबीर उड़ावती हैं।
कर ताल दै ढोलक की धधकी, धुनि बाँध धमार बजावती हैं॥
'सरदार' लिऐं मिथिलेस-कुमारि, उदार ह्वै भाग सरावती हैं।
मुसिक्याय कै नैन नचाय सबै, रघुनाथै बसंत बँधावती हैं॥ ५२॥

*

वृक्षन पै बल्ली चढ़ि चोप, अली-अलिनी मधु पी मुदकारी।
कोकिल-सारिका-कीर-कपोत, कर धुनि माधुरी कानन-चारी॥
फूले सबै बान-बाग-तड़ाग, भरे अनुराग पिया अरु प्यारी।
चैत में चारु बिहार करें, दसरत्थ-कुमार बिदेह-कुमारी॥ ५३॥

## बसंत-वियोग

आयौ बसंत, तमालन तैं नव पल्लव की इमि जोति जगी है।
फूलि पलास रहे जित-ही-तित, पाटल रातेहिं रंग रँगी है॥
मौरि कै आमन सार भई, तिहिं ऊपर कोकिल आनि खगी है।
भागन-भाग बचो बिरही जन बागन-बागन आग लगी है॥ ५४॥

*

फेरि वैसें कुंजन में गुंजरन लागे भौंर,
फेरि वैसें कैलिया कुबोलन ररै लगी।
फेरि वैसें पातन में पूरि गौ पराग पीत,
फेरि त्यों पलासन में आगि सी बरैं लगी॥
फेरि वैसें पपिहा पुकारैं लगै 'नंदराम',
फेरि वैसें धाम-धाम सौरभ भरै लगी।

फेरि वैसें ऊधमी बसंत विस्वासी आयौ,
फेरि वैसें डारन में डाक-सी परै लगी ॥ ५५ ॥

*

आई है बहार बन बेलिन नबेलिन में,
बहुधा चमेलिन में भौंर भीर छाई है।
छाई है छपाकर-मरीचिका दुरीचिन में,
तिन हू लखत कै अतन ताप ताई है॥
ताई है सकल सूझि-बूझि 'जसवंत' मेरी,
जब तें पियारे प्रानप्यारी विसराई है।
राई है न नैक कहूँ नव में कलेरव में,
कहियो हो कंत! सो बसंत रितु आई है॥ ५६ ॥

*

मदमाती रसाल की डारन पै, चढ़ी आनंद सों यों बिराजती है।
कुल जानि की कानि कर न कछू, मन हाथ परायेहिं पारती है॥
कोऊ कैसी करै 'द्विज' तूही कहै, नहिं नैकौ दया उर धारती है।
अरी! कैलिया कूकि करेजन की, किरचै-किरचै कियें डारती है॥ ५७ ॥

*

जा दिन तें परदेस गये पिय, ता दिन तें तनु ताप सी दौरत।
आवते बेगि इत 'नंदरामजू', देखते बाग बसंत समौरत॥
चंद उदोत न होत उतै, अरविंद मलिंद के वृंद न झौरत।
याही अंदेस महा मन में सखि! का वा देस नहीं बन बौरत॥ ५८ ॥

*

फूलन दै अबै टेसू कदंबन, अंबन बौरन छावन दै री।
री मधुमत्त मधुव्रत पुंजन, कुंजन सोर मचावन दै री॥
क्यों सहि हैं सुकुमारि 'किसोर', अली कल कोकिल गावन दै री।
आबत ही बनि है घर कंतहिं, बीर बसंतहिं आवन दै री॥५९॥

*

संग सखी के गयी अलबेली, महा सुख सों बन-बाग विहारन।
बाढ़्यौ वियोग, बिलास गयौ सब, देखत ही वे पलास की डारन॥
जानि बसंत, औ कंत विदेस, सखी लगी बावरी सी ह्वै पुकारन।
च्वैं चलि हैं चुरियाँ चलि आउरी, आँगुरियाँ जन लाउ अँगारन॥ ६० ॥

*

बौरेंगें रसाल बन-बागन विसाल सुनि,
कोयल कुँहूकि दिन-रैनि क्यों अतीतै गौ।

ह्वैहै जो प्रफुल्ल मल्ली मालती की वल्ली,
अवली अलीन काकलीन कल गीतै गौ॥
'पंडित प्रवीन' बिन प्रीतम बहैगौ पौन,
कान रति-रंग में अनंग जंग जीतै गौ।
बीत गयौ कैसें हू सिसिर-हेमंत आली,
कंत बिन कैसें ये बसंत रितु बीतै गौ॥ ६१ ॥

*

बीर अबीर अभीरन कौ दुख, भाखे बनै न बनै बिन भाखैं।
त्यों 'पदमाकर' मोहन मीत के, पाये सँदेस न आठयें पाखैं॥
आये न आप, न पाती लिखी, मन की मन ही में रहीं अभिलाखैं।
सीत के अंत बसंत लग्यौ, अब कौन के आगै बसंत लै राखैं॥ ६२ ॥

*

मंद गति मारुत, मदंध भृंग गुंजरत,
कलि कुसुमावलि रही है खुलि खिलि कै।
कहत 'किसोर' रितुराज जानि आगमन,
लागन की कोकिला रसालन पै किलकै॥
ऐसे में कहो जू कैसे आनंद न लेती मान,
मानत जमान यों पिया के हिऐं हिल कै।
कंटकित भई बेलि बल्लभ कलिन मिस,
नव दल मालन तमालन सों मिलि कै॥ ६३ ॥

*

खाती हरपाती, रस जाती मद माती हिऐं,
काती सी लगात टेर विरही विघाती की।
जाती लै किराती, मति आती ना दयाती,
नाँच पाती, ताल गाती, ना पिराती उतपाती की॥
पाती कैहूँ भाँती तौ बिसाती जो पोसाती औ,
धराती सियराती जो व्यथाती ताती छाती की।
न्हाती छत जाती, मैं नौचाती रोम-पाती,
काढ़ि बाती लै जलाती जीभ कैलिया कुजाती की॥ ६४ ॥

*

कैसी अलिराजै अलि-अवलि अवाजै आजु,
सुमन-समाजै रोज छिन-छिन छूकै ये।
कहत 'गुलाल' और सालत ये सुख-जाल,
बोलन बिसाल तें न भोगत मरूकै ये॥

धीर कौ धराती, छाती कौन अबला की,
अब कोक के कला की, कोकिला की सुनि कूकै ये।
जल-थल-गंजन, सरस रस-भंजन, सु,
मान की प्रभंजन, प्रभंजन की झूकै ये॥ ६५॥

*

फूलि पलास रहे झुकि झूमि कै, भूमि पै फूलन की छबि छाई।
त्यों गुल्लाल गुलाब खिले, कचनार-अनार दवार सी लाई॥
डोलत पौन सो 'गंग' सुगंधित, धीर धरै न करै मन भाई।
कंत बिना सखि आयौ बसंत, सो कीजै कहा कछु मोह बनाई॥ ६६॥

*

धूँधर सी बन, धूमसी धामन, गाबन तान लगे नर बोरी।
बौरी लता, बनिता भई बौरी, सु औधि अध्याय रही अब थोरी॥
'बेनी' बसंत के आवत ही, बिन कंत अनंत सहै दुख को री।
ओ री घरैं! हरि आए न जो, पहिलैहौं जरौं, जरिहै फिर होरी॥ ६७॥

*

जब तें रितुराज-समाज रच्यौ, तब तें अवली अलि की चहकी।
सरसाय कै सोर रसाल की डारिन, कोकिल कूकैं फिरें बहकी॥
रसिया बन फूले पलास-करील, गुलाब की बास महा महकी।
बिरही जन के दिल दागवे कों, यह आग दसों दिसि तें दहकी॥ ६८॥

*

मधुकर-माल बन-बेलिन के जाल पर,
कोकिल रसाल पर कुहुँक अमंद की।
मंद पौन सीतल सुबास भई बागन,
बिलास मई 'कालिदास' रासि मकरंद की॥
देखिए सयान, बैसाख में पयान करैं,
कान्ह कों दया न होति गोपिन के वृंद की।
कैसै देखि जीहैं चढ़ि चाँदनी महल पर,
सुधा की चहल, बसुधा की, चारु चंद की॥ ६९॥

*

गे जब तें उत नंद-लला, तब तें निज हाल न पूछत कोई।
तान-तरंग तजे तुरतै, 'बलदेव' मिले पर आनँद होई॥
पाइ बसंत नसंत रहै, मन का बिधि से निज भाव बिगोई।
माल बिसाल दई हित लाल, भई बिरहाल यही लै सोई॥ ७०॥

*

झूरि से कौन लिए बन-बागन, कौने जु आमन की हरयाई।
कोयल काहै कराहति है, बन कौने चहूँ दिसि धूरि उड़ाई॥
कैसी 'नरेस' बयारि बहै यह, कौन धौं कौन सौ माहुर नाई।
हाय! कोऊ न तलास कर, ये पलासन कौने दवारि लगाई॥ ७१ ॥

*

कोकिलन खोजिन कौ संग लै अनेक फिरैं,
चारों ओर प्यारी, बिरही जन के खोज कौ।
यातें हौं कहति चलु प्यारे सुखदान पास,
तजि कै अयान दूर कै री मान सोज कौ॥
'मनिदेव' भनत, रसालन के बौरन के झौरन—
ये सोहत धरे हैं महा ओज कौ।
कयदा बिथा री, रितुनायक लिऐं हैं पर,
घायक परम दीखै सायक मनोज कौ॥ ७२ ॥

*

छवि रसाल सौरभ सने, मधुर माधवी गंध।
ठौर-ठौर झूमत झपत, भौंर-झौंर मधु-अंध॥ ७३ ॥

*

मलय-जगी री, तरु-कोष तें कढ़ी है चढ़ी,
मंजु मकरंद-पुंज पानिप अपार सी।
अलि-विष-बूढ़ी बलि करति कहा है, जापै,
सौरभ की लहरि धरी है खरी धार सी॥
कहत 'किसोर' चारों ओरन विषम वेष,
प्रबल प्रचंड पेखि झरमन झार सी।
रहति न रोकी, परै चाहति वियोगिन पै,
बैहर बसंत की तिरीछी तरबार सी॥ ७४ ॥

*

चीर सुरंगी सजै तन में, कर केसरि लै 'रघुवीर' पै मेलतीं।
कुल्लह चारु बनौ अति सुंदर, देखि कै सोभा नहीं पल फेरतीं॥
घूँघट-ओट गुलाल की चोट, बचाय कै लालन पै रँग झेलतीं।
धनि वे बनिता, मनिता जग में, सजि कंत के संग बसंत जो खेलतीं॥ ७५ ॥

*

फूले अनारनि पौडर-डारनि, देखत 'देव' महाउर माँचै।
माधुरी झौरन, आम के बौरन, भौंरन के गन मंत्र से बाँचै॥

लागि रही बिरही जन कें, कचनारन बीच अचानक आँचै।
साँचै हुँकार पुकारि पिकी कहै, नाँचै बनैगी बसंत की पाँच॥ ७६॥
*

फूले पलास भली विधि सों बहु, 'केसवदास' प्रकाशन थोरै।
सेष असेष मुखानल की, जनु ज्वाल विसाल चली दिसि ओरै॥
किंसुक श्रीसुक तुंडन की रुचि, रासे रसातल में चित चोरै॥
चंचुन चाप चहूँ दिसि डोलत, चारु चकोर अँगारन भोरै॥ ७७॥
*

आयौ री! बसंत कूकि कैलिया पुकारै लगीं,
हम सी गरीबनी कौ गात गारि डारेंगी।
मंद-मंद मारुत सुगंध सरसान लागी,
ज्वाल कों जगाइकै जरूर जारि डारेंगी॥
'नंदराम' बागन में फूलै लगीं बेली बन,
करिकै अधीरिनी सुधीर टारि डारेंगी।
ए री! तसवीर तौ दिखाय मोहि मोहन की,
आखिर कदंबन की डारैं मारि डारेंगी॥ ७८॥

लोकन सँवारौ, तौ सँवारौ ना बिगारौ कछु,
लोकन सँवारि नर-नारिन सँवारतौ।
कीन्हौं नर-नारि, तौ न प्रेम कौ प्रचार देतौ,
प्रेम कौ प्रचारौ तौ न मैन कौ प्रचारतौ॥
मैन कौ प्रचारौ, तौ प्रचारौ ना संयोग दैतौ,
कीन्हौ जो संयोग, तौ बियोग ना बिचारतौ।
'नंदराम' कीन्हौ जो बियोग बिधना तौ भूलि,
बौरे बन-बागन बसंत ना बगारतौ॥७९॥
*

पीरी तन-सारी सीस पर तें उतारि डारी,
जब तें बसंत रितु आगम जनाई है।
पीरे-पीरे भूषन करन लागे पीर तन,
बिना प्रानप्यारे पियराई उर छाई है॥
रितु पियराई, सब हू के मन भाई सखि!
हमैं पियराई दुखदाई हौन आई है।
जोई पियराई तन हूक होत मेरी आली!
सोई सौति मालिन ये पियरे फूल लाई है॥ ८०॥
*

कोकिल के गन कूकै लगे, तिमि मालती की कालिका बिकसंती।
फूलि उठीं लतिका 'बलदेव जू', लोपै लगी चलि लाज लसंती॥
कैसे रहैगौ सो धीरज कौ दल, मैन अली घनी घेरी गसंती।
बेधैं लगे हिय तें बिरहीन के, बौरे बनै बन-बाग बसंती॥ ८१॥

*

जालिम जुलुमदार, जाहिर जहान जौन,
डगर-डगर विष बगरि बगरिगौ।
कहै 'नंदराम' ब्रज-गाँव की गरीबनिन,
रावरे की चेरिन, पै बैरिन कौ मरिगौ॥
ऊधौजी! हवाल कहि दीजो नंदलाल जू सों,
गोकुल की गैल-गैल गजब गुजरिगौ।
फूलैं ना पलास, ये पलास के बसंत मिस,
काढ़ि कै करेजा डार-डारन पै डरिगौ॥ ८२॥

*

भूले-भूले भौंर-झौंर भाँवरै भरेंगे चहूँ,
फूलि-फूलि किंसुक जके से रहि जाय हैं।
'द्विजदेव' की सौं वह कूजनि बिसारि, कूर-
कोकिल कलंकी ठौर-ठौर पछिताय हैं॥
आवत बसंत के, न ऐहैं जो पै स्याम तौ पै,
बाबरी बलाय सों, हमारें हू उपाय हैं।
पीहैं पहिलैं ही तें, हलाहल मँगाय, या-
कलानिधि की एकौं कला चलन न पाइ हैं॥८३॥

*

प्यारे के बियोग आली! उठी आग वृंदावन,
जरती सदेह कुंजें, सुंदरी उहाँ-उहाँ।
बौरे कचनार, आँच उठति पलासन तें,
कुसुम करील डीठ, परति जहाँ-जहाँ॥
'मंसाराम' तिन्हैं भेंटि आवत समीर बीर,
तपौ जात तन, ताती लागति तहाँ-तहाँ।
मृग अधमारे, बिललात हैं भँवर कारे,
कोयल हू कोइ लें पुकारती कहाँ-कहाँ॥ ८४॥

*

सखि! आयौ बसंत, रितून कौ कंत, चहूँ दिसि फूलि रही सरसों।
बर सीतल-मंद-सुगंध समीर, सतावनहार भयौ गर सों॥

अब सुंदर साँवरौ नंदकिसोर, कहै 'हरिचंद' गयौ घर सों।
परसों को बिताय दियौ बरसों, तरसों कब पाँय पिया परसों॥ ८५॥

*

चर्चित चाँदनी चखन चैन चुऔ परै,
चौंधा सौ लग्यौ है चारों ओर चित्त चेत ना।
गुंजत मधुप-वृंद कुंजन में ठौर-ठौर,
सोर सुनि-सुनि रह्यौ परत निकेत ना॥
'राम' सुनै कूकन करेजौ कसकत आली!
कोकिल को कोऊ मुख मूँदि अब लेत ना।
अंत करै डारत बसंतहिं बनाय हाय!
कंतहि विदेस तें बोलाय कोऊ देत ना॥ ८६॥

*

आब छिरकाय दै गुलाब-कंद-केबड़ा कौ,
सेबती समीत बेला मालती पियारी में।
जूही-सोनजूही जाय चंपक कदंब अंब,
चंपा औ चमेली गुल चाँदनी नेबारी में॥
'शिवनाथ' बात को बिलोकिवौ न भावै मोहि,
पीव बिन आयौ है बसंत फुलवारी में।
भाग चल भीतर, अनार-कचनारौं लग,
आग उठी प्यारी गुल्लाला की कियारी में॥ ८७॥

*

मलयै-समीर-पीर कर लै अधीर मोहि,
नैसुक सुसीर नीर धीरज उधारि लै।
कहै 'हरिकेस' चंद जारि लै घरीक तू हू,
साँचौ विष कंद चारु चाँदनी पसारि लै॥
अब ही मिलत मोकों नंद के दुलारे प्यारे,
तौलौं तू उतालकारी कोकिल कहारि लै।
गारि लै गरब, गरबीले तू अनंग किन,
मेरे इन अंगन अनंग बान झारि लै॥ ८८॥

*

काम कलाधर के मिस से ये, खास प्रकास बिगारि दियौ है।
देखहु कै हित सों बल सों, 'बलदेव' हिए बिच बास लियौ है॥
साजि सुगंध प्रफुल्लित भौ बन, भौंरन-भीर अधीर कियौ है।
नंदकुमार कहाँ मिलि हैं, कब तें अधरामृत नाहिं पियौ है॥ ८९॥

*

फूल लाई, फल लाई, नीके-नीके दल लाई,
बौरि लाई, बनि आई धनि, गुन गावै ना।
'हरिलाल' दोऊ कर जोरि कहौं तोसों बीर,
पीर और हू की जान हियौ हरसावै ना।
नेह सरसावै, तू न रंग बरसावै,
मोसों पंचसर पावक की चाँचर मचावै ना।
चोवा चारु चंदन, अतर दरसावै जनि,
कंत बिन मालिन! बसंत मोहि भावै ना॥ ९० ॥

*

घन-बन-बीथिन तें घर-घर घेरि रहे,
लाल-पोरे लागत न जानि परैं कारे से।
गावत समाज, करै आवत नवाज राज,
करी ये निलज्ज छाके छाक मतवारे से॥
'गोकुल' बसंत में वियोगिन के जारिवे कों,
होरी सी हिए में हरषित निरधारे से।
भीजे मकरंद सों पराग लपटाने देखो,
मधुकर डोलत फिरत फगुहारे से॥ ९१ ॥

*

बोलै लगीं सारिका, औ कोकिला कलोलै लगीं,
डोलि-डोलि सुखद समीर लाग्यौ परसै।
फूले द्रुम पुंजन पै गुंजन मधुप लागे,
मंजु फूल वृंद लागे मकरंद बरसै॥
'सेखर' धमारन की धूम सी मचन लागी,
मैन लाग्यौ नचन, नवेली नेह सरसै।
कंत बिन कैसे अंत धीरज धरौंगी आली!
मान-गढ़ अंतक बसंत लाग्यौ दरसै॥ ९२ ॥

*

को बचि है यह बैरी बसंत तें, आवत यों बन आग लगावत।
बौरति ही करि डार है बौरी, भरे विष बैरी रसाल कहावत॥
ह्वैहै करेजन की किरचैं 'कवि देव जू' कोकिल-कूक सुनावत।
बीर की सों बलवीर बिना, उड़ि जाँयगे प्रान अबीर उड़ावत॥ ९३ ॥

*

वेई दल-फूल, जिन्हैं बाढ़त विलोक फूल,
सूल से भए हैं समूल छवि-सारी सौ।

'सेवक' बखानै तेई ठौर-ठौर झौरत हैं,
भौंरन के तौर और ह्वै गये महारी सौ॥
सीतल समीर सोई पीर कों करत हाय!
धाय-धाय परत पराग राग धारी सौ।
जाय न कहंत कोई, कीजै कौन तंत राम,
कंत बिन ह्वै गयौ बसंत अंतकारी सौ॥ ९४॥

*

पथिक तुरंत जाइ कंतहिं जताइ दीजो,
आइगौ बसंत उर अमित उछाह लै।
कहै 'रतनाकर' न चटक गुलाबन की,
कोप कै चढ़त तोप मैन बादसाह लै॥
काकिल के कूकनि की तुरही रही है बाजि,
बिरहिनि भाजि कहौ कौन की पनाह लै।
सीतल समीर पै सवार सरदार गंध,
मंद-मंद आवत मलिंद की सिपाह लै॥ ९५॥

*

कोकिल की कूक सुनि हूक हिय माहिं उठै,
लूक से पलास लखि अंग झरसान्यौ है।
करिहौं कहा धौं धीर धरिहौं कहाँ लौं बीर,
पीरद समीर त्यौं सरीर सरसान्यौ है॥
पल-पल दूजें पल आवन की आस जियौ,
ताहू पर पत्र आइ बिस बरसान्यौ है।
अवधि बदी है कल आवन की कंत अरु,
आज आइ ब्रज में बसंत दरसान्यौ है॥ ९६॥

*

गुंजत भृंग निकुंज के पुंज, सरोजन सौरभ की सरसाई।
प्रानपती के पयान सो 'गंग', सहौं केहि भाँति वियोग दसाई॥
बोलत कोकिल बाद हसंत, बसंत के बासर सो न बसाई।
चैत की चाँदनी के चितऐं, कहु कैसे कै छोडैगौ काम कसाई॥ ९७॥

*

बारिधि बसंत बढ़यौ चाव चढ़यौ आवत है,
बिबस वियोगिनि करेजौ थामि थहरैं।
कहै 'रतनाकर' त्यौं किंसुक-प्रसून-जल,
ज्वाल बड़वानल की हेरि हिऐं हहरैं॥

तुम समुझावति कहा हो समुझौ तौ यह,
धीरज-धरा पै अब कैसें पग ठहरैं।
भौंर चहुँ ओर भ्रमैं, एकौ पल नाहिं थम्हैं,
सीतस सुगंध मंद मारुत की लहरैं॥ ९८॥

*

बन-बन आग-सी लगाइकै पलास फूले,
सरसों गुलाब गुल्लाला कचनारौ हाय!
आय गयौ सिर पै चढ़ाय मैन बान निज,
बिरहिन दौरि-दौरि प्रानन सम्हारौ हाय!!
'हरिचंद' कोयल कुहूँकी फेरि बन-बन,
बाजै लाग्यौ युग फेरि काम कौ नगारौ हाय!
दूर प्रान प्यारौ, काकौ लीजिऐ सहारौ,
अब आयौ फेरि सिर पै बसंत बजमारौ हाय!!॥ ९९॥

*

बिन मधुसूदन के मधु की अवाई भई,
कुटिल कला है मधुकैटभ कुचाल की।
कहै 'रतनाकर' जुन्हाई चंद्रहास भई,
त्रिबिध बयारि फुफुकारि फनि-जाल की॥
आनन कौ रंग उड़ैं उड़त अबीर संग,
रंग-धार होति अंग झार ज्वाल-माल की।
किरच मुकेस की करद ह्वै करेजैं लगै,
दरद-दरेरे देति गरद गुलाल की॥ १००॥

*

कल गुंजत कुंजत पुंज मालिंद, पिऐं मकरंद अनंद भरे।
द्रुम बौरत क्वैलिया कूकै करै, बहै सौरभ सीरी समीर हरे॥
बहितंत बसंत कौ भावै नहीं, 'गुरुदीन' जऊ लसै कंत गरे।
निसि-बासर नींद औ भूख हरी, मुख पीरी परी, दल पीरे परे॥ १०१॥

*

कुंज-कुंज गुंजरत देख अलि-पुंज कूकै,
कूर क्वैलिया कहा लौं धीर धरिवौ।
त्रिविध समीर आन तीर सौ लगत हिऐं,
उमँगै गंभीर पीर कैसै दिन भरिवौ॥
कहै 'शिव कवि' हाय! प्रगट्यौ बसंत समै,
बिन बनमाली आली भो जरूर मरिवौ।

सेंमर अपारन में, किंसुक की डारन में,
भयौ कचनारन अंगारन कौ फरिवौ॥ १०२॥

*

बीथिन सघन अति बीचन में बोलें पिक,
तैसौ रह्यौ घेरि बिरहानल इतै-उतै।
दूजै भई केसरि समान भुव पीत-मई,
पहिरें बसंती चीर सखियाँ जितै-तितै॥
सीरी सुखदायक समीर लै प्रसून बास,
आवत हमारे हिय वेधत नितै-नितै।
'बच्चूराम' बावरी भई हौं मैं बिहारी बिन,
देह पीरी-पीरी भई, पीय कों चितै-चितै॥ १०३॥

*

बिटप-लता कढ़ी है, चाप-दापसी बढ़ी है,
'सेखर' चढ़ी है अली अबली सुधरि कै।
सुमन-सुमन जानें, वेई सर ऐंचिताने,
महा बिष साने, जे पराग रहे भरि कै॥
आहट बिचार्‌यौ, चटकाहट कलीन पार्‌यौ,
मार्‌यौ यह चाहत 'मुबारक' अकरि कै।
जैहौं जरि मैन आजु, जोहर कै तेहीं पर,
पावक-सिखा पलास-पल्लव पकरि कै॥ १०४॥

*

बौरे रसालन की चढ़ि डारन, कूकत क्वैलिया मौन गहै ना।
'ठाकुर' कुंजन पुंजन गुंजत, भौंरन कौ दल चुप्प चहै ना॥
सीतल मंद सुगंधित बीर! समीर लगै तन धीर धरै ना।
व्याकुल कीन्हों बसंत बनाय कै, जाय कै कंत सों कोऊ कहै ना॥ १०५॥

*

होते जो सुजान तौ न जाते परदेस कहूँ,
ह्वै रहे हैं और मिसि कीरति विहीन के।
फूल मिसि मानों डार-पातनि पर पेखि रहे,
आनंद अतल होय सोभ उमहीन के॥
कहै 'मनिदेव' खरे देखि कै पलासन को,
जानि कै कलासन बिलोक बलहीन के।
बाढ़ि कै सुतेज बान बधिक बसंत बली,
मानों दीने काढ़िकै करेजे विरहीन के॥ १०६॥

*

कंत बिन बसंत लगै है हाय! अंतक सौ,
तीर जैसौ त्रिबिध समीर लागै लहकन।
सान लगै साँग सी, हनन घनसार लागै,
खेद लागै खरौ मृग-मद लागै महकन॥
फाँसी सौ फुलेल लागै, गाँसी सौ गुलाब अरु,
गाज अरगजा लागै, चोबा लागै चहकन।
अंग-अंग आग सम केसर कौ नीर लागै,
चीर लागै बान सौ, अबीर लागै दहकन॥ १०७॥

*

त्रास दैन लागे के विलास निजु 'सिव कवि',
आस-पास में पलास कलिका-खिलन की।
चटकीली चाँदनी करन लाग्यौ चंद-मंद,
बाधिवे बधून में विदेसी गाफिलन की॥
दई निरदई यह अंतक बसंत आयौ,
अब हम कैसे हू न मोहनै मिलन की।
फूँकै पौन झूँकै, बिरहागि की भभूकै हिये,
प्रान लेत चूकै नहीं कूकै कोकिलन की॥ १०८॥

*

मंजु मल्लिकान के मधुर मकरंद हेत,
रिंद ये मलिंद जित-तित तें पिलै लगे।
जोहि-जोहि चाँदनी मनाये उन मोहि-मोहि,
मानिनी-समूह प्रानपतिन मिलै लगे॥
कहै 'सिव कवि' कंत बिन यों बसंत बीतै,
त्रिविध समीर डोलि दाहन दिलै लगे।
किंसुक के जाल लाल-लाल बन-वीथिन में,
फूलन के मिस आली! आग उगिलै लगे॥ १०९॥

*

आली सुनो, बनमाली-वियोग पलास के पुंजन कौ सुख भागौ।
पात सुखाय रहे बन-बाग, लतान में स्यामता कौ रँग रागौ॥
धीर धरै ठहरात न 'माधव', मैन कौ जालिम जोर है जागौ।
भामिनी भौन में भागि चलो, फिर आग उठैगी, धुवाँ उठ लागौ॥ ११०॥

बूझत हौ कहा वाकी दसा, 'भुवनेस जू' बात वृथा कहि जायगी।
साँची कहौं, पतियाहु नहीं, नहिं काँची कछू हमसों कहि जायगी॥

आस नहीं बचिवे की अबै, पर प्यारी जऊ रहते रहि जायगी।
बीस बिसे बन फूले पलासन, देखि अँगारन सो दहि जायगी॥ १११॥

*

लखै सुखदानि पखानन जानि, मयूरन देति भगाय-भगाय।
मनै कै दियौ पियरे पहिराव कों, गाँव में प्यादे लगाय-लगाय॥
भुलावतीं वाके हिए तें हरीहिं, कथान में 'दास' पगाय-पगाय।
कहा केहिऐ ये पापी पपीहा, व्यथा तन देत जगाय-जगाय॥ ११२॥

*

बैरी बसंत के आवन में, बन बीच दवानल सीघ्र जरैगी।
योगिन सी बन है बनमाल, वियोगिन 'देव' क्यों धीर धरैगी॥
ह्वै है करेज कछू कौ कछू, जब बागन कोकिल कूक करैगी।
फूले पलास के डारन की डरि, बेर डरावन डीठ परैगी॥ ११३॥

*

अंब बसंत में बौरहिंगे अरु, कामिनि चंदन चीर रँगै हैं।
डोलेंगे पौन सुगंध 'मुबारक', कुंज-लता सों लता लपटै हैं॥
जोगी-जती, तपसी औ सती, इनकों विरहानल आन सतै हैं।
ताहि छिना सखि! प्रान तजौं, जो पै कंत बसंत के तंत न ऐहैं॥ ११४॥

*

आयौ बसंत अली! बन तें, अलि के गन डोलत-डंक बगारन।
काम-ध्वजा किसलय उँमगी, बन कोकिल के गन लागे पुकारन॥
ऐसे में कैसे बचैंगी 'मुबारक', आज किये हैं सती सिंगारन।
दौरि पलास की डार चिता चढ़ि, झूमि पड़े निरधूम अँगारन॥ ११५॥

*

बागन-बागन ह्वै कै पराग लै, ज्यों-ज्यों बहै वो बैहरि झूँकन।
त्यों-त्यों परी परचंड महा, 'परमेस' उठै बिरहागिन मूकन॥
कंत विदेस बसंत समय, हियरा हहरान लग्यौ अब हूकन।
नेह भरौ सिगरौ तन जारि कै, कैला कियौ यह क्वैलिया-कूकन॥ ११६॥

## बसंत-रूपक

बल्ली कौ बितान, मल्लीदल-कौ बिछौना मंजु,
महल निकुंज है, प्रमोद बनराज कौ।
भारी दरबार भरौ, भौंरन की भीर बैठी,
मदन दिबान इतिमाम काम-काज कौ॥

'पंडित प्रबीन' तजि मानिनी गुमान-गढ़,
हाजिर हजूर सुनि कोकिल अबाज कौ।
चोपदार चातक बिरुद बढ़ि-बढ़ि बोलैं,
दौलत-दराज महाराज रितुराज कौ॥ ११७॥

*

आयौ रितुराज महाराज महि-मंडल में,
तिहिं की दपट आगें सिसिर-हिमंत कौ।
दुंदुभी धुँकार, ढफ-तालन की झनकार,
मेरे जान घंटा है मदन श्रीमंत कौ॥
'कवि हरिजन' कहै, प्यारी परवीन सुनो,
मोकों तौ बचाव है मिलन एक कंत कौ।
पूरन प्रताप, दिन प्रभुता बढ़त आवै,
कोकिला पढ़त आवै बिरद बसंत कौ॥ ११८॥

*

मद-मतवारे भारे भौंर गन गुंजरत,
मुनि जन देखि गीत गावत उमाह के।
कोकिल नकीब बोल करत कलोल आगें,
पौन हलकारे आली! छूटे चित चाह के॥
'मोहन सुकवि' जीति सिसिर तगीर कीहें,
बस करि लीहें, देस रहे न निबाह के।
ये जिय जान मान, कर ना गुमान आली!
डेरा परे बागन बसंत बादसाह के॥ ११९॥

*

सौंधे समीरन कौ सरदार, मलिंदन कौ मनसा फलदायक।
किंचुक-जालन कौ कलपद्रुम, मानिनी बालन हू कौ मनायक॥
कंत सुहंत अनंत कलीन कौ, दीनन के मन कौ सुखदायक।
साँचौ मनोभवराज कौ साज, सु आवत आज इतै रितुनायक॥१२०॥

*

सूर सहकार सीस औरन के तीर करै,
मोरन की बनी वेस-बानैं रतिनाह की।
परिभृत बंदिजन बेहद विरद बोलैं,
झंझा पौन ठाढ़ी लखि बाढ़ी पीर दाह की॥
कहै 'प्रहलाद कवि' किंसुक त्रिसूल फूल,
सूल उपजावै कहा गति है निबाह की।

बिरही बचेंगे कैसे, चाह करि अंत हेत,
चढ़ी फौज प्रबल, बसंत पादसाह की ॥ १२१ ॥
*

आयौ परवाना पात-डार, छाँह तंबू-तानि,
कोकिला दिबान बौर तौर पतनावै तुनि।
छड़ीदार क्वैलिया पुकार देहि आठों जाम,
वायु फूल-सेजिया मजेजिया बिछावै चुनि ॥
झंडा लाल सेंमर, सुगंध हरकारा वर,
बाजत नगारा, जो मलिंदगन गावै धुनि।
सब्द राज होत है 'दिवाकर जू' पंछिन कौ,
दक्खिन के देस रितुराज आज आवै सुनि ॥ १२२ ॥
*

संग की सहेली रहीं, पूजत अकेली सिवा,
तीर जमुना के बीर चमक चपाई है।
हौं तौ आई भागत डरत हियरा तें घर,
तेरे सोच करि मोहिं सोचत सबाई है ॥
बचि हैं बियोगी-योगी जन 'सरदार', ऐसी—
कंठ तें कलित कूक कोकिल कढ़ाई है।
बिपिन-समाज में दराज सी अवाज होति,
आज महाराज रितुराज की अवाई है ॥ १२३ ॥
*

वायु बहारि बुहारि रही, छिति बीथी सुगंधन जाति सिंचाई।
त्यों मधुमाते मलिंद सबै, जय के करखान रहे कछु गाई ॥
मंगल-पाठ पढ़ें 'द्विजदेव', सबै विधि सों उपमा उपजाई।
साजि रहे सब साज घने, बन में रितुराज की जानि अवाई ॥ १२४ ॥
*

आमन के बौरन की ओपी सिर टोपी धरै,
कुरता पलासन कौ ललित सुहायौ है।
तरल तमालन की किरचै-तुपक-तीर,
रजक पराग, सो अधिक छबि छायौ है ॥
गोली से भँवर-भीर बोली भाँति-भाँतिन की,
फूली कलियान में सु रौल ही जमायौ है।
वीर विरहीन के करेज रेज करिवे का,
आजु तौ बसंत सो वजीर बनि आयौ है ॥ १२५ ॥
*

मैन महाराज कर दीन्हौ है बहाल हाल,
तेई तरु नाथ कुल दल जैतवार है।
कोकिल है कनूनगोह, चौधरी चबाई चंदा,
मौंरन विसंदा केते पैयत न पार है॥
टेसू कोतवाल जाकौ रूप है कराल,
काजी पौन इंसाफ है, सुगंध कौ अधार है।
अलि! मिल बालम, अजौं न तोहि मालुम,
सो आयौ जंग जालिम, बसंत फौजदार है॥ १२६॥

*

बैठ्यौ बन-बीथिन बनाय दरबार,
नव पल्लव गिलिम, औ गुलाबन की गद्दी है।
कीन्हे कीर-कोकिल नवीन नव सिंदा पात,
झारि दै मिसिल, दफतर कुल रद्दी है॥
बिरहपुरा पै निज अमल लिखाय लायौ,
हरैं-हरैं चातुरी सों चाँपत चौहद्दी है।
कीन्है सतलंत निज संत औ असंतन पै,
काम छितिकंत कौ बसंत मुतसद्दी है॥१२७॥

*

आम के मौर धरे तुर्रा, रितु किंसुक की आलफीन सुहायौ।
धूम परागन की कफनी, अलबेलिन सेलिन सौं छबि छायौ॥
कंज सखा करि किस्ति लिऐं, अरु कोकिलै-कूक अबाज सुनायौ।
प्रान की भीख वियोगिनी पै, रितुराज फकीर ह्वै माँगन आयौ॥१२८॥

*

फूल फरमान, छाप छपद दुहाई वास,
नूतन गज साज टेसू तंबू दै परौ री है।
केकी कारकून, पिक-बानि चिट्ठी आई, जमा—
बिरह बढ़ाई, छबि रैयत मरौरी है॥
सीतल बयारि बादमापि रूप लीनौ है री,
उपज हमारे हरि ध्यान जो धरौ री है।
आयौ है बसंत, ब्रज लायौ है लिखाय शेष,
जोन्ह कौ जलेबदार, काम कौ करौरी है॥ १२९॥

*

मलय गुलाब, हाथ सुमन पियाले आले,
चटक गुलाब चोख चाखत विचारौ सौ।

कहै 'हरिकेस' मोद चारों ओर छायौ जोर,
मधुर अलापै राग-ताल कूक भारौ सौ॥
मुनि-मन बसन लथोरे नेह बौरे बलि,
हेर झकझोरे करै कौरे पिय प्यारौ सौ।
सुरभी कलार कुंज-सदन सु छायौ वाकौ,
मंद-मंद आवत बसंत मतवारौ सौ॥१३०॥

*

माते मकरंद के मलिंद गन गुंजरत,
मंद-मंद सोई मंत्र मोहन सुनायौ है।
कहै 'गिरिधारी' खुली खोपरी कपोतिन की,
तोमरी की तान कोकिलान सुर गायौ है॥
गोली-सी निकल रहीं कलियाँ गुलाबन की,
नए-नए आमन की जात उपजायौ है।
राज ब्रजराज जू कों राजी करिवे कों आज,
बाजीगर ब्रज में बसंत बनि आयौ है॥१३१॥

*

खेलत खेल झमेलन में, रस खेलन खेल बढ़यौ अनमोला।
सोहत है 'गिरधारन' भार, हजारन बारन रूप अतोला॥
एक सखी तहँ रामहिं देखि कै, सीस तें चंदन कौ घट ठोला।
मानहुँ सुद्ध सतोगुन नें पहिरयौ धरि चाह रजोगुन चोला॥१३२॥

*

सुरति-समाजन की गूदरी गुही सी मानों,
मोर मुकुट माथे पै सुंदर सुहायौ है।
सेत-सेत फूलन की सोहति विभूति अंग,
सिंघी-धुनि कोकिलान कीरति सुनायौ है॥
प्रेम रस भरौ, धरौ कर में कमंडल है,
बेलिन की सेली गले चीर दरसायौ है।
माँगि-माँगि मोचन मलिंदन कौ मंत्र पढ़ि,
चेला कामदेव कौ बसंत बनि आयौ है॥१३३॥

*

कलित कमंडल कमल कलिका के करि,
किंसुक कुसुम वर अंबर सहायौ है।
ठौर-ठौर भौंरन की सैनी जयमाल मौर,
सजे हैं रसाल, जटा जूट सो बढ़ायौ है॥

सिष्यन के गीत करि कोकिल-कपोत संग,
पढ़ै ह्वै उमंग चहूँ ओर सोर छायौ है।
कंत बनमाली कौ पठायौ लाली सौ लसंत,
आली री ! बसंत नव संत बनि आयौ है ॥ १३४ ॥

*

पीरौ तन पायौ, फूलौ सरसों सुमन सम,
मन मुरझानौ पतझार मनों लाई है।
सीरी स्वाँस त्रिविध समीर सी बहावै सदा,
अँखियाँ बरसि मधु-झरि सी लगाई है ॥
'हरिचंद' फूल मन मौन के मसूसन सों,
ताही सों रसाल बाल बदि कै बौराई है।
तेरे बिछुरे तें प्रानकंत कै हिमंत अंत,
तेरी प्रेम-योगिनी बसंत बनि आई है ॥१३५॥

*

नैन लाल कुसुम पलास से रहे हैं फूल,
माल गरैं मानों बन झालरि सों लाई है।
भँवर गुंजार हरि नाम कों उचार तिमि,
कोकिल सों कुहुँकि वियोग-राग गाई है ॥
'हरिचंद' तजि पतिझार घर बार सबै,
बौरी बनि दौरी चारु पौन ऐसी धाई है।
तेरे बिछुरे ते प्रान कंत के हिमंत अंत,
तेरी प्रेम-योगिनी बसंत बनि आई है ॥ १३६ ॥

*

लसत कुटज बन, चंपक पलास बन,
फूली सब साखा जे हरति जन चित्त हैं।
स्वेत-पीत-लाल फूल जाल हैं बिसाल तहाँ,
आछे अलि अच्छर जे काजर के भित्त हैं ॥
'सेनापति' माधव महीना भोर नेम करि,
बैठे द्विज कोकिल करत घोष नित्त हैं।
कागद रंगीन में प्रबीन ह्वै बसंत लिखे,
मानों काम चक्कवै के बिक्रम कवित्त हैं ॥ १३७ ॥

*

विकसी बसंत की सुगंध भरी 'सिव कवि',
और ढंग भए बन-कुंज की थलीन के।

कोकिल के कल-कल कल नहिं देत पल,
चारों ओर सोर सखि! सुनिऐ अलीन के॥
ऐसे समै मान प्रानपति सों न कीजिऐ री,
मेटिवे कों मान मानिनी की अवलीन के।
देखो रतिराज काज रितुराज कारीगर,
गुरुज बनाए हैं गुलाब की कलीन के॥१३८॥
*

गावो किन कोकिल, बजावो किन भ्रमर बेनु,
नाँचो किन झूमरि लता गन बने-ठने।
फेंकि-फेंकि मारो किन निज करि पल्लव सों,
ललित लवंग फूल पायन घने-घने॥
फूल माल वारौ किन, सौरभ सँभारौ किन,
ये ही परिचारक समीर सुख सों सने।
बौर धरि बैठौ किन चतुर रसाल आज,
आवत बसंत रितुराज तुम्हें देखने॥१३९॥
*

कोकिल नकीब, औ पपीहा चोबदार द्वार,
भँवर नफीर, कीरै मंद-मंद गायौ है।
गुटक कपोत-गोत ताल मानों तबलन की,
अबलन की जाति भाँति मोरवा नचायौ है॥
तूती ताल देत, भाव भाषत भुजंगी भेद,
चातक उतारै राई-लौन कौ बनायौ है।
मदन महीपति कें 'मनीराम' माघ सुदी—
पंचमी कों व्याहन बसंत रितु आयौ है॥ १४०॥
*

बौर मौर किंसुक सुकंकन कलित सौन,
भूषन सुफूल के पराग पट भायौ है।
'ठाकुर' पताकै पता लाल, कंज सिंहासन,
कुंज भेद पालकी गयंद रथ छायौ है॥
पौन है सुदौर बने वृच्छन बराती तौर,
भौंर चोपकादि बोल बाजने बनायौ है।
जोहन से मोहन बहार बनरी है संग,
सोहत बसंत बनरा सौ बनि आयौ है॥ १४१॥
*

बागन में चारु चटकाहट गुलाबन की,
ताल देत तालिया तुलै न तुक तंत की।
गुंजत मलिंद वृंद तान सी उपंज पुंज,
कल रव गान कोकिलान किलकंत की॥
'गोकुल' अनेक फूल फूले हैं रँगे दुकूल,
झूमै आम-बौर हाव-भाव रसवंत की।
लहरें तरुन तरु, छहरें सुगंध मंद,
नाँचत नटी सी आवै बैहर बसंत की॥१४२॥

*

सुंदर सोहै सुगंधित अंग, अभंग अनंग कला ललिता है।
तैसी 'किसोर' सुहात संयोगिन भोगन हू कों मनोहरता है॥
संग अली अवली रवि राजित, अंग रसीली वसीकरता है।
कोमलता युत बीर बसंत की बैहर, कै बनिता, कै लता है॥१४३॥

डार द्रुम पालनौ, बिछौना नव पल्लव के,
सुमन झँगूला सोहै, तन छबि भारी दै।
पवन झुलावै, केकी-कीर बतरावै 'देव',
कोकिल हलावै, हुलसावै करतारी दै॥
पूरित पराग सों उतारौ करै राई नोंन,
कंज-कली नायिका लतानि सिर सारी दै।
मदन महीप जू कौ बालक बसंत ताहि,
प्रातहिं जगावत गुलाब चटकारी दै॥१४४॥

*

बासित बयारी उतै, स्वाँसा की सुगंध इतै,
अधरन लाली इत, उतै तरुवंत की।
इत अरबिंदन पै छटा ज्यौं मलिंदन की,
अंगन पै इतै केस-कालिमा अनंत की॥
कोकिल कलाप उत, मधुर अलाप इत,
टेसू उतै, सारी इतै सूही छविवंत की।
'पूरन' बिलोको चलि, कैसी लाल कानन में-
होड़ सी लगी है, षोड़सी की औ बसंत की॥१४५॥

*

वैस की निकाई, सोई रितु सुखदाई, तामें—
वरुनाई उलहत मदन मैमंत है।

अंग-अंग रंग भरे दल-फल-फूल राजैं,
सौरभ सरस मधुराई कौ न अंत है॥
मोहन मधुप क्यों न लटू ह्वै सुभाय भटू,
प्रीति कौ तिलक भाल धरै भागवंत है।
सोभित सुजान 'घनआनँद' सुहाग सींच्यौ,
तेरे तन-बन सदा बसत बसंत है॥१४६॥

*

डोलि रहे बिकसे तरु एकै, सु एकै रहे हैं नवाइ कै सीसहिं।
त्यों 'द्विजदेव' मरंद के व्याज सों, एकै अनँद के आँसूँ बरीसहिं॥
कौन कहैं उपमा तिनकी, जे लहे री सबै-बिधि संपति दीसहिं।
तैसई ह्वै अनुराग भरे, कर पल्लब जोरि कै एकै असीसहिं॥१४७॥

*

पीरौ फूल चंपक कौ सोभियत कर्नफूल,
तैसौ ही दुकूल अति सरस सुहायौ है।
पीरौ है लहँगा, कुच-कंचुकी सोहात पीरी,
पीरौ है सरीर मानों केसरि लगायौ है॥
मोतिन की माल गर सोहत बन-माल पीरी,
पीरौ पोखराज नग जटित जरायौ है।
कंचन की भूमि, ता में धरै पग झूमि-झूमि,
देखो ब्रजचंद जू बसंत बन आयौ है॥१४८॥

*

नील पट तन पर घन से घुमाय राखे,
दंतन की चमक छटा से बिछुरति हौं।
हरिन के किरन जमाय राखौं जुगुनू सी,
कोकिला पपीहा पिकवानी सों भरति हौं॥
कींच अँसुवान की मचाय 'कवि देव' कहै,
बालम विदेस कों पधारवौ हरति हौं।
इंद्र कौ धनुष साज बेसर कसति आज,
रहु रे बसंत! तोहि पावस करति हौं॥१४९॥

*

मदन महीप कौ समंत बलवंत दिसि—
विदिसनि बीरा लै बसंत उठि धाये हैं।
करत न बारन अबारन प्रताप जाकौ,
'संकर' बखानौ त्यों अजब गुन गाये हैं॥

फिरत दोहाई भौंर-झौरन के ब्याजन कू,
ललकारें कोकिल की कूकनि गनाये हैं।
फूले ये पलास के न फूल काढ़ि-काढ़ि मानों,
नेजे में वियोगी के करेजे लटकाये हैं॥१५०॥

*

मिलि माधवी आदिक फूल के व्याज, विनोद लवा बरषायौ करै।
रचि नाँच लतागन तानि वितान, सबै विधि चित्त चुरायौ करै॥
'द्विजदेवजू' देखि अनोखी प्रभा, अलि चारन कीरति गायौ करै।
चिरजीवो बसंत सदा द्विज-देव प्रसूनन की झरि लायौ करै॥१५१॥

*

बरन-बरन फूले सब उपबन-बन,
सोई चतुरंग संग दल लहियत है।
बंदी जिमि बोलत बिरद बीर कोकिल हैं,
गुंजत मधुप गान गुन गहियत है॥
आवै आस-पास पुहुपन की सुबास सोई,
सोंधे के सुगंध माँझ सने रहियत है।
सोभा कौ समाज, 'सेनापति' सुख-साज आज,
आवत बसंत रितुराज कहियत है॥१५२॥

*

लाल-लाल टेसू फूलि रहे हैं बिसाल, संग—
स्याम रंग भेंटि मानौं मसि में मिलाए हैं।
तहाँ मधु काज आस बैठे मधुकर-पुंज,
मलय पवन उपबन-बन धाए हैं॥
'सेनापति' माधव महीना मैं पलास तरु,
देखि-देखि भाउ कविता के मन आए हैं।
आधे अन-सुलगि, सुलगि रहे आधे, मानो--
बिरही दहन काम क्वैला परचाए हैं॥१५३॥

*

धर्‍यौ है रसाल मौर सरस सिरस रुचि,
ऊँचे सब कुल मिले गनत न अंत है।
सुचि है अवनि बारी भयौ लाज होम तहाँ,
भौंरी देखि होत अलि आनँद अनंत है॥
नीकी अगवानी होत, सुख जनवासौ सब,
सजी तेल ताई चैन मैंन मयमंत है।

'सेनापति' धुनि द्विज साखा उच्चरत देखो,
बनी दुलहिन, बना दूलह बसंत है॥ १५४॥
*

बाजी-बाजी बिरियन सीतल गरम बात,
मंद-मंद तुतरात बालक सरूपिया।
जेठ की जलाकी सी सलाका होय आवैं कभू,
सौरभ सुहावै तरुनापन अनूपिया॥
'ग्वाल कवि' के हैं अंग थर-थर काँपै कभूं,
कभूं न बस्याय जू न चाहें भयौ धूपिया।
आनँद के कंद रामचंद हेत आपु मनौं,
आयौ छविवंत ह्वै बसंत बहुरूपिया॥१५५॥
*

गहगहे गिरद गुलाबन के बढ़ावने औ,
किंसुक अंगार मुख माहिं परचत हैं।
मंजुल कुसुम गोली, किसलय प्याले लाल,
मारुत ह्वै चेला भौंर ढाल लै पचत है॥
'ग्वाल कवि' कहै कोकिलान की कतारें बहु,
बिपति बिडारैं बाँस लहक्यौ चहत है।
राजन के ताज महाराज रघुराज आगें,
आज रितुराज नटराज सौ नँचत है॥१५६॥
*

बाजत मुरज मंजु मारत मरोरदार,
बीन कौ बनाव तुंब वृंद विबसंत है।
ताल की अवाजैं साजैं चटक गुलाबन की,
सुंदर सुरंगी भौंर गुंज सरसंत है॥
'ग्वाल कवि' कहै तार ताजे अमराइन के,
साधैं सुर कोकिल कुहुक हुलसंत है।
राजे महाराजे रघुबीर जू के आगें चल्यौ,
आयौ बनै बानिक कलावत बसंत है॥१५७॥
*

बिहरैं बिपिन में बिटप की हलाय डार,
कियौ पतझार जाकी गति है दिगंत लौ।
महँक सुगंध मधु फूलन कपोलन के,
माते मधुकर गुंजरत रसवंत सौ॥

सिंह सम सिसिर के सीत कों सिसिर करि,
दीनों है भगाय ब्रज बड़े बलवंत जौ।
मंद-मंद चलत झरत मकरंद मद,
मदन मतंग कैधों मारुत बसंत कौ॥१५८॥
*

फूले हैं पलास लाल, लहरें निसान सोई,
बौरे हैं रसाल बरछी सो धार साने की।
गुंजरत मंजुल मलिंद वृंद आस-पास,
मंद गति भासत गयंद हैं पयाने की॥
'गोकुल' पराग रज उड़ै पंथ फूलन के,
कोकिला बिरद वर बोलें बीर-बाने की।
मान बलवंत गढ़ कटा करिवे कों अंत,
आयौ न बसंत, सैन मैन मरदाने की॥१५९॥
*

तारे जहाँ सुभट, नगारे पिक-नाद जहाँ,
पैदल चकोर कोर बाँधे बद बेस की।
गुंजरत भौंत-पुंज, कुंजरत मोर जहाँ,
पौन झकझोर घोर घमक हमेस की॥
भनत 'कविंद' सर फौज है बसंत आली!
मिलै तंत कंत सो मनोज मान पेस की।
मानवारी गढ़ी बेगुमान ढाहिवे के लिऐं,
चढ़ी असवारी है निसाकर नरेस की॥१६०॥
*

आगै-आगै दौरत वकील गंधबाह ऐसै,
पाछे-पाछे भौंरन की भीर भट भीम है।
बाजै राजै किंकिनी मजीठ कल गाजै जबै,
घूँघट ध्वजा में मैन सीम धुज सीम है॥
'कृष्णलाल' सौरभ पै, चंदन पै जाकी जीत,
ऐसौ कौन भूतल में गब्बर गनीम है।
मदन महीप बाज सदन सु सिरताज,
मदन बहादुर की का पर मुहीम है॥१६१॥
*

दिसि-दिसि कुसुमित देखिऐ, उपबन-विपिन समाज।
मनहुँ वियोगिनि कौ कियौ, सर पंजर रितुराज॥१६२॥
*

फिरि घर कों नूतन पथिक, चले चलित चित भागि।
फूल्यौ देखि पलास-प्रन, समुहैं समुझि दवागि॥ १६३ ॥

## विविध

ऊधौ! ये सूधौ सौ संदेसौ कहि दीजो जाय,
स्याम सों सितावी तुम बिन सरसंत हैं।
कोप पुरहूत कैं बचाई वारि-धारन तें,
तिन पै कलंकी चंद विष बरसंत है॥
'ग्वाल कवि' सीतल समीर जे सुखद ही, ते—
बेधत निसंक, तीर-पीर सरसंत है।
जेइ विपनागिन तें बरत बचाई तिन्हैं,
पारि विरहागिन में, बारत बसंत है॥१६४॥

*

वाह-वाह! आप कों, बिहारीलाल प्यार भरे,
बाला विरहागि तची, अब न तचैगी वह।
बानी कोकिला की विष-धार सी पचायौ करी,
अब लौं पची सो पची, अब न पचैगी वह॥
'ग्वाल कवि' केते उपचारन सच्याई करौ,
अब लौं सची सो सची, अब न सचैगी वह।
आयौ पंचबान लै बसंत बजमारौ बीर,
अब लौं बची सो बची, अब न बचैगी वह॥ १६५॥

*

फूलि उठौ वृंदाबन, भूलि उठे खग-मृग,
सूलि उठै उर, विरहागि बगराई है।
गुंजरैं करत अलि-पुंज कुंज-कुंज, धुनि—
मंजु पिक-पुंज, नूत मंजरी सुहाई है॥
बाल-बनमाल-फूलमाल विकसंत, विह—
संत मुखी ब्रज में बसंत रितु आई है।
नंद के नँदन ब्रजचंद कौ बदन देखैं,
सदन-सदन 'देव' मदन-दुहाई है॥१६६॥

*

कछु और उपाय करै जनि री! इतने दुख क्यों सुख सों भरिवी।
फिर अंतक सौ बिन कंत बसंत के, आवत जीवित ही जरिवी॥

बन बौरत बौरी ह्वै जाउँगी 'देव', सुनैं धुनि कोकिल की डरवी।
जब डोलि हैं औरैं अबीर भरीं, सु हहा! कहि बीर, कहा करिवी ॥ १६७॥

*

भानु-तनया की अति तरल तरंगें ताकि,
होत तेज अतुल प्रताप पल चार में।
बैठे सुर संग में सु अंग में बसंती बास,
वैसेई बिछौना जर्द जरद बजार में॥
'ग्वाल कवि' कोकिल कलित कल रव राजैं,
विविध समीर सुख सरस अपार में।
किंसुक कुसुम औ अनार-कचनार चारु,
फैल-फैल फूलत बसंत की बहार में॥ १६८ ॥

*

अवनि-अकास-अंबु-अनिल-अनल आभा,
औरे भाँति भई जो मनोज महि मंत की।
कर जनि मान या दिसानि ह्वै गयी है मंद,
मति छ्वै गयी है सब जानु जग-जंत की॥
कहत 'किसोर' जार जरब कुजोगिन कों,
भोगिन कों भावती वियोगिन के अंत की।
उलही उमंगन तें लखि लसि रहीं तैसी,
लहलही लौंदन पै लहर बसंत की॥१६९ ॥

*

हौरें हौरें डोलतीं सुगंध सनी डारन तें,
औरै-औरै फूलन पै दुगुन फबी है फाब।
चौथतें चकोरन सों, भूले भए भौंरन सों,
चार्‌यौ ओर चंपन पै चौगुनौ चढ़ौ है आब॥
'द्विजदेव' की सौं दुति देखत भुलानों चित्त,
दस गुनी दीपति सों गहव गछे गुलाब।
सौ गुने समीर ह्वै, सहस गुने तीर भए,
लाख गुनी चाँदनी, करोर गुनौ महताब॥ १७० ॥

*

बीत गयी सिगरी रजनी, चहुँ ओर तें फैल गयी नभ लाली।
कोक-वियोग मिट्यौ परि पूर, उदै भयौ सूर महा छबिसाली॥
बोलि उठे बन-बागन में, अनुरागन सों चहुँघा चटकाली।
सुंदर स्वच्छ सुगंध सने, मकरंद झरै अरविंद तें आली॥ १७१ ॥

*

केतकि, असोक, नव चंपक, बकुल-कुल,
कौन धौं वियोगिनी कों ऐसौ बिकराल है।
'सेनापति' साँवरे की सूरत की, सुरति की,
सुरति कराय करि डारत बिहाल है॥
दच्छिन-पवन एती ताहू की दवन जऊ,
सूनौ है भवन परदेस प्यारौ लाल है।
लाल हैं प्रबाल फूले देखत बिसाल, जऊ—
फूले और साल पै रसाल उर-साल है॥ १७२॥

*

सरस सुधारी राज-मंदिर में फुलवारी,
मोर करैं सोर, गान कोकिल विराव के।
'सेनापति' सुखद समीर है सुगंध-मंद,
हरत सुरत-स्रम-सीकर सुभाव के॥
प्यारौ अनुकूल, कोहू करत करन-फूल,
को हू सीसफूल, पाँवड़ेऊ मृदु पाँव के।
चैत में प्रभात, साथ प्यारी अलसात, लाल—
जात मुसकात, फूल बीनत गुलाब के॥ १७३॥

*

तरु नीके फूले विविध, देखि भए मयमंत।
परे बिरह बस काम के, लागे सरस बसंत॥
लागे सरस बसंत, सघन उपबन बन राजत।
कोकिल के कल गीत, मधुर 'सेनापति' साजत॥
तजे सकुच के भाउ, भाउ तजि मान मनी के।
सुर-नर-मुनि सुख संग, रंग राचैं तरुनी के॥१७४॥

*

दच्छिन धीर समीर पुनि, कोकिल कल कूजंत।
कुसुमित साल रसाल जुत, जो बन सोभावंत॥
जोबन सोभावंत, कंत-कामिनि मनोज बस।
'सेनापति' मधु मास, देखि बिलसत प्रमोद रस॥
दरस हेत तिय लिखति, पीय सियरावहु अच्छिन।
हरहु हीय संताप, आइ हिलि-मिलि सुख दच्छिन॥ १७५॥

*

मलय समीर सुभ सौरभ धरन धीर,
सरवर-नीर जन मज्जन के काज के।

मधुकर-पुंज पुनि मंजुल करत गुंज,
सुधरत कुंज सम सदन समाज के॥
व्याकुल वियोगी, जोग कैसकै न जोगी, तहाँ—
बिहरत भोगी 'सेनापति' सुख-साज के।
सघन सु तरु लसत, बोलें पिक-कुल सत,
देखो हिय हुलसत, आए रितुराज के॥१७६॥

*

गुंजरन लागीं भौंर-भीरैं केलि-कुंजन में,
क्वैलिया के मुख तें कुहूकन कढ़ै लगी।
'द्विजदेव' तैसें कछु गहब गुलाबन तें,
चहकि चहूँघा चटकाहट बढ़ै लगी॥
लागौ सरसावन मनोज निज ओज रति,
बिरही सतावन की बतियाँ गढ़ै लगी।
हौन लागी प्रीति-रीति बहुरि नई सी,
नव नेह उनई सी, मति मोह सों मढ़ै लगी॥१७७॥

*

वैसें ही बिदेस के जवैया रहे गौन तजि,
मौन तजि वैसें मंजु कोकिल कलाप भौ।
'द्विजदेव' वैसें ही मलिंदन कों मोद कर,
मल्लिका-मरुअ-माधवीन सों मिलाप भौ॥
वैसें ही सँजोगी जुरि जोवन लगे हैं कंज,
वैसें ही बियोगिन के वृंद कों बिलाप भौ।
वैसें ही बहुरि मोह-बान बरसन लागे,
वैसें ही सगुन फेरि मनसिज-चाप भौ॥१७८॥

*

# ग्रीष्म

✳

राशि--

वृषभ + मिथुन

✳

मास—

ज्येष्ठ + आषाढ़

✳

ताते सरल समीर मुख, सूखे सरिता-ताल।
जीव अबल, जल-थल विकल, ग्रीषम सफल रसाल॥

# ग्रीष्म–परिचय

ग्रीष्म ऋतु के आते ही प्रकृति की बसंतकालीन सरस कमनीयता सहसा नीरस कुरूपता में परिवर्तित होने लगती है। कोकिलों की कूक, भ्रमरों की गुंजार और पक्षियों की विविध बोलियाँ कठिनता से सुनाई देती हैं। मंद सुगंधित शीतल वायु के स्थान पर उष्ण लूह और धूल–धूसरित आँधियों की भरमार हो जाती है। इस ऋतु में प्रकृति अपना मनोहर रूप छोड़कर रौद्र रूप धारण करती है, और अपनी विकरालता से अखिल ब्रह्मांड के चराचर को व्याकुल कर देती है।

ऊषा काल के मनोरम वायुमंडल का प्रभाव बहुत थोड़ी देर तक रहता है, और दिन निकलते ही सूर्य की तप्त किरणें प्राणीमात्र को संतप्त करने लगती हैं। दोपहर होते–होते प्रचंड मार्तंड भयंकर आग उगलने लगता है, जिसके कारण समस्त भू–मंडल जलती हुई भट्टी के समान उष्ण हो जाता है। उस समय प्राणीमात्र अपने धंधों को छोड़कर शीतल स्थानों में चले जाते हैं, किंतु वहाँ पर भी उनको कठिनता से चैन मिलता है।

पथिकजन रास्ता चलना बंद कर किसी घनघोर वृक्ष की छाया में विश्राम करने लगते हैं। ऊँची अट्टालिकाओं और विशाल भवनों के निवासी अपने भव्य निवास–स्थानों का मोह छोड़कर क्षणिक सुख–प्राप्ति की आशा से साधारण तहखानों की शरण लेते हैं। उस समय शीतल जल और पंखा ही जीवन–धारण करने के साधन बन जाते हैं। समृद्धजन खस की टट्टी, कपूर मिश्रित अंगराग तथा तपन–निवारक अन्य साधनों का उपयोग करते हैं। इस ऋतु में प्रत्येक व्यक्ति पल–पल में लगनेवाली प्यास से पागल सा हो जाता है। जनसाधारण शीतल जल से और समृद्धजन सुगंधित शर्बतों से बार–बार अपनी प्यास बुझाने को बाध्य होते हैं।

इस ऋतु में तन ढकने के साधारण वस्त्र भी असह्य हो जाते हैं। सारा शरीर

पसीने से चिपचिपाने लगता है। बार-बार स्नान करने पर भी तृप्ति नहीं होती है और हरदम पानी में बैठे रहने को ही जी चाहता है। झुंड के झुंड नर-नारी सर-सरिताओं में जल-क्रीड़ा करने को जाते हैं, किंतु वहाँ पर भी जल का अकाल दिखलाई देता है।

ग्रीष्म की तपन से लहलहाती हुई लतिकाएँ सूखने लगती हैं, विकलित फूल-फल झुलसने लगते हैं, हरे-भरे वनोपवन उजड़ने लगते हैं, कूप-ताल-सरोवर-नद- नदी आदि समस्त जलाशय जल-विहीन होने लगते हैं। समस्त चराचर जगत् में त्राहि-त्राहि मच जाती है। जल-थल और नभ के समस्त प्राणी व्याकुल हो जाते हैं।

जब अंधड़-आँधी धूल का भयंकर तूफान उठाती हुई, मार्ग के वृक्षों को उखाड़ती हुई, कृषकों के घरों को ढाती हुई और उनके छप्पर उड़ाती हुई चलती है, तब समस्त भू-मंडल पर धूल का साम्राज्य छा जाता है। उस समय भूमि-आसमान सभी धूल-धूसरित हो जाते हैं।

यद्यपि यह ऋतु केलि-क्रीड़ा और सुखोपयोग के अनुकूल नहीं है, तथापि ब्रजभाषा के भक्त कवियों ने अपने इष्टदेव की सेवा-भावना में शीतल वातावरण उत्पन्न करने वाली सामग्री की व्यवस्था कर इस ऋतु को भी आनंददायक बना दिया है। सुगंधित पुष्प-माला, शीतल अंगराग, गुलाब-केवड़ा आदि का सुवासित जल, खस की टट्टी, जल-क्रीड़ा, और वन-विहार के कारण ग्रीष्म का प्रतिकूल वातावरण भी सर्वथा अनुकूल बना दिया गया है। इसी के अनुकरण पर ब्रजभाषा के अन्य कवियों ने विलासी जनों के आनंद-विलास के लिए भी इसी प्रकार की प्रचुर सामग्री एकत्रित की है। ग्रीष्म ऋतु के वर्णन की यह विविधता ब्रजभाषा-कवियों के काव्य-कौशल की परिचायक है।

## ज्येष्ठ

एक भूत में होत, भूत भज पंचभूत भ्रम।
अनिल–अंबु–आकास, अवनि–ह्वै जाति आगि सम॥
पंथ थकित मद मुकित, सुखित सर सिंधुर जोवत।
काकोदर करि कोस, उदरतर केहरि सोवत॥
पिय प्रबल जीव इहि बिधि अबल, सकल विकल जलथल रहत।
तजि 'केसबदास' उदास मग, जेठ मास जेठहिं कहत॥ १ ॥

*

जगहै जराऊ जामें जरे हैं जवाहिरात,
जगमग जोति जाकी जग लों जगति है।
जामें जदु जानि जान प्यारी जातरूप ऐसी,
जगमुख जाल ऐसी जोन्ह सी जगति है॥
'गिरिधरदास' जोर जबर जबानी कौहै, जोहि
जोहि जलजाहू जीय में जकति है।
जगत के जीयन के जीय सों जुराये जीय,
जोय जोषिता की जेठ जरनि जरति है॥ २ ॥

## आषाढ़

आनन अमल उड़ अधिप अधिक आछी,
अंबुज सी अद्भुत आभा ईछननि में।
अमय अमोल, ओज–आगर अनूप अति,
अमल उरोज अहैं ईस उन्नतनि में॥
आछे अबलोके तें अनंग अंग ना उमादि,
आवती न 'गिरिधरदास' आदरनि में।
अबला अनोखी ऐसी ईस सो उमंग सजैं,
आयौ है अषाढ़, ओढ़ै आनँद अवनि में॥ ३ ॥

**

पवन चक्र परचंड चलत, चहुँ ओर चपल गति।
भवन भामिनी तजत, भ्रमत मानहुँ तिनकी मति॥
संन्यासी इहि मास होत, इक आसन बासी।
पुरुषन की को कहै, भए पच्छियौ निवासी॥
इहि समय सेज सोबन लियौ, श्रीहिं साथ श्रीनाथ हू।
कहि 'केसबदास' असाढ़ चल, मैं न सुन्यौ श्रुति गाथ हू॥ ४ ॥

# ग्रीष्म

*

## ग्रीष्म-बिहार

(राग सारंग)

आज वृंदाविपिन कुंज अद्‌भुत नई।
परम सीतल सुखद स्याम सोभित तहाँ,
माधुरी मधुर और पीत फूलन छई॥
विविध कदली खंभ, झूमका झुक रहे,
मधुप गुंजार, सुर कोकिला धुनि ठई।
तहाँ राजत श्री वृषभान की लाड़िली,
मनों हो घनस्याम ढिंग उलही सोभा नई॥
तरनि-तनया-तीर धीर समीर जहाँ,
सुनत ब्रजबधू अति होय हरषित मई।
'नंददास' निनाथ और छवि को कहै,
निरखि सोभा नैन पंगु गति ह्वै गयी॥ ५॥

(राग सारंग)

भलें ही मेरें आए हो पिय! ठीक दुपहरी की बिरियाँ।
सुभ दिन, सुभ नछत्र, सुभ महूरत, सुभ पल-छिन, सुभ घरियाँ॥
भयौ है आनंद-कंद, मिट्यौ बिरह दुःख-द्वंद,
चंदन घिस अंग लेपत, और पाँयन परियाँ।
'तानसेन' के प्रभु दया कीनीं मो पर, सूखी बेल कीनीं हरियाँ॥ ६॥

(राग सारंग)

सीतल सदन सीतल भोजन भयौ,
सीतल बातन करत आई सब सखियाँ।
छीर के गुलाब-नीर, पीरे-पीरे पानन बीरी,
आरोगौ नाथ! सीरी होत छतियाँ॥
जल गुलाब घोर लाईं अरगजा-चंदन,
मन अभिलाष यह अंग लपटावनौ।
'कुंभनदास' प्रभु गोवरधन-धर,
कीजै सुख सनेह, मैं बीजना ढुरावनौ॥ ७॥

(राग सारंग)

तपन लाग्यौ घाम, परत अति धूप भैया, कहँ छाँह सीतल किन देखो।
भोजन कुँ भई अबार, लागी है भूख भारी, मेरी ओर तुम पेखो॥
बर की छैयाँ, दुपहर की बिरियाँ, गैयाँ सिमिट सब ही जहँ आवै।
'नंददास' प्रभु कहत सखन सों, यही ठौर मेरे जीय भावै॥ ८॥

(राग सारंग)

जेठ मास, तपत घाम, ऐसे में कहाँ सिधारे स्याम!
ऐसी कौन चतुर नारि जाकौ बीरा लीनों है।
नैंक धौं कृपा कीजै, हम हू कों सुख दीजै,
फेरि वाकें जाओ, जाकौ नेह नवीनौ है॥
बाँह पकरि लै गयी, सैया पर दिए बिठार,
अरगजा-चंदन लगाइ, हियौ सीतल कीनौ है।
'रसिक' प्रीतम कंठ लगाइ, रस में रस मिलाइ,
अरस-परस केलि करत, प्रीतम बस कीनौ है॥ ९॥

(राग विहाग)

रुचिर चित्रसारी सघन कुंज में मध्य कुसुम-रावटी राजै।
चंदन के रूख चहुँ ओर छवि छाय रहे,
फूलन के अभूषन-बसन, फूलन सिंगार सब साजै॥
सीयरे तहखाने में त्रिविध समीर सीरी,
चंदन के बाग मध चंदन-महल छाजै।
'नंददास' प्रिया-प्रियतम नवल जोरि,
बिधना रची बनाय, श्री ब्रजराज विराजै॥१०॥

(राग विहाग)

बैठे ब्रजराज कुँवर, प्यारी संग जमुना-तीर,
सीतल बयारि सखी, मंद-मंद आवै।
अति उदार बैजयंती, स्याम अंग सोभा देत,
भुज परस्पर कंठ मेलि विहँसि गावै॥
झीने पट दिपत देह, प्रीतम सों अति सनेह,
गौर-स्याम अभिराम कोटिक काम लजावै।
'सूरदास मदनमोहन' मोहनी से बने दोउ,
रहसि-रहसि अंग अरगजा लगावै॥११॥

(राग ललित)

आजु प्रभात लता-मंदिर में, सुख बरसत अति हरष युगल वर।
गौर-स्याम अभिराम रंग भरे, लटक-लटक पग धरत अवनि पर॥
कुच कुमकुम रंजित माला बनी, सुरति नाथ श्री स्याम रसिक वर।

पिया प्रेम के अंक अलंकृत, चित्रित चतुर सिरोमनि निज कर॥
दंपति अति अनुराग मुदित, कलि गान करत, मन हरत परस्पर।
'हित हरवंस' प्रसंस परायन, गावत अलि सुर देत मधुर तर॥१२॥

(राग केदारौ)

श्री वृंदाबन सघन कुंज, फूले नव दल पुहुप-पुंज,
त्रिविध समीर सीरी मंद-मंद आवै।
उसीर-महल मध्य रावटी रची बनाय,
बैठी संग प्यारी सो तौ पीय-मन भावै॥
अद्भुत गुन-रूप-रासि, राजत चहुँ ओर सुबास,
बेनु-विलास मध्य, केदारौ राग गावै।
मनमथ कोटि कला जे सहचरी सकल समाज,
प्रेम-प्रीति-दरसन 'आसकरन' पावै॥१३॥

(राग सारंग)

बैठे लाल फूलन के चौवारे।
कुंतल, बकुल, मालती, चंपा, केतकी, नवल निवारे॥
जाई, जुही, केबरौ, कूजौ, रायबेलि महँकारे।
मंद समीर, कीर अति कूजत, मधुपन करत झकारे॥
राधारमन रंग भरे क्रीड़त, नाँचत मोर अखारे।
'कुंभनदास' गिरिधर की छवि पर, कोटिक मन्मथ वारे॥ १४॥

(राग सारंग)

चंदन पहरि नाव हरि बैठे, संग वृषभान-दुलारी हो।
जमुना-पुलिन तहाँ सोभित हैं, खेलत लाल बिहारी हो॥
त्रिविध पवन बहति सुखदायक, सीतल मंद सुगंध हो।
कमल प्रकासित, द्रुम बहु फूले, जहाँ राजत नँद-नंद हो॥
अक्षय-तृतीया अक्षय-लीला, संग राधिका प्यारी हो।
करत बिहार संग सब सखियाँ, 'नंददास' बलिहारी हो॥१५॥

## ज्येष्ठ-दुपहरी

सूर आयौ सीस पर, छाया आई पाँइन तर,
पंथी सब झुक रहे, देखि छाँह गहरी।
धंधीजन धंध छाँड़ि रहे री, धूपन के लिएँ,
पसु-पंछी जीव-जंतु चिरैया चुप रह री॥

ब्रज के सुकुमार लोग दै-दै किंवार सोए,
उपवन की व्यारि तामैं सुख क्यों न लह री।
'सूर' अलबेली चलि, काहे कों डराति बलि,
माह की मध्य राति, जैसे ये जेठ की दुपहरी ॥ १६ ॥

*

सूर आयौ माथे पर, छाया आई पाँइन तर,
उतर ढरे पथिक डगर देखि छाँह गहरी।
सोए सुकुमार लोग जोरि कै किंवार द्वार,
पवन सीतल घोख मोख भवन भरत गहरी॥
धंधी जन धंध छाँड़ि, जब तपत धूप डरन,
पसु-पंछी जीव-जंतु छिपत तरुन सहरी।
'नंददास' प्रभु ऐसे में गवन न कीजै कहुँ,
माह की आधी रात जैसी ये जेठ की दुपहरी ॥ १७ ॥

(राग बिहाग)

ऐसी दुपहरी में कहाँ चली मृग-नैनी,
कोमल कमल सी कुमलानी, चरन उघारी।
हौं तौ आई फूल, बिनन, सखियन हू सुधि न लई,
हौं तो भई प्यासी लाल, गैल बतावो सुचारी॥
पानी तो कौं प्याइ देउँ, पादुका पहराइ देउँ,
आछी नीकी बैठो, नैक कदंब की छैयाँ।
'सूरदास मदनमोहन' भलेजु भले आए अचानक,
जैसी तुम जानत हौ, ऐसी हम नैयाँ॥ १८ ॥

## ग्रीष्म-विदा

(राग बिहाग)

तपत-तपत तन सब ही जर्‌यौ, ग्रीषम रितु दुख भारौ।
कहा करें, कैसै होइ सजनी! मिलै कब नंद-दुलारौ॥
सूखे ताल-तलैया बन के, तपत सूर्य अति भारौ।
'सूरदास' वरषा रितु आई, करय ग्रीष्म म्हौ कारौ॥ १९ ॥

## ग्रीष्म-गरिमा

कँपत चर-अचर सकल लखि याहि, प्रभो परताप ताप के धाम।
सीत-मद-हरन सरन-प्रद पाहि, तिहारे चरन कमल परनाम॥
देखि तव दारुन दुपहर दर्स, छाँह हू तकत छाँह के हेत।
हियन आकर्षत कित हू हर्ष, लता-बनिता-कविता नहिं देत॥

पसीना पौंछत बारहिं बार, पसीजत तोऊ सारे अंग।
कलित कुम्हिलात हियौ कौ हार, उड़त सब मुख मंडल कौ रंग॥
हरति तव ज्वाल रसा-रस आय, सरित सरवर सब सूखे जात।
बात बस बारि बहत, भय पाय, मनहुँ तिन थर-थर काँपत गात॥
तपनिसों सुधिबुधि तजि कहुँ जाय, मोर जब पैठत पाँख पसारि।
दुरत ता नीचे बिषधर आय, बिकल प्राननि कौ मोह बिसारि॥
घाम के मारे अति घबराय, फिरत मारे चहुँ जीवन काज।
एक थल अपनी बैर बिहाय, नीर ढिंग पीवत मृग-मृगराज॥
लार टपकति जा की अकुलात, स्वान अति हाँपत जीभ निकारि।
बिलाई कढ़ि समीप सों जात, तऊ नहिं बोलत ताहि निहारि॥
तरनि कौ तापत तरुन प्रताप, बिबस तरुनी गन तजि संकोच।
निबारति वसन आपसों आप, नहीं कुछ अनघेरिन कौ सोच॥
उत सों इत, इतसों उत जात, निरखि निरसात सुहात न ठाम।
कृपा तो चिपचिपात सब गात, न पावत छिनक कहूँ विस्राम॥
चूम मुख दिना गये द्वै-चार, प्यार करि पावति परम प्रमोद।
मात सोइ तव बस सकल बिसार, उतारति निज बालक कों गोद॥
राह चलिवौ नहिं तनिक सुहाय, मचकि मसका तव मारें देत।
पथिक पंछी पादप तर धाय, लेत सीरक तब आवत चेत॥
तपत रवि सहस किरन बिकराल, चील्ह चींहरत गगन मड़राय।
भभकि भुव उगिलत दावा ग्वाल, लूअ की लपट झकोरा खाय।
महिष सूकर गन तालन जाहिं, न्हात लोटत अति हिय हरसात।
कीच सनि मुदित महामन माहिं, मनहुँ तन लगि चंदन सरसात॥
जबै अटकत आपस में बंस, द्रोह दावानल पटकत आय।
खटकि चटकत करिवे निज ध्वंस, नसत पल भर में बर बिसाय॥
सदाँ अपनी धुन में दरसाय, पायकें कहूँ जलासय तीर।
उड़ति बैठति पुन उड़ि-उड़ि जाय, बिकल अति मधु-माखिन की भीर॥
करति ना कोकिल निज कल गान, भ्रमर गुंजन सौ सूनी कुंज।
परत पद तर पजरत पाषान, जरत परसत पिपीलिका पुंज॥
ताप बस ह्वै अत्यंत अधीर, कहूँ कुलिलत नहिं बछरा गाय।
द्रु मन तर पी प्याऊ कौ नीर, फिरत जिय-जरनि तऊ ना जाय॥
रेत सों बाहिर भुरसत पाम, तजत डरपत छिन भर कों धाम।
प्रबल धमका की पारत धाम, परै छाती नहिं करिवे काम॥
निरुद्यम निस्सहाय अति दीन, निबल सहि सकत न तेरी ज्वाल।
उपासे प्यासे बसन बिहीन, लगत जल प्रान तजत ततकाल॥

मित्र कों तपत देखि असहाय, लुकन नीचे तुमसों डरि होय।
हिमालय हिम जब जाति पराय, जगत करुना न तऊ तव जीय॥
यदपि पीवत जन कृत्रिम तोय, प्यास प्रबला तोऊ नहिं जाय।
कंठ की सीतलता गयी खोय, रह्यौ रसना में रस ना हाय॥
करत छिरकाव न पूरत आस, गरम निकसत धरती सों भाप।
चमेली पटल पुहुप नित पास, तऊ तव अटल रूप सों ताप॥
लगीं खस-टटियाँ छिरकी जात, खिंचत खस पंखा तिनके संग।
नेंक नौकर के झोखा खात, घुसत तुम वहाँ बड़े बेढंग॥
कबहुँ चंदन घिसि धारत अंग, करत सेवन उसीर करपूर।
बगीचन बागन घोटत भंग, तबहुँ नहिं होय शांति भरपूर॥
सेत कारी पीरी अरु लाल, लाइ कें तुम आँधी परचंड।
उखारत जर सों वृक्ष विसाल, गिरावत तिनकौ गर्व अखंड॥
गगन में गगन रही अति छाय, लखत नहिं नील बरन आकास।
दुरत निकरत पुनि पुनि दुरिजाय, नखत दल करत न प्रबल-प्रकास॥
सुधाकर सुधा करनि फैलाइ, करति कछु मटमली सी जोति।
यदपि नैनन को अति सुखदाइ, तऊ मनचीती तृप्ति न होति॥
कछुक जब रजनी होत व्यतीत, अटनि पै लै सितार मिरदंग।
गवावत-गावत सुंदर गीत, भंग तऊ करत सबै तुम रंग॥
स्वदेसी मलमल मल-मल धोय, संदली ताको सुघर रँगाय।
पहरि ताकी धोती तिय कोय, रमत परि तबहुँ न कष्ट नसाय॥
उठें खटिया सों नित परभात, ब्यारि हू सीरी-सीरी खात।
उमस सों तबहूँ सिर चकरात, सोचिये पढ़न-लिखन फिर बात॥
न भावत असन-बसन बन-बाग, अलप घर-घरनी सों अनुराग।
खुले तव पाइ अनुग्रह भाग, कमायो सेतमेंत बैराग॥
प्रफुल्लित सबरे आक-जवास, जरे तन हरे-हरे पटसाज।
तुम्हैं कुसुमांजलि सहित हुलास देत, स्वीकार करो महाराज॥ २०॥

## ग्रीष्म की प्रचंडता

प्रबल प्रचंड चंडकर की किरनि देखो,
बहर उदंड नव खंड घुमिलत है।
अचनि कराही, कैसौ तेल रतनाकर सो,
'नैन कवि', ज्वाला की लहर उछिलत है॥
ग्रीषम की ज्वाल-जाल कठिन कराल यह,
काल-व्यालमुख हू की देह पिघलत है।

लूका भयौ आसमान, भूधर भभूका भयौ,
भभकि-भभकि भूमि दावा उगिलत है॥ २१॥
*

घोरि घनसारन सों, सखिन कचूर चूर,
लीपे तहखाने सुख दीने है दुदंड की।
तामें खसखाने बने ऊजरे बिताने,
सुर-भौन के समाने जे निदाने ठानें ठंड की॥
बहत गुलाब के सुगंध सों समीर सने,
परत फुही है जल जंत्रन के तंड की।
बिसद उसीरन के फोर परदान प्यारे,
तऊ आन बेधतीं मरीचें मारतंड की॥ २२॥
*

'सेनापति' तपन तपत उतपति तैसौ,
छायौ रति-पति, तातैं बिरह बरतु है।
लुवन की लपटैं, ते चहूँ ओर झपटैं, पै—
ओढ़ि सलिल परै न चित चैन उपजतु है॥
गगन गरद धूंधि, दसौं दिसा रही रूंधि,
मानौं नभ भार की भसम बरसतु है।
बरनि बताई, छिति व्योम की तताई, जेठ—
आयौ आतताई पुट-पाक सौ करतु है॥२३॥
*

नाहिंन ये पाबक प्रबल, लुऐं चलति चहुँ पास।
मानौं बिरह बसंत के ग्रीषम लेत उसास॥२४॥
*

कह लाने एकत रहत, अहि-मयूर, मृग-बाघ।
जगत तपोबन सौ कियौ, दीरघदाघ निदाघ॥ २५॥
*

जीवन कों त्रास कर, ज्वाला कौ प्रकास कर,
भोर ही तें भासकर आसमान छायौ है।
धमका धमक धूप, सूखत तलाब-कूप,
पौन कौ न गौन, भौन आग में तचायौ है॥
तकि-थकि रहे जकि, सकल विहाल हाल,
ग्रीषम अचर-चर-खचर सतायौ है।

मेरे जान काहू वृष-भान जगमोचन कों,
तीसरौ त्रिलोचन कौ लोचन खुलायौ है ॥ २६ ॥

*

वृष कौ तरनि तेज सहसौ करनि तपै,
ज्वालन के जाल विकराल बरसत है।
तचत धरनि, जग जरत झुरनि, सीरी—
छाँह कों पकरि पंथी पंछी बिरमत है॥
'सेनापति' नैक दुपहरी ढरकत होत,
धमका विषम जो न पात खरकत है।
मेरे जान पौन सीरे ठौर कौ पकरि कौनौ,
घरी एक बैठि कहूँ घामै बितवत है ॥ २७ ॥

*

उछरि-उछरि भेकी झपटैं उरग हू पै,
उरग पग केकिन की लपटैं लहकि है।
केकिन के सुरति हिए की ना कछू है भए,
एकी करि-केहरि न बोलत बहकि है॥
कहै 'कवि ब्रह्म' बारि हेरत हिरन फिरैं,
बैहर बहित बड़े जोर सों जहकि है।
तरनि के ताबनि तबा-सी भई भूमि रही,
दस हू दिसान में दबारि-सी दहकि है ॥ २८ ॥

*

बैठि रही अति सघन बन, पैठि सदन तन माँह।
देखि दुपहरी जेठ की, छाँह जु चाहति छाँह ॥ २९ ॥

*

ग्रीषम रितु की दुपहरी, चली बाल बन कुंज।
अंग-लपट तीच्छन लुपँ, मलय पवन के पुंज ॥ ३० ॥

*

तपै इत जेठ, जग जात है जरनि जर्‌यौ,
ताप की तरनि मानों मरनि करत है।
इतहिं असाढ़, उत नूतन सघन घन,
सीतल समीर हिऐं धीरज धरत है॥
आधे अंग ज्वालन के जाल बिकराल, आधे—
सीतल समीर हिय हीतल भरत है।

'सेनापति' ग्रीषम तपत रितु भीषम है,
मानों बड़वानल सों बारिध बरत है॥३१॥

*

तपत प्रचंड मारतंड महि मंडल में,
ग्रीषम की तीखन तपन आर-पार है।
'गिरिधरदास' काँच कींच सौ बहन लाग्यौ,
भयौ नद-नदी नीर अदहन-धार है॥
झपट चहूँघन तें, लपट लपेटी लूह,
शेष कैसी फूँक, पौन झूकन की झार है।
ताबा सी अटारी तपी, आवा सी अवनि महा,
दावा से महल, औ पजाबा से पहार है॥३२॥

*

जैसे बिना जीरन सों जल की जिकिर जीभ,
जर्‌यौ जात जगत, जलाकन के जोर तें।
कूप-सर-सरिता सुखाय सिकतामै भए,
धाई धूरि धौरन धराधर के छोर तें॥
'बेनी कवि' कहत अनातप चहत सब,
अगिन सों आतप प्रकास चहुँ ओर तें।
तबा सौ तपत धरा मंडल अखंडल, औ—
मारतंड मंडल दवा सौ होत भोर तें॥३३॥

*

चलै लूक पवन लुकारी जनु संबत के,
मानों भालु जुरे देह, मुख जुरे बाघ के।
मारतंड तेज तें बिकल भए जल-थल,
रावटी उसीर राजा जानें, निसि माघ के॥
पिऐं पिऐं करत जहान रहै रातौ-दिन,
सरिता-तलाब आब पी-पी पोषे दाघ के।
भनत 'दिवाकर' अनल तें अधिक आँच,
काँच चुऐ काँकरी दुपहरी निदाघ के॥३४॥

*

सीना बीच ह्वै कर पसीना की बहत धार,
जीना भयौ जुलुम न बैन हू सों घरमी।
'सेवक' भनत पौन-पानी तें कढ़ति आग,
दाग जैहै परसि, न होति कबौं नरमी॥

खसखाने रसखाने गये ह्वै अतसखाने,
कसखाने बैठि कहो पूजै हौस हरमी।
ईषम सी ह्वै रही, नदीषम परति भूरि,
भीषम भई है गाढ़, ग्रीषम की गरमी॥ ३५॥
*

'सेनापति' ऊँचे दिनकर के चलति लूवैं,
नद-नदी कूवैं कोपि डारत सुखाइ कै।
चलत पवन, मुरझात उपबन-बन,
लाग्यौ है तवन, डार्‌यौ भूतलौ तचाय कै॥
भीषम तपत रितु, ग्रीषम सकुचि तातें,
सीरक छिपी है तहखानन में जाइ कै।
मानौं सीत काल सीत-लता के जमाइवे कों,
राख्यौ है बिरंचि बीज धरा में धराइ कै॥ ३६॥
*

नदिन में, नारन में, नारंगी-अनारन में,
नवल निवारन में तौर बदले गये।
'नंदराम' ग्रीषम गुसा में, गरमी में, गैल—
गहब गुलाबन सों अंग मसले गये॥
ऊसर के अंगन में, नीर-नदी रंगन में,
तरल तरंगन में, हरिन छले गये।
हेमगिरि-मंदर में, हिमगिरि-कंदर में,
अंदर के अंदर में बंदर चले गये॥ ३७॥
*

प्रात नृप न्हात करि असन बसन गात,
पैंधि सभा जात, जौलों बासर सुहात है।
पीछे अलसाने, प्यारी संग सुख साने,
विहरत खसखाने, जब धाम नियरात है॥
लागे हैं कपाट 'सेनापति' रंग-मंदिर के,
परदा परे, न खरकत कहूँ पात है।
कोई न भनक, है कै चनक-मनक रही,
जेठ की दुपहरी कि मानों अधरात है॥ ३८॥
*

ग्रीषम की गजब धुकी है धूप धाम-धाम,
गरमी झुकी है जाम-जाम अति तापिनी।

भीजे खस-बीजन झुलै हैं ना सुखात स्वेद,
गात न सुहात बात, दावा सी डरापिनी॥
'ग्वाल कवि' कहै कोरे कुंभन तें, कूपन तें,
लै-लै जलधार, बार-बार मुख थापिनी।
जब पियौ, तब पियौ, अब पियौ फेर अब,
पीवत हू पीवत बुझै न प्यास पापिनी॥ ३९॥

*

पूरन प्रचंड मारतंड की मयूखें मंड
जारें ब्रह्मंड, अंड डारें पंख-धरिऐ।
लूएँ तन छूएँ, विन धूएँ की अगिन जैसी,
चूएँ स्वेद-बुंद, बुंद धारें अनुसरिऐ॥
'ग्वाल कवि' जेठी जेठ मास की जलाकन में,
प्यास की सलाकन तें ऐसी चित अरिऐ।
कुंड पिये, कूप पिये, सर पिये, नद पिये,
सिंधु पिये, हिम पिये, पीयवौई करिऐ॥ ४०॥

*

पवन परम ताती लगत, सहि नहिं सकत सरीर।
बरषत रवि सहसौ किरनि, अवनि तपनि के तीर॥
अवनि तपनि के तीर, नीर मज्जन सीतल तन।
'सेनापति' रति करति, नारि धरि मुकता-भूषन॥
भूषन, मंदिर, बास, सकल सूखत सरिता गन।
पात-पात मुरझात जात बेली-बन-उपबन॥ ४१॥

## ग्रीष्म-विलास

चंदन चहल चित्र महल 'हृदयेस' मोहै,
रस बतियान सों प्रमोद सखियान में।
खासे खस फरस फुहारें फुही फैलि-फैलि,
फैल भर सीतल समीर छतियान में॥
गोरे गात सोहै गरे गजरा चमेलिन के,
पोहै बर सुघर सहेली अति स्यान में।
गोद लै उरोज कर परस गुलाब जल,
छिरकत लाड़िलौ लली की अँखियान में॥ ४२॥

*

ग्रीषम निदाघ समै बैठे बन दोऊ जहाँ,
बाग में बहत बहती लहर रहट की।
लहलही माधवी लतान सों लपट रही,
हीतल कों सीतल सोहाई छाँह बट की॥
प्यारी के बदन स्वेद-सीकर निहारि लाल,
प्यारौ प्यार करत बयारि पीत पट की।
पत्र बीच कढ़ें कहूँ रवि की मरीचें तहाँ,
लटकि छबीली छाँह छावत मुकट की॥ ४३॥

*

सीतल महल महा, सीतल पटीर पंक,
सीतल कै लीपि भीत, छीत-छात दहरें।
सीतल सलिल भरे, सीतल विमल कुंड,
सीतल अमल जल-जंत्र-धारा छहरें॥
सीतल बिछौनन पै, सीतल बिछाई सेज,
सीतल दुकूल पैन्हि पौढ़े हैं दुपहरें।
'देव' दोऊ सीतल अलिंगनन लेत-देत,
सीतल सुगंध मंद मारुत की लहरें॥ ४४॥

*

लीन्हें लली ललितादिक संग, उमंग सों श्री वृषभानु-दुलारी।
मालती-कुंद-निवारौ-गुलाब सु फूल रही चहुँघा फुलवारी॥
हेम के छूटे फुहारे 'हठी', मघवा मध मेघ महा सरकारी।
हौज में नोन सों मौज भरी, बलि बैठी बिलोकत राधिका प्यारी॥ ४५॥

*

भरियत गहरे गुलाब हद हौदन,
सु धरियत रजत फुहारे तदबीर के।
ढरियत ढारन सुढारन गहर नीर,
दरियत घनसार सरद गँभीर के॥
करियत तर अतरन सों बिछौना 'कवि सोभ',
जे उघरियत बातायन नद-तीर के।
चंदन पलँग अरबिंदन की सेज पर,
सुंदरि सिधारी आज मंदिर उसीर के॥ ४६॥

*

द्वार दर परदे पराए मालती के नीके,
छूटत फुहारे भरे री गुलाब नीर के।

चंदन चहल मची चौक में चौहद्दी चारु,
चलत झकोरै जौरै सीतल समीर के॥
'लाल बलबीर' दासी लै-लै जुही चौर ढोरें,
रूप कों निहारें छल प्रेम रनधीर के।
जीवन-अधार सुकुमार सार आज दोऊ,
राजत बिहारी-प्यारी मंदिर उसीर के॥ ४७॥

*

चारों ओर द्वार परे परदे उसीरन के,
छूटत फुहारे नीर सीरे चित चाव के।
सखी चौर ढोरें, फूल अंगन अतर बोरें,
सौरभ झकोरें साज मदन उछाव के॥
'लाल बलबीर' दासी खासी करवीन लै-लै,
गावें राग-रागिनी रसीले हाव-भाव के।
दाव कै त्रिलोक की निकाई सुखदाई आज,
राजत बिहारी-प्यारी मंदिर गुलाब के॥ ४८॥

*

कमल बिछाए, वर बिमल बितान छाए,
छबि भरे छज्जे दरबज्जे महराब के।
घने घनसार के सँवारे सखि हौज तामें,
छूटत फुहारे भारे केसरि के आब के॥
सौंधी सेज सुमन सिंगार अंगराग होत,
राग-रंग भारे सुर सरस हिताब के।
चंदन की खौर, बेंदी बंदन बनाय बैठे,
राधिका-गोविंद आज मंदिर गुलाब के॥ ४९॥

*

अतर पुतायौ, बने खासे खसखाने, तामें—
छीटें चहूँ ओरन उसीरन के आब के।
कंजन बिछौना जामें गुंजें अलिछौना 'हठी',
स्रौनन के तौना सोहै सुरन रबाब के॥
छूटत फुहारे, कासमीर रंग भारे,
बँधे हैं कतारे मघा मेघ झरदाब के।
देखो ब्रजचंद जग-बंद, चंद मंद होत,
चंदन चहल राधे महल गुलाब के॥५०॥

*

प्रेम सरसानी, जस गावें वेद-बानी, चौर—
ढारें रमारानी, रतिरानी सी टहल में।
कंजन सँभारी सेज, मंजुल करन बेस,
चाँदनी बरन चारु चंदन चहल में॥
छूटत फुहारे हिमवारे 'हठी' चारों ओर,
छिरकौ गुलाब आब ग्रीषम कहल में।
भेंटी गुजरैटी अहिरैटी कान्ह भानु-बेटी,
अतर लपेटी लेटी सीतल महल में॥५१॥

*

खासे-खासे खुले खसखाने खुसबोईदार,
आस-पास छूटत फुहारे बड़े फाब के।
'गिरिधारी' फरस सँवारे तहाँ फूलन के,
परे दर परदा दरीचिन में दाब के॥
चंदन बिछाय सुख सोए स्यामा-स्याम तामें,
ग्रीषम में ऊषम, हैरानी आबताब के।
गहब गुलफ, गुलगुली गलसुई चारु,
गिलिम गलीचे तर अतर गुलाब के॥५२॥

*

आई चलि चंदमुखी चाँदनी महल 'सोभ',
चगकत बादला बसन बितरन सों।
चाँदी की फुहारन तें फैलत फुही हैं फूल,
सेज पर दंपति छकत रस-रन सों॥
बाजैं बीन-बाद, कल हंसन अबाद किये,
नूपुर-निनाद वे धरन उतरन सों।
सर भए सौतिन के सतर मनोरथ री,
तर भए पंथ के गुलाब अतरन सों॥५३॥

*

सुमन सुगंध सुचि सुरभी समीर सेत,
सीतल समाज साज सकल बनाए हैं।
नहर-नदी के तट खूब खसखाने जाने,
खिरकी झरोखा खोलि खासदान लाए हैं॥
तर करि अतर तमोल तान तामदान,
भान कौ समान सो प्रमान कै दुराए हैं।
'द्विज बलदेव' कहै बरफ बिछाय वर,
बारिकै फुहारे औ बितान बेलिताए हैं॥५४॥

*

ग्रीषम प्रचंड घाम चंडकर मंडल तें,
घुमड्यौ है 'देव' भूमि मंडल अखंड धार।
भौन तें निकुंज भौन, लहलही डारन ह्वै,
दुलही सिधारी उलही ज्यों लहलही डार॥
नूतन महल, नूत पल्लवन छ्वै छ्वै से,
दलवनि सुखावत पवन उपबन सार।
तनक-तनक मनि-नूपुरु कनक पाई,
आइ गयी झनक-भनक झनकारवार॥५५॥

*

ग्रीषम समीर तोषी तीर सी लगत अंग,
भूमि महि-मंडल में तपन तपी रहै।
असन-बसन पान पानी सुखदानी वस्तु,
तमकै घनेरी सबै यदपि ढपी रहै॥
व्याकुल कुरंग दौरें बन में चहूँ दिसान,
मीन अकुलात जोपै नीर में खरी रहै।
'रसिकबिहारी' संग लीने निज प्रीतम कों,
खूब खसखानन में नवला छपी रहै॥५६॥

*

चंदन चहल चोबा चाँदनी चँदेवा चारु,
घनौ घनसार घेरि सींचे महबूबी के।
अतर उसीर सीर, सौरभ गुलाब नीर,
गजब गुजारै अंग अजब अजूबी के॥
'फेरन' फबत फैलि फूलन फरस तामें,
फूल सी फबी है बाल सुंदर सु खूबी के।
बिसद बिताने ताने, तामें तहखाने बीच,
बैठी खसखाने में खजाने खोलि खूबी के॥५७॥

*

माधौ धाम तची भूमि तैसी काम धाम धूम,
प्यारे बनवारी जू! न जैऐ बन-बारी मैं।
उबटि कपूर चारु चरचि कै चंदन सों,
छूटत फुहारे सुख सेजन सँभारी मैं॥
'भूधर सुकवि' कहूँ रवि सों न हेर्‌यौ लाल,
प्यारी अंग-संग रंग रीझि-रीझि वारी मैं।
बसो दोपहर रतिखाने-बालाखाने बीच,
भोर होत भौन में, अथौत फूलवारी मैं॥५८॥

*

चंदन महल मध्य चंद्रक चहल चारु,
चाँदनी सी चिकैं चंद चाँदनी सुहाई है।
तर अतरन बीर विजन-बयार नीर,
नहर बिमल बारि चौगृद चलाई है॥
रजत फुहारन की परत फुही है तहाँ,
'परमानंद' गुलाबन की गिलम बिछाई है।
ग्रीषम-गरम कर पावै क्यों प्रवेस तहाँ,
जहाँ महाराज ब्रजराज की अबाई है॥ ५९ ॥

*

फटिक-सिलानि-रचे राजत अनूप हौज,
मौज सौं फुहारे फबैं आठहूँ पहल में।
कहै 'रतनाकर' बिछाइ तिन पास सेज,
सुखद अँगेजि कै सुगंध की चहल में॥
छात छिति छिरकीं कपूर चोवा चंदन सौं,
सीत छिपी आनि जहाँ ग्रीषम दहल में।
अंग-अंग अमित उमंग की तरंग भरे,
दोऊ सुख लहत उसीर के महल में॥ ६० ॥

*

टटकी उसीरनि की टाटी चहुँ ओर लगीं,
सराबोर सुखद सुगंध वहतोल में।
कहै 'रतनाकर' त्यों फहरैं गुलाब-वारे,
फबत फुहारे मनि-हौजनि अमोल में॥
घसि घनसार चारु चंदन कौ पंक तासौं,
घेरि राखिवे कों सीत समर-कलोल में।
प्यारौ रचै प्यारी के उरोज माहिं मक्र-व्यूह,
चक्र-व्यूह प्यारी रचै प्यारे के कपोल में॥ ६१ ॥

*

ग्वाल बाल गहकि गुपाल के जुरे हैं इत,
उत ब्रज-बाल राधिंका की चलि आवै हैं।
कहै 'रतनाकर' करत जल-केलि सबै,
तन मन जीवन की तपनि सिरावैं हैं॥
कर पिचकीनि हचकीनि सों हथेरिनि की,
छींटैं चहुँ कोद छाइ मोद उपजावैं हैं।

मंजु मुख मोरि मुलकावति दृगंचल कों,
अंचल कैं ओट चोट चंचल चलावैं हैं ॥६२॥

*

ग्रीषम बिहार-भौन साँवरे के ढिंग गौन,
सर-क्रीड़ा सोभित सहेली लिऐं संग की।
होत वलि केलिन के विविध विधान तहाँ,
बाढ़ी है ललक उर आनँद-उमंग की॥
ता समै भई जो सोभा, बरनी न जात मोपै,
दमकि उठी है दुति दूनी अंग-अंग की।
'नागरी' वे कैसी लगें तरुनी तरंगनि में,
पानी पर पाबक ज्यों फिरत फिरंग की॥ ६३॥

*

दोऊ अनुराग भरे आए रंग-भौन भाग,
मघवा-सची कों लावि लागत सहल है।
बैठे एक आसन पै एकै संग, एकै रंग,
चल्यौ ना परत अंग कोमल कहल है॥
एकन लै अतर लगायौ 'देव' दुहुन कें,
छिरक्यौ गुलाब, कीने विजन बहल है।
लैकै करबीन परबीन अलियाँ अलाप,
मंजु सुर-पुंजन सों गुंजन महल है॥ ६४॥

*

पाय रितु ग्रीषम बिछायत बनाय, वेष—
कोमल कमल निरमल दल टकि-टकि।
इंदीवर कलित ललित मकरंदें रचीं,
छूटत फुहारे नीर सौरभित सकि-सकि॥
'ग्वाल कवि' मुदित बिराजत उसीरखाने,
छाजत सुरा में सुधा-सुषमा कों छकि-छकि।
होत छवि नीकी वृषभान-नंदिनी की, सोंह—
भानु-नंदिनी की, ते तरंगन कों तकि-तकि॥ ६५॥

*

सूरज-सुता के तेज तरल तरंग ताकि,
पुंज देवता के घिरें ताके चहुँ कोय के।

ग्रीषम-बहारैं, बेस छूटत फुहारैं-धारैं,
फैलत हजारैं हैं गुलाब स्वच्छ तोय के॥
'ग्वाल कवि' चंदन कपूर-चूर चुनियत,
चौरस चमेली चंदबदनी समोय के।
खास-खसखाने, खासे खूब खिलवतखाने,
खुलि गे खजाने खाने-खाने खुसबोय के॥ ६६॥

*

सीतल भवन अरु पवन सु सीतल ही,
सीतल महीतल अनंद अधिकावै है।
सीतल सरित-तीर नीर अति सीतल त्यों,
सैन नवलान हू की सीतल सुहावै है॥
'रसिक बिहारी' चारु हार मृदु फूलन के,
सरस सुगंध चाह अमित बढ़ावै है।
सीतल घनेरे, तहखानन दुरे हैं तरु,
ग्रीष्म की ताप तन तपनि जनावै है॥ ६७॥

*

जेठ नजिकाने सुधरत खसखाने, तल—
ताख तहखाने के सुधारि झारियत हैं।
होत है मरम्मति विविध जल-जंत्रन की,
ऊँचे-ऊँचे अटा तें सुधा सुधारियत हैं॥
'सेनापति' अतर-गुलाब-अरगजा साजि,
सार तार हार मोल लै-लै धारियत हैं।
ग्रीषम के बासर बराइवे कौं सीरे सब,
राज-भोग काज साज यौं सँभारियत हैं॥ ६८॥

*

सुंदर बिराजैं राज-मंदिर सरस, ताके—
बीच सुख दैनी, सैनी सीरक उसीर की।
उछरैं सलिल, जल-जंत्र ह्वै विमल उठैं,
सीतल सुगंध मंद लहर समीर की॥
भीने हैं गुलाब तन सने हैं अरगजा सों,
छिरकी पटीर नीर टाटी नीर-तीर की।
ऐसें बिहरत दिन ग्रीषम के बितवत,
'सेनापति' दंपति मया तें रघुवीर की॥ ६९॥

*

रितु ग्रीषम की प्रति बासर 'केसव', खेलत हैं जमुना-जल में।
इत गोप-सुता, उहिं पार गोपाल, बिराजत गोपन के गल में॥
अति बूढ़ति हैं गति मीनन की, मिलि जाय उठें अपने थल में।
इहिं भाँति मनोरथ पूरि दोउ जन, दूर रहैं छवि सों छल में॥ ७० ॥

## ग्रीष्म-विलास के साधन

ग्रीषम न त्रास, जाके पास ये बिलास होंय,
खस के मबास पै गुलाब उछर्‌यौ करै।
विही के मुरब्बे डब्बे चाँदी के बरक भरे,
पेठे-पाक केबरे में बरफ़ पर्‌यौ करै॥
'ग्वाल कवि' चंदन चहल में कपूर पूर,
चंदन अतर तर बसन खस्यौ करै।
कंजमुखी, कंजनैनी, कंज के बिछौनन पै,
कंजन की पंखी कर-कंज सों कर्‌यौ करै॥ ७१ ॥

*

ग्रीषम की पीर के विदीर के सुनो ये साज,
तरु-गिरि तीर के, सुछाया में गँभीर के।
सीतल समीर के सुगंधी गौन धीर के जे,
सीर के करैया प्यासे पूरित पटीर के॥
'ग्वाल कवि' गोरी दृग-तीर के, तुसीर के सु,
मोद मिलें जैसें अकसीर के, खमीर के।
आबखोरे छीर के, जमाये बर्फ चीर के,
सु बंगले उसीर के, भिजे गुलाब-नीर के॥ ७२ ॥

*

बरफ़-सिलान की बिछायत बनाय करि,
सेज संदली पै कंज-दल पाटियतु है।
गालिब गुलाब जल-जाल के फुहारे छूटें,
खूब खसखाने पर गुलाब छाँटियतु है॥
'ग्वाल कवि' सुंदर सुराही फेरि, सोरा में—
ओरा कौ बनाय रस, प्यास डारियतु है।
हिमकर-आननी हिवाला सी हिए तें लाय,
ग्रीषम की ज्वाला के कसाला काटियतु है॥ ७३ ॥

*

झाँपै झुकी झपटै, झरोखन की झाँझरी की,
झोंकन खुलै न कहूँ, खसखस की टाटी सों।
आँगन के ऊपर अँगूरन की लाई लता,
छिरकै छबीली छीर छींटन की छाटी सों॥
आयौ रितु ग्रीषम गरूर 'जगमोहन जू',
बगरि बगार्‌यौ बार बेलिन की बाटी सों।
अगर-उसीर-नीर सौरभ समीर सीरे,
सुखद सँवारै सेज सीतल की पाटी सों॥ ७४॥

*

फहरै फुहार-नीर, नहर नदी सी बहै,
छहरैं छबीन छाम छींटन की छाटी है।
कहै 'पदमाकर' त्यों जेठ की जलाकैं तहाँ,
पावें क्यों प्रवेस वेस बेलिन की बाटी है॥
बारहूदरीन बीच चार हू तरफ तैसी,
बरफ़ बिछाई ता पै सीतल सु पाटी है।
गजक अंगूर की, अंगूर सों उचौहैं कुच,
आसव अंगूर कौ, अंगूर ही की टाटी है॥ ७५॥

*

धौर हर धौल धूप थाप हू धसै न जामें,
चहुँघा दुआर के सुगंध सार साला से।
मनि-दीप माला, मनि-भूषन बलित बाला,
खासे परयंक वासे सुमननि माला से॥
ब्यंजन उसीर नीर मलयज समोए ह्वै,
परसत समीर है सरस सीत काला से।
जिन हेतु विरची विरंचि हैम-साला ऐसी,
व्यथित न होत ते निदाघ-जात ज्वाला से॥ ७६॥

*

अंबर अतर-तर, चंद्रक चहल तन,
चंद्रमुखी चंदन महल मन-साला से।
खासे खसखाने, तहखाने, तरताने तने,
ऊजरे बिताने छुऐं, लागत है पाला से॥
'दत्त' कहै ग्रीषम-गरम की भरम कौन,
जिनके गुलाब-आब हौज भरे ताला से।

झाला से झरत झर, झापन सी बारा बाँधि,
धारा बाँधि छूटत फुहारा मेघ-माला से॥ ७७॥
*

चौक में चटक चाँदनी में चारु सेज सारू,
नारन के ऊपर सेवारन बिछाय दै।
चंदन की चहल चमेली के अतर घोरि,
घने घनसारन चहूँघा छिरकाय दै॥
कहै 'नंदराम' तैसे बोरि कै सुगंधन सों,
हौरै-हौरै बेगि-बेगि बीजना डोलाय दै।
गहगहे गहब गुलाबन के गुंजि गुहि,
गजरा गरे गरू गुलाब गलकाय दै॥७८॥
*

गाढ़े गंध-सारन घनेरे घनसार आली,
घोरि-घोरि आज मेरे बगर बगारि दै।
त्यों ही तहखानन में, खासे खसखानन में,
अतर गुलाब के फुहारन फुहारि दै॥
बेली के बिछौना पै सुधारि साधि एला पान,
आछे मृग-मद सों अमोद उद्गारि दै।
जौलौं 'जगमोहन' बिराजै इत बीर, तौलौं—
बाहर सों बैठि बलि ब्यंजना सँवारि दै॥७९॥
*

आवाँ सी अवधि, धुंधी धूप रूप धूमकेतु,
आँधी अंध कूप डारै लोचन अनैसे कै।
जमक जलाकन की, नाकन की लोहू चलै,
ब्याकुल जगत साँझ पावै जैसे-तैसे कै॥
लोकपति लूक से उलूक से लुकत 'बेनी',
कुंज छाया जहाँ-तहाँ छाइ रही ऐसे कै।
कोठरी तखाने, खसखाने जलखाने बिन,
ग्रीषम के बासर व्यतीत होंय कैसे कै॥ ८०॥
*

अमल अटारी, चित्रसारी वारी रावटी में,
बारहै दुवारी में केवारी गंधसार की।
कामानल छाय रह्यौ चाँदनी बिछौना पर,
छबि झबि रही छीर-सागर कुमार की॥

'श्रीपति' गुलाब वारे छूटत फुहारे-प्यारे,
लपटें चलत तर-अतर बयार की।
भूषन निवारी, घनसार भीजि सारी झरि,
तऊ न बुझानी नैक ग्रीषम के झार की॥ ८१॥
*

## ग्रीष्म-वियोग

बिकल सकल जल-थलन के जीव होत,
जेठ की जलाकनि में पुहुमी तपति है।
सरित-सरोवर रसाल जलहीन भए,
सूखे तरु पसु हू पखेरुत बिपति है॥
ग्रीषम-तपनि, हूजै बिरह-तपनि बाढ़ी,
ता पै ये लपटि झपटि लपटति है।
सीरे उपचारन तें जारत अनंग अंग,
पिय बिन मान याकौ कैसे कै रहति है॥ ८२॥
*

बरबरात बैहर प्रचंड, खंड मंडल पै,
धरधरात धूपन की दुति पीन अरफरात।
झरझरात पवन के झोंके आएं अरअरात,
खरखरात पात-पात वृच्छन तें चरचरात॥
भरभरात भामिनि भवन माँझ बैठी जाय,
हरबरात हाय-हाय! पीय-पीय! बरबरात।
कहै 'बच्चूराम' छिन-छिनक में चुरमुरात,
जल बिन मीन जैसे, सेज हू पै फरफरात॥ ८३॥
*

ग्रीषम तपत परचंड नव खंड मध्य,
लहू भरे लाले लाले, लूहन लुकारे हैं।
तीर कैसे तीच्छन उसीर सरसात आली,
मानों आज बरसत अंगन अँगारे हैं॥
ऊबि-ऊबि आवै साँस ज्यों-ज्यों अध ऊरध,
उसाँसै उपसाऐं कैसौ पूरन पनारे हैं।
सूखे सर-सरिता, अपार 'जगमोहन जू',
दिन बिपरीते, रीते नदी-नद-नारे हैं॥ ८४॥
*

ग्रीषम में भीषम ह्वै तपत सहस-कर,
बापी-ताल-नारे नदी-नद सूखि जात है।
झंझापौन झरपि-झरपि झकझोरि झोरि,
धूरिधार धूसरैं दिगंत ना दिखात है॥
'श्रीपति' सुकवि कहै, आली! बनमाली बिन,
खाली जग मोहिं कैसै बासर बिहात है।
तावा से अजिर लग, लावा सौ तचत घर,
भयौ गिरि आवा सौ, पजावा सौ धुँ वात है॥ ८५॥

*

धुँधरे दिगंत भए, विगत बसंत आली,
ग्रीषम विषम दिन काहू ना सुहात है।
तैसे ही प्रचंड मारतंड नवौ खंडन में,
बलित वबंडर वहत चारों वात है॥
सूखे से लगत द्रुम, रूखे-भूखे सलिल से,
भंजन भयावन महाबन झुरात है।
आवा सौ जगत भयौ, तावा सी तपति भूमि,
दावा भए भूधर, पजावा से धुँवात है॥८६॥

*

प्रीतम न आए, जाच कुबिजा-गृह छाए ऊधौ!
पाती लै आए, यहाँ ग्रीषम की हूक है।
पवन झहराने, धूल लागी फहराने,
अब कामसर ताने हिए बेधत अचूक है॥
सूर की चमक, दूजै घाम की घमक,
तीजै लूह की रमक तें उठत तन बूक है।
कहै 'बच्चूराम' चोही-चीर न सुहाय अब,
बिना मिले स्याम के कलेजा टूक-टूक है॥ ८७॥

*

रुको नदी-नदनि निकास नीर पूरन कौ,
सरन को तपन समान नीर सर कौ।
तीनै तौ तनून पात पूरित प्रकासनि सों,
सकती न तैस करि ताकि नारी-नर कौ॥
प्यारे परदेस कों 'दिनेस' कत दीसौ दिन,
दौरे तपी दरिन तकै न तरु तर कौ।
दिसि-दिसि देसन में दारुन दरेर कै-कै,
पूरौ परिपूरन प्रताप दिनकर कौ॥८८॥

*

## विविध

तावरी तपन ताप ज्वाला सों न बिरहीन,
छीन ह्वै रही है आपनौई एक भाव री।
भावरी सजन मध्य जासों सब राजी रहैं,
नैक लूह लपट सों घट ना जराव री॥
रावरी न मानी है सनेह नेह मेरौ कह्यौ,
देह में प्रवेस बारि वाती कों लगाव री।
गाव री, बजाव री, सु बंदी! मन भाव री,
पै एरी बीर ग्रीषम! तू मोहि न सतावरी॥ ८९ ॥

*

सीरे तहखाने, तामैं खासे खसखाने, सौंधे—
अतर-गुलाब की बयारें रपटति है।
'भूधर' सुधारे हौज, छूटत फुहारे भारे,
बारे तापदानन में धूम ढ्पटति है॥
ऐसे समय गौन कहो कैसै कै बनैगौ प्यारे!
सुधा के तरंग प्यारौ अंग लपटति है।
चंदन-किंबार घनसार कै पगार दई,
तऊ आनि ग्रीषम की झार झपटति है॥ ९० ॥

*

छायौ रितु ग्रीषम कौ भीषम प्रचंड दाप,
जाकी छाप सब छिति-मंडल सही लगी।
कहै 'रतनाकर' बयारि-बारि सीरे कहूँ—
पैऐ नैंक, एक रहै अहक यही लगी॥
करबट लै-लै बरवट ही बिताई रात,
पलक लगाए हू न पलक रही लगी।
अब ही सिरान्यौ ना संताप कल ही कौ, फेर—
ताप सों तपाकर के तपन मही लगी॥ ९१ ॥

*

मेष-वृष तरनि तचाइन के त्रासन तें,
सीतलाई सब तहखान७न में ढली है।
तजि तहखाने गयी सर, सर तजि कंज,
कंज तजि चंदन-कपूर पूर पली है॥

'ग्वाल कवि' ह्वाँ तें चंद में ह्वै चाँदनी में गयी,
चाँदनी तें सोरा मिले जल माँहि रली है।
सोरा जल हू तें धसी ओरा, फिर ओरा तजि,
बोराबोर ह्वै करि हिमाचल में गली है॥ ९२॥
*

## ग्रीष्म-रूपक

चंड कर झारत झकोरत सरोष पौन,
तोरत तमालगन गयंद दिन भारौ सौ।
धर्म के धरनि गिरि, तमकै प्रताप जाकौ,
देखत मजेज रेज जगत निहारौ सौ॥
तरु छीन छाया, सर सूखत समुद्र, बन—
'करन' विचारि देखो आतप अँगारौ सौ।
छावत गगन धूर, धावत धँधात आवे,
चोप चढ़ौ ग्रीषम गयंद मतवारौ सौ॥ ९३॥
*

पतित द्विजन कौ है देत सु मनै सुखाय,
लगै अति कानन में, बात ताप में बली।
मित्र वृष कौ है, जहाँ भारी दुखकारी बनौ,
बोलै द्दग राते बिन काल बृथा ही छली॥
जीवन जलावति है, लावति है अगिन मनों,
'दीनदयाल' सारस न मिलै जल की थली।
देत नाहिं बसन सु बसन उतरि बिन,
कैधौं यह ग्रीषम, कै घोर खल-मंडली॥ ९४॥
*

देह तची बिरहानल सों, अति ऊरध स्वाँसहि पौन बढ़ाई।
मुक्त बलाकन की अबली, 'बलदेव' कहै सुखमा सरसाई॥
स्याम घटा सम कारी लटै, दुति दामिनी त्यों बर दंतन पाई।
भीषम बुंद गिरे दृग सों, रितु ग्रीषम में बरषा रितु आई॥ ९५॥
*

# वर्षा

✳

राशि—
कर्क + सिंह

✳

मास—
श्रावण + भाद्रपद

✳

वर्षा हंस-पयान, बक-दादुर-चातक-मोर।
केतकि पुष्प-कदंब-जल, सौदामिनि घनघोर॥

# पावस–परिचय

वर्षा ऋतु सबसे अधिक मनोरम और सुहावनी ऋतु होती है, इसीलिए कवियों ने इसका अत्यंत विस्तारपूर्वक वर्णन किया है। ग्रीष्म ऋतु की प्रचंड तपन से संतप्त चराचर जगत् के लिए वर्षा ऋतु वरदान के रूप में आती है, इसीलिए इसका इतना अधिक महत्त्व माना गया है।

ज्येष्ठ मास की धधकती धूप और लपलपाती लूओं ने ही समस्त जन समुदाय को संत्रस्त कर दिया था, किंतु आषाढ़ मास की ऊमस और सड़ी गर्मी ने तो ग़ज़ब ही ढा दिया! सब लोग पसीने–पसीने होकर अकुलाने लगे और वर्षा ऋतु के आगमन की बड़ी उत्सुकतापूर्वक प्रतीक्षा करने लगे। आखिर बड़ी प्रतीक्षा के पश्चात् क्षितिज में एक ओर कुछ बादल उठते हुए दिखलायी दिये। सब लोग बड़े चाव से उनकी ओर देखने लगे। देखते ही देखते नभ मंडल में मेघ–मालाएँ घिर आईं। शीतल पवन मंद गति से चलने लगी। जहाँ–तहाँ मयूर गण उच्च स्वर से कूकते हुए वर्षा ऋतु के आगमन की सूचना देने लगे। लोगों के कुम्हलाए हुए मन इस आशा से खिल उठे कि अब घनघोर वर्षा होने से ग्रीष्म जनित कष्टों से मुक्ति मिलेगी, किंतु उनकी यह आशा शीघ्र ही निराशा में परिणत हो गयी! उमड़–घुमड़ कर आए हुए बादल न मालूम नभ मंडल में कहाँ विलीन हो गये—घनघोर वर्षा तो क्या, कुछ बूँदें भी नहीं पड़ीं!

किंतु लोगों को इस प्रकार की निराशा में अधिक दिनों तक नहीं रहना पड़ा। आकाश मंडल में फिर बादल घिरने लगे। ठंडी–ठंडी हवाएँ चलने लगीं। पहले छोटी–छोटी फुहारें आईं, फिर एक जोर का पानी पड़ गया, किंतु ग्रीष्म की धधकती धरती पर पावस की यह प्रथम वर्षा जलते हुए तवे पर कुछ बूँदों के समान विलीन हो गयी! किंतु अब ग्रीष्म की दुखदायी रात्रि का अंत और पावस के सुखद प्रभात का प्रारंभ हो चुका था। इसलिए बार–बार वर्षा होने

से भूमि की प्यास बुझ गयी और अब यत्र-तत्र बहता हुआ जल खार-खड्ड, पोखर, कूप, ताल, सर-सरिताओं में एकत्रित होने लगा।

प्रतिदिन मेघ-मालाएँ नभ-मंडल में छाने लगीं। प्रबल वायु के झोंके उनको रुई के पहलों की तरह इधर से उधर उड़ाने लगे। कभी बादल भूमि को छूते हुए दिखलायी देते, तो कभी वे आकाश में बहुत ऊँचे उड़ते हुए ज्ञात होते थे। कभी छोटी-छोटी बूँदें पड़ने लगतीं, तो कभी गर्जन-तर्जन के साथ धूआँधार पानी पड़ने लगता था। कभी काले-काले बादलों के घटाटोप के कारण इतना सघन अंधकार छा जाता कि दिन में भी रात्रि का धोखा होने लगता था। बादलों के घनघोर घटाटोप में बिजली की चमक-दमक एक अद्‌भुत दृश्य उपस्थित करती थी। बादलों की गड़गड़ाहट और बिजली की चमचमाहट से ऐसा मालूम होता था कि आकाश रूपी रंगभूमि में नगाड़ों की ताल पर कदम उठाती हुई कोई चंचला नर्तकी घूम घूग कर नृत्य कर रही है!

बादलों की गरज, बिजली की चकाचौंध और वर्षा की झड़ी में मोर शोर मचाने लगे, पपीहा पीऊ-पीऊ और कोयल कुहू-कुहू की मधुर ध्वनि से चारों ओर रस बरसाने लगे, झिल्ली गण झनझनाने लगे और मेढक टर्राने लगे। इस प्रकार वर्षा ऋतु ने सदल-बल समस्त पृथ्वी पर अपना अधिकार कर लिया। चारों ओर हरियाली ही हरियाली दिखलायी देने लगी। बन-उपबन, बाग, बगीचे सब पर नयी बहार आने लगी। लता-द्रुम-बल्लरी से परिपूर्ण बन श्री की अपूर्व शोभा हो गयी।

रात-दिन की घनघोर वर्षा के कारण नदी-नालों में पानी का उफान सा आ गया। वर्ष के आठ महीनों में सूखी पड़ी रहनेवाली छोटी-छोटी नदियाँ भी जल से भरपूर होकर अपने किनारों के वृक्षों को गिराती हुई बहने लगीं। जब छोटे नद-नालों की यह दशा है, तब बड़ी नदियों का क्या कहना है! वे किनारों को तोड़ती हुई चारों ओर फैलने लगीं और मार्ग की बस्तियों को बहाती हुई बाढ़ के रूप में अपार वेग से बहने लगीं।

पावस ऋतु के आते ही प्रेमी-प्रेमिकाओं की दुनियाँ में भी हलचल मच जाती है। यह ऋतु जहाँ संयोगी युग्मों को सुख प्रदान करती है, वहाँ वियोगियों की व्यथा का कारण बनती है। ब्रजभाषा कवियों ने संयोगियों के स्वर्गीय सुख और वियोगियों की विरह-वेदना का बड़ा ही मर्मस्पर्शी वर्णन किया है।

## श्रावण

'केसव' सरिता सकल, मिलत सागर मन मोहै।
ललित लता लपटाति, तरुन तन तरुवर सोहै॥
रुचि चपला मिलि मेघ, चपल चमकत चहुँओरन।
मनभावन कहँ भेंटि, भूमि कूजत मिसि मोरन॥
इहिं रीति रमन रमनीन सों, रमन लगै मनभावनै।
पिय गमन करन की को कहै, गमन न सुनियत सावनै॥ १॥

**

सोना से सरीर पै सिंगारन सुभग सजि,
सेज साजि-साजि स्याम-संगम-सुखन में।
सुंदरी सिरोमनि सोहागिनि सलौनी सुचि,
स्यामा सुकुमारि सौहै सीसा के सदन में॥
सीस सीस-सुमन सुहायौ 'गिरिधरदास',
सूर सरसात, ज्यों सकारे सरपन में।
सिंधु-सुता, सैल-सुता, सारदा, सची सी सुचि,
सावन में सरसै सरस सखियन में॥ २॥

## भाद्रपद

नभ नीर देत, नील नीरद नगेस कैसे,
नाद कर सुनि नाक नाग करै नति है।
नदी-नद-नारे-नीरनिधि नीर पूरे नये,
नलिन नसाए त्यों निदाघता नसति है॥
'गिरिधरदास' नग नाह नीय नग धरे,
नाग अति नाचें, नेह नदी निकरति है।
नभ मास नागर कों नागरी निरखि ऐसै,
नवल निकुंज में निपुन निरतति है॥ ३॥

**

घोरत घन चहुँओर, घोष निर्घोषनि मंडहिं।
धाराधर धर धरनि, मुसल धारन जल छंडहिं॥
झिल्ली गन झनकार, पवन झुकि-झुकि झकझोरत।
बाघ-सिंह गुंजरत, पुंज कुंजर तरु तोरत॥
निसिदिन विशेष निहि सेष मिटि, जात सुओली ओड़िए।
देसहिं पियूष परदेस विष, भादौं भौन न छोड़िऐ॥ ४॥

# वर्षा

*

## वर्षा–बहार

(राग मलार)

सोभा माई, अब देखन की बहार।
गोवर्धन पर्वत के ऊपर, मोरन की पतबार॥
ठाड़े लाल पीत पट ओढ़ै, मुरली मधुर रसाल।
मोर–चंद्रिका माथें सोहै, और गुंजन के हार॥
घन गरजत अरु दामिनि दमकत, नैंही–नैंही परत फुहार।
'सूरदास' प्रभु तऊ न अघैहैं, अँखियाँ होंइ लख चार॥५॥

*

ब्रज पै स्याम घटा जुरि आई।
तैसिय दामिनि चहुँ दिसि कोंधत, लेत तरंग सुहाई॥
सघन छाँह, कोकिला कूजत, चलत पवन सुखदाई।
गुंजत अलिंगन सघन कुंज में, सौरभ की अधिकाई॥
विकसित स्वेत पाँत बगुलन की, जलधर सीतलताई।
नव नागर गिरिधरन छबीलौ, 'कृष्णदास' बलि जाई॥६॥

*

बादर भरन चले हैं पानी।
स्याम घटा चहुँ ओर तें आवत, देखि सबै रति मानी॥
दादुर–मोर–कोकिला कलरव, करत कोलाहल भारी।
इंद्र–धनुष, बग–पाँति, स्याम–छवि लागत है सुखकारी॥
कदम वृक्ष अवलंब स्यामघन, सखा–मंडली संग।
बाजत बेनु अरु अमिय सुधा–सुर, गरजत गगन मृदंग॥
रितु आई, मनभाई सबै जिय, करत केलि अति भारी।
गिरिवर–धर की या छवि ऊपर, 'परमानंद' बलिहारी॥७॥

*

जहाँ–तहाँ बोलत मोर सुहाए।
सावन रमन भवन वृंदावन, घोर–घोर घन आए।
नैन्हीं–नैन्हीं बूंदन बरषन लागे, ब्रज मंडल पै छाए॥
'नंददास' प्रभु संग सखा लिऐं, कुंजन मुरली बजाए॥८॥

*

(राग मलार)

आज कछु कुंजन में बरषा सी।
दल बादर में देखि सखी री, चमकत है चपला सी॥
नैन्हीं-नन्हीं बूँदन बरषन लागीं, पवन चलत सुख-रासी।
मंद-मंद गरजन सुनियत है, नाँचत मोर कला सी॥
इंद्र-धनुष बग-पंगति देखियत, भूली मृग-माला सी।
चंद-बधू छवि छाय रही है, गिरि पै स्याम घटा सी॥
उमँगत है, कछु हँसि-कंपत है, बोलत है कोकिला सी।
'ब्यासदास' चातक की रटना, रस पीबत भई प्यासी॥९॥

*

देखो माई, नई बरषा रितु आई।
उमँगि घटा चहुँ दिसि तें जुरि-जुरि, बिजुरी-चमक सुहाई॥
दादुर-मोर-पपैया बोलत, कोयल सब्द सुहाई।
निसि-दिन रहत सदा प्रीतम सँग, निरखत नैन अघाई॥
धन जमुना, धन पुलिन मनोहर, वायु बहत सुखदाई।
'सूरदास' प्रभु की छवि ऊपर, नैनन नीर बहाई॥१०॥

*

## वर्षा-बिहार

(राग मलार)

कदंब तर ठाड़े हैं पिय-प्यारी।
मोहन के सिर मुकुट बिराजत, इत लहरिया की सारी॥
मंद-मंद बरषत चहुँ दिसि तें, चमकत बिज्जु-छटा री।
मुरली बजावत श्री नँदनंदन, गावत राग मल्हारी॥
लेत तान हरि के संग राधा, रंग होत अति भारी।
'श्री विट्ठल गिरिधर' कों रिझवत, श्री वृषभान-दुलारी॥ ११॥

*

नयौ नेह, नयौ मेह, नये रसमाते दोउ, नवल कान्ह वृषभान-किसोरी।
नवल पीतांबर, नवल चूनरी, नई-नई बूँदन भीजत गोरी॥
नव वृंदाबन हरित मनोहर, चातक बोलत मोरा-मोरी।
नव मुरली जुनाद, मल्हार राग नई, गत स्रवन सुनत आए घन घोरी॥
नव भूषन, नव मुकुट बिराजत, नई-नई उरप लेत थोरी-थोरी।
'हित हरिवंस' असीस देत मुख, चिरजीयौ भूतल ये जोरी॥१२॥

*

(राग मलार)

कुंज-महल के आँगन मध्य, पीय-प्यारी—
बाँह जोरि, फिरत रंग सों रँगमगे।
अरुन बसन तन, मातिन की माला गरैं,
चौहटे सरीर, चीर नीर सों सगबगे॥
छूटे वार भीजन लागे ललित कपोलन सों,
कुंडल किरन नग, भूषन झगमगे।
'नागरीदास' घन बरषत पानी, तामें—
रूप के जहाज मानों डोलत डगमगे॥ १३॥

*

गरजि-गरजि रिमझिम-रिमझिम बूँदन लाग्यौ बरषत घन।
प्रीतम-प्यारी राजैं रंग महल, बोलत चातक-मोर,
दामिनी दमक, आवैं झूम-झूम बादर अवनी परसन॥
तैसौई सोहै हरियारौ सावन मनभावन,
इंद्र-बधू ठौर-ठौर आनंद उपजावन।
पिय बिहारी प्रिया सँग गावत राग मल्हार,
ललित लता लागीं सुनसुन सरसावन॥ १४॥

*

डरत नहिं घन सों रति-रस-माते।
हार्‌यौ बरसि गरजि बहु भाँतिन, टरैं न वीर तहाँ तें॥
गिरिवर अटा सुहावन लागत, बन दरसात जहाँ तें।
तहाँई जुगल लपटि रस सोए, नींद भरे अलसातें॥
रस-भीने, आलस सों भीने, भीने जल बरसातें॥
औरहु गाढ़ अलिंगन करिकै, सोए सुखद सुहातें॥
भोर भयौ नहिं गिनत, सखीगन लखिकै कछु सकुचातें।
'हरीचंद' घन-दामिनि हारी, जीत जुगल इतरातें॥ १५॥

*

सखी री, बूँद अचानक लागी।
सोवत हुती मदनमद-माती, घन गरज्यौ तब जागी॥
दादुर-मोर-पपैया बोलै, कोयल सब्द सुहागी।
'कुंभनदास' लाल गिरिधर सों, जाय मिली बड़ भागी॥ १६॥

*

(राग मलार)

जब-जब दामिनि कोंधत, तब-तब भामिनि डरात, प्रीतम उर लावत।
उनमद मेघ-घटा की धुनि सुन, आपन जगात, अरु पियहीं जगावत॥
दादुर-मोर-पपीहा बोलत, मदमाती कोयल बन गावत।
कुंज-कुटीर 'व्यास' के प्रभु सँग, श्री राधा रस पावत॥१७॥

*

घूम-घूम घटा आई, झूम-झूम लता रहीं,
भूमि हरियारी लागै सुभग सुहाई।
तहाँ बैठे पीय-प्यारी, भूषन छवि न्यारी-न्यारी,
मुख की उजियारी मानों चाँदनी सी छाई॥
तनन-तनन तान लेत, प्यारी कर-ताल देत,
गावत मल्हार राग, अति मनभाई।
'श्री विट्ठल गिरिवर-धारी' लाल, लखि मोहीं ब्रजबाल,
रीझ-रीझ रहे दोउ कंठ लपटाई॥ १८॥

*

गहर-गहर गाजै, बदरा-समूह साजै, छहर-छहर मेह बरसै सुघरिया।
कहर-कहर करें पवन अरु पानी अति, महर-महर करें भूतल महरिया॥
'बालकृष्ण' ये सुख देखिवे कूँ गावत, मल्हार गहैं कदम की डरिया।
फहर-फहर करै प्यारे कौ पीतांबर, लहर-लहर करै प्यारी कौ लहरिया॥ १९॥

*

आए माई वरषा के अगवानी।
दादुर-मोर-पपैया बोलें, कुंजन बग-पाँति उड़ानी।
घन की गरज सुनि सुधि न रही कछु, बादल देख डरानी।
'कुंभनदास' प्रभु गोवरधन-धर लाल भए सुखदानी॥ २०॥

*

स्यामहिं देखिं नाँचत मुदित मोर।
ता ऊपर आनंद उमँग भर, सुनत मुरलि कल घोर॥
चहुँ दिसि तें कोकिल कल कूजत, और दादुर की रोर।
'गोविंद' प्रभु सखा सँग लिऐं, बिहरत बल-मोहन की जोर॥ २१॥

*

भीजत कुंजन तें दोऊ आवत।
ज्यों-ज्यों बूँद परत चूनर पै, त्यों-त्यों हरि उर लावत॥
अति गंभीर झीने मेघन की, द्रुम तर छिन बिरमावत।
जय 'श्रीभट्ट' रसिक रस-लंपट, हिल-मिल हिय सचुपावत॥ २२॥

*

(राग मलार)

देखो माई, भीजत गिरिवर-धारी।
मोर मुकट, तन स्याम, पीत पट, घन-दामिनि उनहारी॥
बड़ी-बड़ी बूँद परत धरनी पर, मानों जु महरी आरी।
सावन मास, सघन तरुवर बन, कोकिल सब्द उचारी॥
करत विचार, चलें किन सजनी, बरषत हैं जु फुहारी।
'सूरदास' प्रभु बानिक ऊपर, तन-मन वारत डारी॥ २३॥

*

लाल माई, भीजत आए गेह।
हाथ लकुटिया, कामर खोई, खूँदत कींच सनेह॥
निसि अँधियारी, हाथ नहिं सूझत, पवन झकोरत मेह।
'सूरदास' दामिनि के दमकैं, लखी साँवरी देह॥ २४॥

*

लाल! मेरी सुरँग चूनरी भीजै।
लेहु बचाय आप पिय मोकों, बूँद परै रंग छीजै॥
बरषत मेह, रहै नहिं नैकहु, कहा उपाय अब कीजै।
हम-तुम कुंज भवन में चलि हैं, मान सबै सुख लीजै॥
ऐसौ समयौ बहौर न ह्वै है, मेरौ कह्यौ पतीजै।
'श्री विट्ठल गिरिधरन' छबीले, निरखि-निरखि मुख जीजै॥ २५॥

*

देखो माई, भीजत रस भरे दोऊ।
नंदनँदन वृषभान-नंदिनी, होड़ परी है जोऊ॥
सुरँग चूनरी स्यामा जू की, भीजत है रस भारी।
गिरिधर पाग-उपरना भीज्यौ, या छवि ऊपर बारी॥
बातई बात होड़ भई भारी, ललितादिक समुझावैं।
दोउ मिलि झगरत, मानत नाँहीं, सखि सब बुंद बचावै॥
तब मोहन हारे, सिर नायौ, हँसीं सकल ब्रजनारी।
'परमानंद' प्रभु यह विधि क्रीड़त, या सुख की बलिहारी॥ २६॥

*

भीजत कब देखौं इन नैना
स्यामा जू की सुरँग चूनरी, मोहन कौ उपरैना॥
जुगल किसोर कंज तर ठाड़े, जतन कियौ कछु मैं ना।
उमँगि घटा चहुँ दिसि तें 'श्रीभट', जुरि आईं जल-सैना॥ २७॥

(राग मलार)

ये रितु रूसन की नहिं प्यारी।
देखु न, छाय रहे घन झुकि-झुकि, भूमि छई हरियारी॥
सीरी पवन चलत गरुई ह्वै, काम बढ़ावन-हारी।
बन-उपबन सब भए सुहावन, औरहिं छवि कछु धारी॥
फूली जुही, मालती महँकी, सुनि कोकिल किलकारी।
लहकि-लहकि लपटीं सब बेली, प्रीतम-गल भुज डारी॥
मगन भए जड़ जीव सबै जब, तब तू रहति क्यों न्यारी।
'हरीचंद' गर लगु प्रीतम के, गाढ़े भुज भरि नारी॥२८॥

*

अनत जाइ बरसत, इत गरजत बे काज।
तुम रस-लोभी मीत स्वारथ के, सुनहु पिया ब्रजराज॥
दामिनि सी कामिनि अनेक लिएँ, करत फिरत हो राज।
'हरीचंद' निज प्रेम-पपीहन, तरसावत महाराज॥ २९ ॥

*

(राग भैरव)

प्रातकाल ब्रज-बाल पनियाँ भरनी चलीं,
गोरे-गोरे तन सोहै कसुंभी कौ चदरा।
ताही समै घन आए, घेरि-घेरि नभ छाए,
दामिनि-दमक देखि होत जिय कदरा॥
बोलत चातक-मोर, सीतल चलै झकोर,
जमुना उमाड़ि चली, बरसत अदरा।
'हरीचंद' बलिहारी, उठि बैठो गिरिधारी,
सोभा तौ निहारो चलि, कैसे छाए बदरा॥ ३० ॥

*

(राग केदारौ)

तैसी ये पावस ऋतु आई, तामें झूलत हिंडोरे पिय-प्यारी रस रंग-भरे।
मंद-मंद गरजत और दामिनी दमकत,
कोकिल गावत, दादुर सुर देत, नये-नये घन उनये॥
पिय कौ पिछौरा-पाग, प्रिया की कसुंभी सारी,
मुकुता के आभूषन अंग ठये।
'रसिक' प्रीतम की बानिक निरखत, नैनन के सब ताप गये॥ ३१ ॥

*

# झूला

(राग मलार)

हिंडोरे माई, कुसुमन भाँति बनाई।
नवलकिसोर मनोहर मूरति, ढिंग राधा सुखदाई॥
छाय रहे जित-तित तें बादर, बिच दामिनि अधिकाई।
दादुर-मोर-पपीहा बोलें, नैन्हीं-नैन्हीं बूँद सुहाई॥
झोटा देत सकल ब्रज-सुंदरि, त्रिविध पवन सुखदाई।
'चतुर्भज' प्रभु गिरिधरनलाल की, ये छवि बरनि न जाई॥ ३२॥

*

झूमत अति आनंद भरे।
इत स्यामा, उत लाल लाड़िलौ, बैयाँ कंठ धरे॥
बोलत मोर-कोकिला-अलिकुल, गरजत है घन घोर।
गावत राग मल्हार भामिनी, दामिन सी झकझोर॥
नैन्हीं-नैन्हीं बूँद परत हैं ऊपर, मंद सुगंध समीर।
फूलन फूलि रह्यौ कानन सब, सुंदर जमुना-तीर॥
रीझ रहे सुर-नर-मुनि के गन, बरषत कुसुमन-माल।
'सूर' सकल सुख कौ येही सुख, निरखत मदनगोपाल॥ ३३॥

*

हिंडोरे माई झूलत गिरवरधारी।
सावन मास सरस घन बरसत, तैसीय भूमि हरियारी॥
फूले सुभग कुसुम जमुना-तट, पवन बहत सुखकारी।
निरखि-निरखि मुख देत झोटका, श्री वृषभान-दुलारी॥
दादुर-मोर-पपीहा बोलें, कोयल सब्द उच्चारी।
राग मल्हार अलापत भामिनि, पहरैं कसुंभी सारी॥
बाजत ताल-मृदंग-बाँसुरी, नाँचत दै कर-तारी।
मदनमोहन राधावर ऊपर, 'गोविंद' जन बलिहारी॥ ३४॥

*

झूलत नवल किसोर-किसोरी।
उत ब्रजभूषन कुँवर रसिक वर, इत वृषभान-नंदिनी गोरी॥
नीलांबर-पीतांबर फरकत, उपमा घन-दामिनि छवि थोरी।
देखि-देखि फूलत ब्रज-सुंदरि, देत झुलाय गहैं कर डोरी॥
मुदित भई यों स्वर मिल गावत, किलकि-किलकि दै उरज-अँकोरी।
'परमानंद' प्रभु मिल सुख विलसत, इंद्रबधू सिर धुनत झकोरी॥ ३५॥

*

(राग मलार)

झूलत नागरि-नागर लाल।
मंद-मंद सब सखी झुलावत, गावत गीत रसाल॥
फरहरात पट नील-पीत की अंचल चपल चाल।
मनो परस्पर उँमगि ध्यान छवि, प्रगट भए तिहिं काल॥
सलसलात अति पिय के सिर पै, लटकत बनी लाल।
मनों मुकुट बरुहा विरही भए, बोली बाक बेहाल॥
मोतिन-माल प्रिया के उर की, पिय तुलसीदल-माल।
मनों सुरसरी मिलि जमुना-तट, मानों बिहंग मराल॥
साँवल-गौर परस्पर अति छवि, सोभा विसद विसाल।
निरखि 'गदाधर' कुँवर-कँवरि-छवि, मनों भर्‌यौ रस-जाल॥ ३६॥

*

(कजली)

प्यारी झूलन पधारो, झुकि आए बदरा।
ओढ़ सुरख चूनरि, तापै स्याम चदरा॥
बिजुरी चमक्कै, बरसै अदरा।
'हरीचंद' तुम बिन, पिय अति कदरा॥ ३७॥

*

(दोहा)

नवल निलय नीरज महा, अंगन अंग रसाल।
नवल हिंडोरे भूलहीं, आली री नव लाल॥ ३८॥

*

(राग मलार)

आली री, झूलत हैं नव लाल नवल हिंडोरना।
नवल वृंदा बिपिन अवनी, सहज सुखद रसाल।
ललित लतिका लपटि रहीं, लहलहै तरु तामाल॥
फूल-फल-दल विमल झलमल, बरन-बरन विसाल।
भयौ सुरभित सकल बन घन, मुदित मधुप रसाल॥
नवल कुंज-निकुंज प्रति-प्रति रही अति छवि छाय।
उमड़ि-उमड़ि सु घाट घट सों, घटा घुमड़ी आय॥
बकनि-पाँति सु भाँति, दमकत दामिनी दरसाय।
त्रिविध पवनहिं गवन की, मनरमन लेत रमाय॥
नवल निरमल नीर जमुना, बहत तरल तरंग।

तहाँ कमल-कुल डहडहे, अंग-अंग रंग सुरंग॥
जुग तटी नग जटि सुमन सों, अटी सौरभ संग।
तीर-तीरन तरुन की, छवि भरी उदित उतंग॥
नवल चातक-सुक-पिकन की, मधुर धुनि सुनि मंद।
कुहुक कै-कै केकि-केलिन, नृत्य करत सुछंद॥
बजन बाजन विविध आली, सुमिल चाली चंद।
तैसि रमकनि झमकि गति में, बढ़त अति आनंद॥
नवल नीरज-निलय आँगन, रच्यौ रंग-हिंडोर।
तहाँ झूलत फूलि-फूले, उभय नवल किसोर॥
पुलकि प्रेमानंद में, सुख बढ़्यौ, नाहिंन घोर।
अंग-अंगनि सहचरी छवि भरी, लेत हिलोर॥
अरुन बरन पाटंबरन की, फबि रही फहरानि।
चपल चख चितवन लसी, मन बसी मृदु मुसकानि॥
नवल डाड़ी कर गहैं दोउ, झूमि-झुकि रस लेत।
मृदुल अंग मनोज मोहन, सुरत संग निकेत॥
चंद्रिका सी चटक मंजुल, मुकट अति सुख देत।
किरत कबरी कुसुम रंजन, गिरत गुलिक उपेत॥
नवल केलि-कला कुतूहल, रमत रहसि उमाहि।
रूख लिएँ दोउ रसिक सन्मुख, सुख न बरन्यौ जाहि॥
सखि-सहेली-सहचरी छवि निरखि दृग न अघाहिं।
हितू 'श्री हरिप्रिया' बिलसत, हुलसि हीयन माँहिं॥ ३९॥

*

## वर्षा-रूपक

(राग मलार)

आज अति सोभित हैं नँदलाल।
उत गरजत बादर चहुँ दिसि तें, इत मुरली सब्द रसाल॥
उत राजत कोदंड इंद्र कौ, इत राजत बन-माल।
उत सोभित दमकत दामिनि, इत पीत बसन गोपाल॥
उत धुरवा, इत धातु विचित्र कियें, बरसत अमृत-धार।
उत बग-पाँति उड़त बादर में, इत मुकुता फल-हार॥
उत दादुर स्वर कोकिल कूजत, इत बजत किंकिनी-जाल।
'गोविंद' प्रभु कौ बानिक निरखत, मोह रहीं ब्रज-बाल॥ ४०॥

*

(राग मलार)

देखो माई, सुंदरता कौ कंद।
स्याम अंग घन घोरत मुरली, गाजत मंद ही मंद॥
इंद्र धनुष बनमाल विराजत, गज-मुक्ताहल द्वंद्व।
मानों बीच बनी बग-पंगति, केहरि-कामनि कंध॥
मुकुट, स्याम कच, सिथिल बसन, मानों बादरन छायौ चंद।
चमकत उर राधा सौदामिनि, चलत पवन दृढ़ छंद॥
पीतांबर तन चित्र-विचित्रित अरुन काछिनी फंद।
पुलकित प्रेम उमँगि-उमँगि मानों नोतन बरषानंद॥
हित बरषत, फूलत वृंदाबन, तरलित तनय निकंद।
'सूरजदास' रसिक ललितादिक, हित चातक सखि-वृंद॥ ४१ ॥

*

सखी री, सावन दूल्है आयौ।
चार मास कौ लग्न लिखायौ, बदरन अंबर छायौ॥
बिजुरी चमकै, बगुला बराती, कोयल सब्द सुनायौ।
दादुर-मोर-पपैया बोलें, इन्द्र निसान बजायौ॥
हरी-हरी भुइ पर इंद्र-बधू सी, रंग बिछौना बिछायौ।
'सूरदास' प्रभु तिहारे मिलन कों, सखियन मंगल गायौ॥ ४२ ॥

*

आज छवि स्यामा-स्याम निहारे॥
बरषत प्रेम लाय झर निसि-दिन, गरजत नेह नियारे।
मुकुता बग-पंगति, दादुर-धुनि नूपुर-चलनि सुढारे॥
केकी चित्र पपीहा काँची, त्रिवली चहति सुनारे।
नाभि सरोवर भरत न उपटै, अंग पुलिक तृन वारे॥
विकसत पद्म मंद मुसकनि कों, निरखहिं नैन सुखारे।
'रूपरसिक' सब जीवन जिय की, जिन ये रूप निहारे॥ ४३ ॥

*

स्याम घन उमँगि-उमँगि इत आवै।
क्रीट-मुकुट-कुंडल-पीतांबर, मनु दामिनि दरसावै॥
मोतिन-माल लसत उर ऊपर, मनु बग-पंक्ति लखावै।
मुरली-गरजि मनोहर धुनि सुनि, स्रवन मोर सचुपावै॥
हम पर कृपा करी हरि मानों, नीर-नेह झर लावै।
'रूप रसिक' ये सोभा निरखत, तन-मन नैन सिरावै॥ ४४ ॥

*

# वर्षा–वियोग

## (राग मलार)

देखि बदरिया सावन की
इकटक ह्वै ठाड़ी मग जोवत, मनमोहन के आवन की॥
दामिनि दमक, घन गरजन लाग्यौ, मंद–मंद वरषावन की।
तैसैई पीउ–पीउ रटति पपीहा, विरहनि विरह जगावन की॥
कोकिल–कूक परी स्त्रवनन में, बग–पंगति दरसावन की।
'श्री बिट्ठल गिरिधरन' लाल बिन, तन की तपत बढ़वन की॥४५॥

*

सखि, ये पावस की रितु आई।
नैन्हीं–नैन्हीं बुंदन बरषत रिमझिम, पवन चलत पुरबाई॥
हरित भूमि पै अरुन देखियत, दामिनि अति दरसाई।
तैसौई चातक रटत, स्त्रवन सुनि विकल होत अधिकाई॥
अबई विचार सबै मिलि सजनी, ये निश्चै ठहराई।
'श्री विट्ठल गिरिधरन' लाल कों, मिलैं कुंज–बन जाई॥४६॥

*

हरि बिनु बरसत आयौ पानी।
चपला चमकि–चमकि डरपावत, मोहिं अकेली जानी॥
रात अँधेरी, हाथ न सूझै, मैं बिरहिनि बिलखानी।
'हरीचंद' पिय बिनु, बरषा में हाथ मींजि पछितानी॥४७॥

*

सखी री, घन तौ गरजन लाग्यौ।
बरषत मेह पवन–फूहिन सों, अपुने मद अनुराग्यौ॥
बोलत मोर, पपीहा बोलत, नयौ विरह तन जाग्यौ।
हम बिछुरी बैठी भवनन में, इहै रहति रस–पाग्यौ॥
ये सुख मानत अपनी रितु सों, हमरौ हियरा दाग्यौ।
'श्री विट्ठल गिरिधरन' बिन जानै, आवत इतही भाग्यौ॥४८॥

*

निठुर पपैया बोल्यौ रतियाँ।
हौं भेचक पर रही सेज पै, सुरत भईं वै बतियाँ॥
राग मल्हार कियौ काहू नें, देह जरति जिहिं मतियाँ।
'कृष्णदास' गिरिधरन मिलन की, नहिं भूलत गुन–गतियाँ॥४९॥

*

(राग मलार)

ए मा, कारी बदरिया बरसै।
तैसै पीउ-पीउ रटति पपीहा, सुनि-सुनि जियरा तरसै॥
तैसिय चलति पवन पुरबाई, लागत तन अति करसै।
तैसि बेलि लपटानी द्रुम तें, जानत देखि मोहि हरसै॥
श्री विट्ठल 'गिरिधर' कौ रूप ये, कैसे नैनन दरसै।
ये औसर कैसेहु मिलिवे कौ, प्रीतम अँग-अँग तरसै॥५०॥

*

दामिनि दमकत जोबन-माती।
गरजि-गरजि आवत इतही कों, डोलत एती माती॥
आपु रहति घन के सँग लागी, पहिलैं उनई बिछुराती।
हम बिछुरी बैठीं जु भवन में, तिनकों हू न सुहाती॥
याकौ तेज देखि मेरी सजनी, काँपत है मेरी छाती।
'श्री विट्ठल गिरिधरन' लाल तें, ये नहिं नैक सँकाती॥५१॥

*

बोले माई गोवरधन पै मुरवा।
तैसिय स्यामघन मुरलि बजाई, तैसेइ उठे झुक धुरवा॥
बड़ी-बड़ी बूँदन बरषन लाग्यौ, पवन चलत अति झुरवा।
'सूरदास' प्रभु तुम्हरें मिलन कों, निसि जागत भयौ भुरवा॥५२॥

*

ये रितु आई बरषन, पिय बिन हियरा घरकै।
घन की गरज अरु लरज मोरन की, सुनि-सुनि छतियाँ दरकै॥
कौन भाँति करूँ, कैसै-धीरज धरूँ, पिय-मूरति मेरे हियमें अरकै।
उनकी मिलन रही मेरे मन, रोम-रोम में भरकै॥
तैसिय घटा अँधियारी, तैसिय रनकारी, तैसौई पपीहा पिउ-पिउ ररकै।
'श्री विट्ठल गिरिधरन' की विरहिनी, निसि-दिन ये विधि करकै॥५३॥

*

बदरिया! तू कत ब्रज पर घोरी।
असलन साल सलावन लागी, बिधिना लिख्यौ बिछोरी॥
रहो जु रहो, जाओ घर अपने, दुख पावत है किसोरी।
'परमानंद' प्रभु सो क्यों जीवै, जाकी बिछुरी जोरी॥५४॥

*

## वर्षा–विनय

जय जग–जीवन जलद! नवल–कुलहा–उलहावन।
विस्व वाटिका विमल बेलि–बन बारि बहावन॥
जीवन दै बन, बनसपती में जीवन लावन।
गरु ग्रीषमपन–दरप दलन, मन मोद मनावन॥
जय मनभावन, बिपत–नसावन, सुख सरसावन।
सावन कों जग टेलि केलि जल चहुँ बरसावन॥
जय घनस्याम ललाम प्रेम–रस उरहिं दृढ़ावन।
फूल भरी बसुधा सिर सारी हरी उढ़ावन॥
बाँधि मंडलाकार पुरंदर कौ धनु पावन।
तरजि दिखावत गरजि, लरजि मन भय उपजावन॥
सनकावन गन पवन, जोति जुगनू चमकावन।
ठनकावन घन सघन, दामिनी–दुति दमकावन॥
पठई सदा धराधर धावन, कृषी जुतावन।
घोर घमंड सुनावन, बलकर अनल बुतावन॥
निज सुखमा दरसावन, गावन मनहिं लगावन।
सीर समीर रसावन, अंग उमंग जगावन॥
तापन–सतत सतावन, कृषकन जीय जुरावन।
अतुलित जोम जतावन, युवजन हीय चुरावन॥
झर लावन, बुदबुदा उठावन, भुवि लरजावन।
अगनित अमित अनूप, कीट–कुल–बल सरजावन॥
उमगावन सर–सरित, उमँग उल्लास गुँजावन।
पपियन प्यास बुझावन, जग की आस पुजावन॥
जयति! नबेली अलबेली, झूला झुलवावन।
मधुर मनोरंजन कजरी–धुनि कलित सुनावन॥
सोक–समूह भुलावन जय! छिति–छटा सुहावन।
बादर बलहिं बुलावन, पावस परम सुहावन॥
अद्‌भुत आभावंत अंग अति अमल अखंडत।
घुमड़ि–घुमड़ि घन घनौ, घूम घिरि घोर घमंडत॥
कारे कजरारे मतवारे धुरवा धावत।
सुख सरसावत, हिय हरसावत, जल बरसावत॥
यमुना ढरकि करारनि दै–दै ढका ढहावति।
प्रेम–पगी रज–रँगी लखहु जनु झूमत आवति॥
मेह थमत चुहकार चहचही करत चाव चित।

फर फराय निज परन फिरत पंछी गन प्रमुदित॥
धोये धोये पात तरुन के हरसावत मन।
नैक झकोरत डार झरत अनगिनत अंबु-कन॥
सुखद सुरीलौ गामन में ललना गन गावन।
भरि उछाह घर सों तिन आवन झूलन जावन॥
पवन उड़त उर के पट कों झटपटहिं सँभारन।
मंजुल लोल कलोलनि बालन विविध मल्हारन॥
मन-मयूर कों करसत, दरसत बरसत बादल।
तरसत तरुनि नबेलिन बेलिनि फुरत नवल दल॥
कमल-केतकी-जुही-कुटज केसर प्रिय प्रफुलित।
कुसुमित कलित कदंब करत बन उपवन सुरभित॥
कोयल करत किलोल, ललित रूखन चहुँ लखि-लखि।
मंद-मंद चलि मधुप पियत मकरंदहिं चखि-चखि॥
बरन-बरन के बादर सों कहुँ परति फ्वार अति।
भीनी-भीनी गंध गहति, वर बहति पवन गति॥
देखहु मनहिं प्रसन्न ललित मृग छौननि आनन।
डोलनि तिनकी कानन, करि ऊपर कों कानन॥
रज विहीन पतरी लतिकन कों देखहु लहकन।
घूँघट पट सों मुख निकारि चाहत जनु चहकन॥
झरत द्रुमन सों सुमन सौरभित डारनि हलिहलि।
मनहुँ देत बनथली तोहि स्वागत पुष्पांजलि॥
निरखि चहूँ छवि पुंज लगत जनु यह मनभावन।
कुंज-बिहारी कुंजन सों कढ़ि चाहत आवन॥
यद्यपि कवियन गाई, पाई ताकी थाह न।
मन ही मनहिं समाई, आई नहिं अवगाहन॥
रह्यौ अछूतौ गुन गन हू सों, जब तव गुन धन।
कहा हमारौ बूतौ, देखहु जासों गुनि मन॥
तउ तव सोमा-सुखद, विसद-सुठि पद-मय दरपन।
करत 'सत्यनारायन' जन तुम्हरे ही अरपन॥५५॥

## वर्षा-वर्णन

मल्लिकान मंजुल मलिंद मतवारे मिले,
मंद-मंद मारुत मुहीम मनसा की है।

कहै 'पदमाकर' त्यों नदन-नदीन नित,
नागरि नबेलिन की नजर नसा की है॥
दौरत दरेरौ देत दादुर सु दुंदै दीह,
दामिनी दमंकत दिसान में दसा की है।
बद्दलनि बुंदनि बिलोको बगुलान बाग,
बंगलान बेलिन बहार बरषा की है॥५६॥

*

बाटिका बिहंगन पै, वारिगा तरंगन पै,
वायु वेग गंगन पै बसुधा बगार है।
बाँकी वेनु तानन पै, बंगला बितानन पै,
बेस औध पानन पै, बीथिन बजार है॥
वृंदाबन-बेलिन पै, बनिता नबेलिन पै,
'ब्रजचंद' केलिन पै, बंसीबट मार है।
बारि के कनाकन पै, बद्दलन बाँकन पै,
बिज्जुली बलाकन पै, बरषा बहार है॥५७॥

*

दामिनी दमंकन तें, झिल्ली की झमंकन तें,
दादुर असंकन तें, उमँगि उई परै।
बादर तें, बन तें, बहार बरही तें, बेस—
बेलिन तें, फूलन तें, फहरि फुही परै॥
जल की जलूस जेब, जोबन जमाजम तें,
जुगुनू जमक हरिया तें दुई परै।
पोहसी पहारन तें, पारावार पारन तें,
पौन तें नवीन रितु पावस चुई परै॥५८॥

*

हहरावत नील पयोदन तें, नभ में घन-घोर घटा घहरावत।
छहरावत बूँद झलाझल, दामिनि भामिन सी नभ में लहरावत॥
छिटकावत चारु छटा छिति पै, वर दीप्ति दिगंतन में बगरावत।
झमकावत रिम-झिम रिम-झिमकै, झुकि झूमत लूमत, पावस आवत॥५९॥

*

बोलत मयूर हम ऐहैं ये पहारन में,
दादुर कहत हम ऐहैं खँदरान में।
चातक पुकारैं पीउ-पीउ द्रुम-डारन में,
झिल्ली झमकानी पिक प्रेम मदरान में॥

'ठाकुर' कहत ऐसी पावस प्रभा में, दुख—
दैन बिरहीन, आजु आली गदरान में।
छम-छम-छम बाजै, छम-छूम छेई-छेई,
थेई-थेई चंचला नँचत बदरान में॥ ६० ॥

*

झूम-झूम चलत चहूँघा घन घूम-घूम,
लूम-लूम भूमि छ्वै-छ्वै घूम से दिखात हैं।
तूल के से पहल, पहल पर उठे आवें,
महल—महल पर सहल सुहात है॥
'ग्वाल कवि' भनत, परम तम सम के ते,
छम-छम-छम डारें बूँदें दिन-रात हैं।
गरज गये हे एक, गरजन लागे देखो,
गरजत आवें एक, गरजत जात हैं॥ ६१ ॥

*

दिसि-बिदिसनि तें उमड़ि मढ़ि लीन्हौं नभ,
छेड़ि दीनौं धुरवा जबासे जूथ झरिगें।
डहडहे भए द्रुम रंचक हवा के गुन,
कहूँ-कहूँ मुरवा पुकारि मोद भरिगे॥
रहि गये चातक जहाँ के तहाँ देखत ही,
'सोमनाथ' कहै बूँदा-बूँदी हू न करिगे।
सोर भयौ घोर, चहुँ ओर महि मंडल में,
आए घन, आए घन, आइ कैं उघरिगे॥ ६२ ॥

*

सुनि कै धुनि चातक-मोरन की, चहुँ ओरन कोकिल-कूकन सों।
अनुराग भरे बन-बागन में, हरि रागत राग अचूकन सों॥
'कवि देव' घटा उनई जु नई, बन-भूमि भई दल-दूवन सों।
रँगराती हरी हहराती लता, झुकि जाती समीर के झूकन सों॥ ६३ ॥

*

बीत गयौ ग्रीषम, बितीत भयौ ताप-दाप,
बार-बार सीतल समीर तरजै लगे।
पथिक पधारे निज गेह में सनेह भरे,
हरे-हरे पात वारे तरु लरजै लगे॥
दमकि दिमाक तें दुरित दुति दामिनी की,
मुदित मयूर मन मौन बरजै लगे।

घरी-घरी घेरि-घेरि घुमड़ि घमंड भरे,
घाघ से घनेरे घन घोर गरजै लगे॥ ६४॥
*

कोकिल कदंबन की डार पै कुहूकै कल,
कुंजन में बौरन के पुंज दरसै लगे।
बिसद बलाकन की पाँति भाँति-भाँति चारु,
चाहि चित चातक पियासे तरसै लगे॥
मंजुल कलापिन की मंडली भली हैं बनी,
सुखद सुसीतल समीर सरसै लगे।
चारों ओर चपला चमाकै चख चोरि-चोरि,
मंद-मंद बारिद के वृंद बरसै लगे॥ ६५॥
*

प्यारी आउ छात पै, निहारि नये कौतुक ये,
घन की छटा तें खाली नभ में न ठौर हैं।
टेढ़ी, सूधी, गोल औ चखूँटी, बहु कौनवारीं,
खाली, लदी, खुली, मुँदी, करें दौरादौर हैं॥
'ग्वालकवि' कारी, धौरी, घुमरारी, घहरारी,
धुरवारी, बरसारी, झुकी तौरातौर हैं।
ये आईं, वो आईं, ये गयीं, वो गयीं,
और ये आईं, उठी आवत वे और हैं॥ ६६॥
*

बहु बेग बढ़े गदले जल सों, तट रूखि उखारि गिरावती हैं।
करि घोर कुलाहल व्याकुल ह्वै, पल कोर-करारन ढावती हैं॥
मरजादहिं छाँड़ि चली कुलटा सम, विभ्रम भौंर दिखावती हैं।
इतराति उताबरी-बाबरी सी, सरिता चढ़ि सिंधु कों धावती हैं॥ ६७॥
*

पावस के प्रथम पयोद की परत बूँद,
औरै ओप उमड़ि अकास छिति छ्वै रहीं।
रंग भयौ बूढ़नि, अनूढ़नि अनंग भयौ,
अंग उठि आनँद तरंग दुख ध्वै रहीं॥
सूहे साजि सुघर दुकूल सुख-फूलि-फूलि,
चौहरी अटा पै चढ़ी चंद-मुखी ज्वै रहीं।
धूम सुखमा की, रूम-झूम अलि-पुंजन की,
अंबन की डार तें कदंबन पै ह्वै रहीं॥ ६८॥
*

राजै रस में री तैसी, बरषा समै री चढ़ी,
चंचला नँचै री, चकचौंधा कौंधा बारैं री।
ब्रती ब्रत हारैं हिए, परत फुहारैं, कछू—
छोरैं, कछू धारैं, जलधर जल-धारैं री॥
भनत 'कबिंद' कुंज भौंन पौंन सौरभ सों,
काके न कँपाइ प्रान परहथ पारैं री।
काम के तुका से, फूल डोलि-डोलि डारैं, मन—
औरै किये डारैं, ए कदंबन की डारैं री॥ ६९॥

*

छाई सुभ सुखमा सुहाई रितु पावस की,
पूरब में पच्छिम में उत्तर उदीची में।
कहै 'रतनाकर' कदंब पुलके हैं बन,
लरजैं लवंगलता ललित बगीची में॥
अवनि-अकास में अपूरब मची है धूम,
झूमि से रहे हैं रुचि सुरस उलीची में।
हिरकि रही है इत मोर सों मयूरी, उत—
थिरकि रही है, बिज्जु बादर-दरीची में॥ ७०॥

*

बरसत घन, गरजत सघन, दामिनि दिपै अकास।
तपति हरी, सफलौ करी, सब जीवन की आस॥
सब जीवन की आस, पास नूतन तिन अनगन।
सोर करत पिक-मोर, रटत चातक बिहंग गन॥
गगन छिपे रवि-चंद, हरष 'सेनापति' सरसत।
उमँगि चले नद-नदी, सलिल पूरन सर बरसत॥ ७१॥

*

मान गढ़ घेरा होत, गरज अरेरा होत,
दादुर दरेरा होत, जेरा होत जाम कौ।
पिक भटभेरा होत, धकपक हेरा होत,
गरब अरेरा होत, बेरा होत साम कौ॥
पवन सरेरा होत, धनुष धरेरा होत,
बुंदन गरेरा होत, खेरा होत बाम कौ।
बीजुरी उजेरा होत, कौंधा चकफेरा होत,
घनन कौ घेरा होत, डेरा होत काम कौ॥ ७२॥

*

ग्रीषम बिताय, ताय रंग, रंग बरसा के,
बरसि-बरसि वारि सरस सोहाए हैं।
'द्विज बलदेव' बल बागन बहार वर
बाजत हैं बाजने, विहंग बन गाये हैं॥
विसद बसन, बक बिलक-बिलग व्योम,
बेलिन-बितान वनिता अतन ताये हैं।
बिज्जुल बिपुल लखि, बरही बोलत बैन,
मैन के बिरादर, ये बादर ह्वै आये हैं॥ ७३॥

*

घन घहरान लागे, अंग सहरान लागे,
केकी कहरान लागे, बन के बिलासी जे।
बोलि-बोलि दादुर दिरादर सों आठों याम,
ग्रीषम कों दैन लागे विरह-विदा सी जे॥
'ठाकुर' कहत देखो पावस प्रबल आयौ,
उड़त दिखान लागे, बगुला उदासी जे।
दावे से, दबे से, चहुँ ओरन छये से वीर,
बसि-बसि रहन लागे बदरा विसासी जे॥ ७४॥

*

पिक बोलत, डोलत मारुत है, लतिका द्रुम जानि नये बन ये।
उलहे महि अंकुर मंजु हरे, बगरे तहँ इंद्र-बधू गन ये॥
अस पाय 'किसोर' समै रस में, कस होइ न मैन मई मन ये।
चित चैन चये, मन आन छये, अब देख नये उनए घन ये॥ ७५॥

*

घहरि-घहरि घेरि-घेरि घोर घन आए,
छाए घर-घरन घुमोलै घने घूमि-घूमि।
डारें जल धारें, जोर जमत जमाति जोरि,
करैं ललकारें बार-बार व्योम जूमि-जूमि॥
'गिरिधरदास' गिरिराज के सिखर सब,
चपल चहूँघा लै रहे हैं चारु चूमि-चूमि।
झूलि-झूलि झहरि, झहरि-झरि झेलि-झेलि,
झपकि-झपकि झपि, झुकि-झुकि, झूमि-झूमि॥ ७६॥

*

झंझा झकझोरन सों, धूकै चहुँ ओरन सों,
पावस-झकोरन सों, अभी सौ छन्यौ परै।

तरुनाई तोरन सों, हिय की हिलोरन सों,
विथा-सिंधु बोरन सों, तन हू हन्यौ परै॥
बोलत मरोरन सों, दादुर पिक-सोरन सों,
हित 'मोतीराम कवि' कैसे कै भन्यौ परै।
बादर की कोरन सों, जल की धँधोरन सों,
मोरन के सोरन सों, मैन उफन्यौ परै॥ ७७॥

*

कूकै लगीं कोकिलैं कदंबन पै रातों-दिन,
मोर-पिक सोर हू सुनात चहुँ पास है।
मंद-मंद गरजि घनेरी घटा घूमि-घूमि,
बहत समीर धीर संयुत सुबास है॥
जित-तित नारी-नर गावें, सुख पावें अति,
झूलत हिंडोरे लाल बाढ़त हुलास है।
हिय तरसावन कों, काम सरसावन कों,
बुंद बरसावन कों, सावन सुभास है॥ ७८॥

*

तड़पै तड़िता चहुँ ओरन तें, छिति छाइ समीरन की लहरैं।
मदमाते महा गिरि सृंगन पै, गन मंजु मयूरन के कहरैं॥
तिनकी करनी बरनी न परै, सो गरूर-गुमानन सों गहरैं।
घन ये नभ-मंडल तें छहरैं, घहरैं कहुँ जाय, कहूँ ठहरैं॥ ७९॥

*

पौन के झकोरन कदंब झहरान लागे,
तुंग फहरान लागे, मेघ मंडलीन के।
भनत 'कविंद' धरा सारन भरन लागे,
कोस होन लागे बिकसित कंदलीन के॥
उटज निवासिन कों त्रास उपजन लागे,
सपुट खुलन लागे, कुटज-कलीन के।
नाँच बरहीन के, अदीन स्वर झिल्लिन के,
दीन भए बदन मलीन बिरहीन के॥ ८०॥

*

कूकै लगी कोयलैं कदंबन पै बैठि फेरि,
धोए-धोए पात हिलि-हिलि सरसै लगे।
बोलै लगे दादुर, मयूर लगे नाँचै फेरि,
देखिकै संयोगी जन हिय हरषै लगे॥

हरी भई भूमि, सीरी पवन चलन लागी,
लखि 'हरिचंद' फेरि प्रान तरसै लगे।
फेरि झूमि-झूमि बरषा की रितु आई घेरि,
बादर निगोरे झुकि-झुकि बरसै लगे॥ ८१॥

*

मद मयी कोयल, मगन ह्वै करत कूकै,
जल मयी मही, पग परते न मग में।
बिज्जु नाँचै घन में, बिरह हिय बीच नाँचै,
मीचु नाँचै ब्रज में, मयूर नाँचै नग में॥
'श्रीपति सुकवि' कहै साबन में आवन—
पथिक लागे, आनंद भयौ है अँग-अँग में।
देह छायौ मदन, अछेह तम छिति छायौ,
मेह छायौ गगन, सनेह छायौ जग में॥ ८२॥

*

घेरि घटा घन कारी चहूँ दिसि, सोर कठोर रहे कर दादुर।
बंदि छटा छबि छाई हरी-भरी, भुम्मि लतानन की बिछी चादर॥
आदर सों रहे कूक सिखी, निसि कारी अँध्यारी करै हिय कादर।
ताल-तमालन जाल विसाल, रसालन पै उनए घने बादर॥ ८३॥

उमड़ि-उमड़ि घुमड़त आए घने घोर,
देत हैं निरादर नगारन की धूम कों।
कहत 'किसोर' चारों ओरन तें जोरावरी,
जोरै देत जुर बिजुरीन बारी घूम कों॥
झाँझ कर झंझा तैसी झुकि-झुकि झोरै देत,
झालरैं तमालन की झाप-झाप झूमि कों।
जलज कों जोरै देत, जलद कों फोरै देत,
जलन कों टोरै देत, बोरै देते भूमि कों॥ ८४॥

*

हरित-हरित हर लेत मन बेली बन,
सघन घटान घन घिरि घहराने हैं।
बोलें चहुँ ओर कीर-कोकिल, पपीहा-मोर,
कुंज-कुंज गुंजैं अलि-पुंज मनमाने हैं॥

अंकुर बिछाय हित कीन्हीं मरकत मनि,
तामैं इंद्र-बधू जाल लाल सब जाने हैं।
दिसि-दिसि देखि दुति चाह मनभावन की,
सावन की सब्जी में सब जी भुलाने हैं॥ ८५॥

*

धावन धुँरारे धुरवान की निहारो पिय,
चातक-मयूर-पिक आनँद मगन भौ।
'श्रीपति' हो सावन सोहावन के आवन में,
बिरह सुभट तें बियोगिनी कौ रन भौ॥
जल मयी धरनि, तिमिर मयी देह दीह,
घन मयी गगन, तड़ित मयी घन भौ।
छवि मयी बन भौ, बिलास मयी तन भौ,
सनेह मयी जन भौ, मदन मयी मन भौ॥ ८६॥

*

केकी की कूक, पिकी की पुकार, चहूँ दिसि दादुर दुंदि मचायौ।
भूमि हरी, चमकै चपला, अरु स्याम घटा जुरि अंबर छायौ॥
ऐसे में आवन होइ 'लछू' अबला लखि लाल संदेस पठायौ।
बावन कौ पगु भौ विरहा, सो अहो मनभावन सावन आयौ॥ ८७॥

*

घहरात घमंड केकी-बलकै, लहरात सुहात बने बन ये।
उलहे महि अंकुर मंजु हरे, बगरे तहाँ इंद्र-बधू गन ये॥
अस जानि 'किसोर' समै रस में, कस हौं इनमें नमई मन ये।
चित चैन चये, नभ आनि छये, अबै देखु नये उनए घन ये॥ ८८॥

*

दुख दूर भयौ अरी ग्रीषम कौ, करिवे पिक-चातक गान लगे।
चपला चमकै लगी चारों दिसा, निसि में जुगनू दरसान लगे॥
'गिरिधारन' पावस आवत ही, बक-वृंद अकास उड़ान लगे।
धुरवा सब ओर दिखान लगे, मुरवान के सोर सुनान लगे॥८९॥

*

धूम से धुँधारे, कहूँ काजर से कारे, ये—
निपट किकारदे, मोहिं लागत सघन के।
'श्रीपति' सुहावन, सलिल बरसावन,
सरीर में लगावन, बियोगिन तियन के॥

दरजि-दरजि हिय, लरजि-लरजि करि,
अरजि-अरजि पाय पकरे मदन के।
बरजि-बरजि अति, तरजि-तरजि मोपै,
गरजि-गरजि उठैं बादर गगन के॥ ९०॥

*

झिल्ली गन की झनकार बढ़ी, मदमाते मयूर महा धुनि टेरत।
देत दोहाई मनोज बहादुर, दादुर दुंदि दिसान दरेरत॥
ऐसे में कैसी भई है 'नरायन', नैक इतै न चितै हँसि हेरत।
बिज्जु-छटा उछटै री पटा सम, देखि अटा तें घटा घन घेरत॥ ९१॥

*

चहुँ ओरन ज्योति जगावै 'किसोर', जगी प्रभा जीवन-जूटी परै।
तेहिं तें झरि मानों अंगार अनी, अवनी घनी इंदु-बधूटी परै॥
चहुँ नाँचै नटी सी, जराव जटी सी, प्रभा सों पटी सी, न खूटी परै।
अरी एरी हटापटी बिज्जु छटा, छटी छूटी घटान तें टूटी परै॥ ९२॥

*

छिन ही छिन दौर दुरै दरसै, छवि-पुंज 'किसोर' जमासे करै।
अति दीन बिना पिय जानि जिए, बिरहीन हिए बरमासे करै॥
अरु देखी भई कबहूँ थिर ह्वै, घन कों हरि की उपमा से करै।
चहुँघातें महा तरपै बिजुरी, तम-तोम में आजु तमासे करै॥ ९३॥

*

## वर्षा-विलास

सीरी-सीरी बही, चहुँ ओर तें बयारि बड़ी,
घटन बगारि बड़ौ आसरौ सौ दै रह्यौ।
याही हेतु छोड़िकै नदीन-नद एते दिन,
तेरी आस गहैं, तेरी ओर तकतौ रह्यौ॥
नीरद! तू आपुनौ विचारि देखु नाम 'संभु'
कहा ऐसे औसर में ऐसौ हठ लै रह्यौ।
गरजि-गरजि हुलसायौ हियौ चातक कौ,
बुंदन के समय में निमुंद मुख कै रह्यौ॥ ९४॥

*

मेचक कबच साजि, बाहन बयारि बाजि,
गाढ़े दल गाज रहे दीरघ बदन के।

‘भूषन’ भनत समसेर सोई दामिनी है,
हेतु नर कामिनी के मान के कदन के॥
पैदर बलाका, धुरबान के पताका गहैं,
घेरियत चहुँ ओर सूने ही सदन के।
न करु निरादर, पिया सों मिलि सादर,
ए आए बीर बादर, बहादर मदन के॥ ९५॥

*

कैसै चित चौरै, गुन पवन झकोरै, मोर—
अति बरजोरै, सोरै सुखमा बदन के।
‘द्विज बलदेव’ वारि बानिक बसन बेस,
बीजुरी लै धाये हैं, बिरादर मदन के॥
तू ही जस लीजै, दरसाय नैक दीजै,
अधरामृत कों पीजै, मोद दाड़िम-रदन के।
प्रानप्रिय आवन, अनंद अति छावन, ये—
आयौ बीर सावन, सोहावन सदन के॥ ९६॥

*

‘कवि बेनी’ नई उनई है घटा, मुरवा बन बोलत कूकन री।
छहर बिजुरी छिति मंडल छवै, लहरै मन मन भभूकन री॥
पहिरो चुनरी चूनिकै दुलही, संग लाल के झूलिऐ झूकन री।
रितु पावस योंही बितावती हो, मरि हौ फिरि बाबरी हूकन री॥ ९७॥

*

साजै सोर, बादर समाजै जोर चहूँ ओर,
बाजै रितुराज के बधाई के तुतुरवा।
तैसी मन तीर सी बयार बहै सीरी-सीरी,
मंद-मंद बोलैं मदमाते बन मुरवा॥
गवन की तुम्हैं परी, आजु इहिं समै हरी,
हरी-हरी भूमि भई दूब के अँकुरवा।
बूँदै बरसावन, पिया के परसावन,
सनेह सरसावन, ये साँवन के धुरवा॥ ९८॥

*

लाग्यौ ये सावन, सनेह सरसावन,
सलिल बरसावन, पटाधर टटान कों।
गोरी गाम-गामन, लगी हैं गीत गावन,
हिंडोरौ झूम लावन, उठान छवै अटान कों॥

भनत 'कविंद' बिरही जनन सतावन सो,
देखो चमकावन री, बिज्जुल छटान को।
प्यारे परौं पाँयन, न लीजै नाम जावन कौ,
देखो आजु आवन सुहावन घटान कों॥ ९९॥

*

आई रितु पावस, असाढ़ धराधर बाढ़ि,
ललित कदंबन लतान ललिताई है।
कहत 'किसोर' जोर दाहन दरप जैसी,
तैसिऐ तड़प तड़िता की अति छाई है॥
छोड़ै को न मान, रति सों बगोड़ै को न आली,
उनई घटा की छिति छबि अति छाई है।
मेघन की झुकन, झकोरन प्रभंजन की,
झिल्लिन की झनक, झलान की अवाई है॥ १००॥

*

आवते गाढ़ असाढ़ के बादर, मो तन में अति आगि लगावते।
गावते चाव चढ़े पपिहा, जिन मोसों अनंग सों बैर बँधावते॥
धावते बारि भरे बदरा, 'कवि श्रीपति जू' हियरा डरपावते।
पावते मोहिं ना जीवते प्रीतम, जो नहिं पावस में घर आवते॥ १०१॥

*

प्यासे पपीहन के कुल पै, जल-जाँचना त्रास भरी करवावत।
वारि के भार नये उनए, झुकि-झूमि छटा अलबेली दिखावत॥
बोरि सुधा जल-सों बसुधा-तल, स्त्रौन मनोहर घोर सुनावत।
प्यारी अहो, किमि बादल ए, गति मंद महादल बाँधि कैं धावत॥ १०२॥

*

नाँचत कलापी जूह संग लै कलापिनि कौ,
झिल्लिन की भीर झनकार कै जमक रही।
दादुर करत सोर, घोर चहुँ ओरन तें,
देख बक-पाँति बिरहीन कों धमक रही॥
'द्विज कहै' ए री! कैसौ समय सुहावन है,
मोहन सों मिलि, लखि लतिका लमकि रही।
छाइ-छाइ मेघ रहे चावन सों व्योम माँहि,
धाइ-धाइ चहुँ ओर चपला चमकि रही॥ १०३॥

*

बादर रेख उठी नभ में, पुनि फैलि गयी अति आतुरताई।
स्याम तमाल तें भूमि भई, तम पुंज छये तिहि औसर आई॥
घोर घटा घन धार लगी, अँधियार भयौ, बिजुरी अरराई।
लाय हिए हरि कों 'नँदराम', डराय उठी अबला छितिराई॥१०४॥

*

भूली किधौं ह्याँ की, पीर बाढ़ी है उहाँ की,
भरै नैन झरना की, सुधि आऐं उर वाकी है।
चंचला चलाकी, करै नट की कला की,
तैसी दौर बदरा की, औ धुकार धुरवा की है॥
है न कछु बाकी औधि, आसरौ निसा की,
तामें आई परै डाकी, ये झकोर पुरवा की है।
टेर पपिहा की करै, सेल समता की डरै,
करै उर झाँकी, ये पुकार मुरवा की है॥१०५॥

*

झूमि रहे घन घूम घने, तलि बोरत भूमि मनों चहुँघा घिरि।
है अफसोस न, रोस न वासै, विन हौस लता रही रूखन सों भिरि॥
'बेनी' पपीहन-मोरन हू, हहरानन दुंदि करैं बहतै फिरि।
ज्यों डरपै, तड़पै बिजुरी, परै काहू बियोगिनि पै न कहूँ गिरि॥१०६॥

*

छाय रह्यौ तम कारी घटान यों, आपनौ हाथ पसारि लखै को।
अंग रचे मृग के मद सों, मनि-मरकत भूषन साजि अँकै को॥
नील निचोलन की छबि छाजति त्यों भ्रमरावली सोम गछै को।
सावन की निसि साहस कै, निकसी मनभावन के मिलिवे कों॥१०७॥

*

तीर है न बीर कोऊ, करै न समीर धीर,
बाढ़ौ स्रम नीर, मेरौ रह्यौ न उपाउ रे।
पंखा है न पास, एक आस तेरे आवन की,
साबन की रैनि मोहिं मरत जियाउ रे॥
'संगम' मैं खोलि राखी खिरकी तिहारे हेत,
होत हौं अचेत, मेरी तपनि बुझाउ रे।
जानु जानि मानो कौन, कीजिऐ उताल गौन,
पौन मीत मेरे भौन, मंद-मंद आउ रे॥१०८॥

*

नई नोखी भई हौ कहा तुम ही, उमही रहती मति दीन्ही दई।
दई कान्ह की बारी न लेति भटू, तुम्हैं ये बतियाँ कहो को सिखई॥
खई में न बड़ौ भयौ कोऊ कहूँ, छिनहीं अति ही रिसि पूरि गयी।
गयी भार में नाँहीं, न नाँहीं करो, लखो कैसी घनेरी घटा उनई॥१०९॥

*

अंबुज तटान, फैनि फूटत फटान जैसे,
धावत नटान, छबि छाई हैं छटान की।
चातक रटान, नदी-नद उपटान, जल—
जंगल बटान, महा मारुत कटान की॥
भीजत पटान, बुंद चुवत लटान 'पूषी',
तन लपटान, मानों मदन घटान की।
पीव के तटान, ओढ़ै कुसुंभी पटान, अरु—
ठाढ़ी है अटान, लेत लहरैं घटान की॥११०॥

*

काहे कों रूसत पावस में, इन बातन तोहिं न कोऊ सराहै।
पौन लगै लहराती लता, तरु-कुंज कदंब में केकी कराहै॥
बोल सुहावने चातक के लगैं, इंद्र-बधू गन धाई धरा है।
बोलि पठाइ उतै उनकों, उनए नये देखि नये बदरा हैं॥१११॥

*

## वर्षा-संयोग

घन घिरि आयौ, बन सघन तिमिर छायौ,
रैन कों डरेंगे लेखि देखि यों दृगन तें।
नंद जू कहत वृषभान-नंदिनी सों,
नंदनंदनहिं घरै जाहु लै कै बेगि बन तें॥
गुरु के बचन पाय, प्रेम की रचन भरे,
चले कुंज तीर तरु देखिकै बिपिन तें।
यमुना के कूल में, रहसि रस केलि मयी,
ऐसे राधा-माधौ बाधा हरहु मेरे मन तें॥११२॥

*

घने घन घेरि-घेरि, उमड़ि-घुमड़ि आए,
ऐसौ तम छायौ, मानों भूमि परसत है।
चपला चमकि चहूँ ओर चारु चौरै चित्त,
तामें बक-पाँतिन के पुंज दरसत है॥

इतै झरि लागी, उतै अनुरागी भए दोऊ,
कैसे हाव-भावन में मैन सरसत है।
'सूरज सुकवि' आजु लखे पिय-प्यारी संग,
लाल बंगला में लाल रंग बरसत है॥११३॥

*

झूमि-झूमि आये घूमि घने घनस्याम आली,
कूकै काकपाली काम पाली बरसात है।
ऐसे समय कुंज-भौन कीरत-किसोरी तौन,
सखिन समूह साथ सुख सरसात है॥
कहा कहौं तोहिं, ताहि देखि आई तैसे भटू,
कौतुक विलोकि 'हठी' हिय हरषात है।
यमुना के तीर, बहै सीतल समीर तहाँ,
बीर बलबीर जू कौ बलि-बलि जात है॥११४॥

*

राधा औ माधौ खड़े दोउ भीजत, वा झरि में झपकै बन माँहीं।
'बेनी' गये जुरि बातन में, सिर पातन के छतना, गल वाँहीं॥
पामरी प्यारी उढ़ावत, प्यार कों, प्यारौ पितंबर की करै छाँहीं।
आपुस में लहा छेह में छोह में, काहू कों भीजिवे की सुधि नाँहीं॥११५॥

*

कंचन-अटा पै बैठी जोवत घटा है प्यारी,
बिज्जु की छटा सी सखी सेवत सिहाती हैं।
लीन्हें कर बीनैं एके गावती प्रवीनैं 'हठी',
राग-रागनीन के प्रमान दिखराती हैं॥
राधा-मुख-चंद की मरीचै ब्रजचंद ए,
उमंड कै प्रचंड ह्वै कै ऐसी सरसाती हैं।
मंड खंड मंडल कों, दाबि के अखंडल कों,
फोर चंद-मंडल कों, छोर कढ़ि जाती हैं॥११६॥

*

छोटे-छोटे कैसे तृन अंकुरित भूमि नए,
जहाँ-तहाँ फैली इंद्र-बधू बसुधान में।
लहकि-लहकि सीरी डोलति बयारि, और—
बोलत मयूर माते ललित लतान में॥
धुरवा धुकारैं, पिक-दादुर पुकारै,
बक बाँधिकै कतारे, उड़ें कारे बदरान में।

अंस भुज डारै, खड़े सरयू किनारै,
'प्रेमसखी' वारि डारै, देखि पावस बितान में॥ ११७॥

*

प्यारे ही के काज प्यारी हित काज सारै दुहुँ—
दुहुँन सिंगारै, तन नीके चंद मट सों।
यमुना के नीर तीर हँसि-हसि बातैं करें,
मन अटकायौ कल कोकिला की रट सों॥
एते 'रघुराई' घन-घटा घहराय आई,
बरसन लाग्यो नैन्हीं बूंदन के ठट सों।
जौलों प्यारौ प्यारी कों उढ़ायौ चहे पीत पट,
तौलौं प्यारी प्यारौ ढाँप लीन्हों नील पट सों॥ ११८॥

*

लेहु जू गेह कौ जैवौ कहा, इत आयौ है नेह सों मेह उनैहै।
हौं न तौ इत रेहौं कहाँ, पिय भीजत बूँदन कौन छपैहै॥
'शेखर' ऐसी कहो न तिया, छपिऐ छतियाँ में भलौ रंग रैहै।
रंग तिहारौ रहैगौ लला, पै हमारी तौ चूनरी कौ रंग जैहै॥ ११९॥

रस रंग भरे, दोऊ उज्जल अटा पै खड़े,
हरैं-हरैं हेरत सुहेत हिए पटि उठै।
दमकि-दमकि जात दामिनी चहूँघा चाह,
चमकि-चमकि चूनरी में अंग ठटि उठै॥
कहै 'ऋषिनाथ' मोर-दादुर करत सोर,
जोह-जोह जमकि पपीहा पीउ रटि उठै।
घुमड़ि-घुमड़ि घन घिरि-घिरि आवै मोद,
उमड़ि-उमड़ि दोऊ छतियाँ छपटि उठै॥ १२०॥

*

सावन के मास, मनभावन के संग प्यारी,
अटा पर ठाढ़ी भई घटा अँधियारी में।
दामिनी के धोखैं चकचौंधे द्दग 'कविनाथ',
छबिन सों मुरि, दुरै पिय अंकवारी में॥
कोटि रति वारौं, ऐसी राधा जू के रूप पर,
रंभा रंक कहा, संक सची कें निहारी मैं।

पागि रही रस, जागि रही जोति लाजनि में,
नेह भीजौ वेह, मेह भीजौ स्वेत सारी में॥ १२१॥
*

बादर पटान कारे सटित सटान जनु,
धावत नटानन ज्यों बिज्जु–सटकान की।
अंबर झुमटान, ज्यों लपटत भुजटान देय,
विजय–निसान बुंद उदित कटान की॥
भनै 'जगेश्वर' रितु पावस भट जानि यों,
चाटक रटान कूक कोयल हटान की।
नद के तटान, औढ़ै कुसुंभी पटान ठाड़ी,
देखत अटान चढ़ी, लहरैं घटान की॥१२२॥
*

भादों की भारी अँध्यारी निसा, झुकि बादर मंद फुही बरसावै।
लाड़िली आपनी ऊँची अटा पै, चढ़ी रस–रीति मलारहिं गावै॥
ता समय मोहन के द्दग दूरि तें, आतुर रूप की भीख यों पावै।
पौन मया करि घूँघट टारै, दया करि दामिनी दीप दिखावै॥१२३॥
*

आए असाढ़ घटा लखि कै, चपला चमकै घन बीच समैहैं।
एक ही बार बड़े–बड़े बुंद, परै छिति पै छहरान मचैहैं॥
भीजत देखि उढ़ाय कै कामरि, लाय गरे हरि मोहिं बचहैं।
ह्वैहैं अनंद सबै ब्रज में, जब गोकुलचंद जू गोकुल ऐहैं॥१२४॥
*

झर है, झहरान झकोरन है, दुरहै कहि दादुर दूंदन कों।
बरही करही मिलि सोर महा, भय नैक न दामिनि कूंदन कों॥
ब्रजराज बिचारत भीजैगी राधिका, कुंजन कौनन मूँदन कों।
अपने कर तानत कामरी कान्ह, जितै भर जानत बूँदन कों॥१२५॥
*

ऐसी झरी बूँदन में दूँदन उठायौ काम,
मूँदै मुख प्यारी बनी गूँदै न बहरि कै।
कहै 'कवि सिवनाथ' झिल्ली गन गाजत है,
सावन में बहै रस लहरी छहरि कै॥
ऊन री सु कंज, दुति दूनरी द्दगन बाढ़ी,
हून री कहति खौर दैन री गहरि कै।
ऊनरी घटा में गोरी तू न री अटा पै बैठ,
खून री करैगी, लाल चूनरी पहरि कै॥१२६॥
*

गरजै घन, दौरि रहे लपिटाय, भुजा भरि कै सुख पागी रहै।
'हरिचंद जू' भीजि रहे हिय में, मिलि पौन चलै मद जागी रहै॥
नभ दामिनि के दमकै सतराइ, छिपी पिय-अग सुहागी रहै।
बड़ भागिनि ओई अहै बरसात में, जे पिय-कंठ सों लागी रहै॥१२७॥

*

ये सावन सोक नसावन है, मनभावन यामैं न लाजै भरो।
यमुना पै चलौ सु सबै मिलि कै, अरु गाय-बजाय कें सोक हरौ॥
इमि भाषत है 'हरिचंद' पिया, अहो लाड़िली! देर न यामें करो।
बलि झूलो-झुलाओ, झुको-उझको, ये पाखै पतिव्रत ताखै धरो॥ १२८॥

*

झर लाग्यौ झरी, उघरै न घरी, नदियाँ उमँगी जल-धारन सों।
यह भूमि हरी, मन लेत हरी, धुरवा धुकि जात बयारन सों॥
लखि बादर, दादुर सोर करें, मिलि कूंकत मोर बलारन सों।
हँसि दोऊ मिले गर-बाँह गरे, झुकि झूमें कदंब की डारन सों॥ १२९॥

*

बहु फूले कदंबन कुंजन में, अरु भावतौ पौन बहै नित में।
बरजै जनि कोऊ मयूरन कों, गरजै घन आपने ही मत में॥
'सिवलाल' भयौ मन भायौ जितौ, अब और करोगी तितौ नित में।
वर साइत में घर आय गये, बड़े भाग भटू बरसाइत में॥१३०॥

*

गरजै चहूँघा घन-घोर, मोर सोर करैं,
लरजै लतान वृंद सोभा सरसाई है।
दामिनी दमाकै, जुरि जुगुनू चमाकै, कहूँ—
कैलिया रमाकै भरी कूकै सुखदाई है॥
मन अनुरागै, प्रीति रीति उर लागै लखि,
इंद्रभटू रागै, बन-बागै छहराई है।
अरज बिहारी पै हमारी 'भुवनेस' एती,
मिलन के जोग बेश पावस रितु आई है॥ १३१ ॥

*

बक बीर बधू जुगुनू सुर चाप, सबै सुख के सरसावन भे।
मुरवा गन, दादुर-चातक-चोर, 'गुलाब' कहै हित जावन भे॥
वर बापि तड़ागन बान नदी, नद-नारन के जल आवन भे।
घर आवत ही मनभावन के, घन सावन के मनभावन भे॥१३२॥

*

कूंजन दै कल कोकिल कूक, पपैयन सोर मचावन दै री।
गावन दै मुरवान अरी, धुरवा नभ मंडल छावन दै री॥
आलिन के गन को बरजै, जिन पावस गीत सुनावन दै री।
अंक में जो मनभावन तौ, घन सावन के बरसावन दै री॥१३३॥

*

काजर से कारे, घन साजिकै सिधारे अब,
देत ये नगारे बरवारे जल धारे हैं।
आनँद मचारे, 'बलदेव' हितकारे,
उमँगात नद-नारे, ह्वै किनारे समथारे हैं॥
मदन प्रचारे, सुनि झिल्ली झनकारे,
दिन आप हू गारे, नभ तारे ना निहारे हैं।
चोर पटवारे, नख अग्र गिरिधारे,
वनमाल उर डारे, वे हमारे रखवारे हैं॥१३४॥

*

कालिंदी कूल कदंब की डारन, कूजत केकिन के गन ऐखैं।
तुंग तरंगित त्यों जमुना तहँ, ता महँ सोर करैं बहु भेखें॥
मंदहि मंद सु गाजत हैं घन, राजत बूँद महीन अलेखैं।
'बल्लभ' राधिका-स्याम तहाँ, सुभ स्याम घटान अटा चढ़ि देखैं॥१३५॥

*

घहरारी घने घन घोर घटा, कर सोर उठे बहु मोर अटा।
घन स्यामै मिली तिय ताही समै, चली दामिनी सी फहरै दुपटा॥
वाके नैन घने-घने घालै कटाच्छ, भनै 'भुवनेस' सु कौन छटा।
जनु विस्व फतै करिवे के हितैं, फरकावै मनोभव भूप पटा॥१३६॥

*

रितु आई सोहाई नई बरषा, बढ़ौ मोद मयूरन के हिय कौ।
हरियाई चहुँ दिसि फैलि रही, अनुराग बढ़ावत है जिय कौ॥
चढ़ि ऊँचे अटान बिलोकै घटा, कर कंज सों हाथ गहैं पिय कौ।
लखि कंज-कलीन तड़ागन में, मुख मंजु मलीन भयौ तिय कौ॥१३७॥

*

## वर्षा-झूलन

होय रही हरी-हरी ब्रज की सकल भूमि,
फूलन के भार झूमि रही द्रुम-डारी हैं।
लहरैं कलिंद-नंदिनी की नीकी लसैं, नभ—
उमड़ि-घुमड़ि रहीं घटा धुरवारी हैं॥

प्यारी मनमोहन जू झूलत हिंडोरे जहाँ,
सुरभि समीर धीर चलैं सुखकारी हैं।
प्रेम बस भीजत फिरत फेर बरषा में,
बन में बिहार करैं राधिका-बिहारी हैं ॥१३८॥

*

हरी-हरी भूमि में हरित तरु झूमि रहे,
हरी-हरी बल्ली बनीं विविध विधान की।
कहै 'रतनाकर' त्यों हरित हिंडोरा पर्‌यौ,
तापै परी आभा हरी हरित बितान की ॥
ह्वै है हिय हरित, हरैं ही चलि हेरो हरि,
तीज-हरियाली की प्रभाली सुभ सान की।
एती हरियाली में निराली छबि छाइ रही,
बसन मुलाली साजै लाली वृषभान की ॥१३९॥

*

तीज नीके रोज, सब सजनी गयी री उहाँ,
झूलन हिंडोरे ब्रजबाला बीर वर-वर।
'तोष निधि' तोलौं उठि धुरवा धरा लौं घूमि,
धाराधरा धरनि बरसि परौ धर-धर॥
मोहिं तौ कन्हाई करि कामरी बचाय लीनीं,
और सब भीजीं, तिन तन होय थर-थर।
ऐसौ बदनाम यहि गाँउ भौ गरीबिनी कौ,
देखि सूखी चूनरी चवाउ फैलौ घर-घर॥१४०॥

*

तीर पर तरनि-तनूजा के तमाल तरैं,
तीज की तयारी तकि आई तकियान में।
कहै 'पदमाकर' सो उमँग उमँगि उठी,
मेहँदी सुरंग की तरंग नखियान में॥
प्रेम-रंग-बोरी गोरी नवल किसोरी तहाँ,
झूलत हिंडोरे यों सुहाई सखियान में।
काम झूलै उर में, उरोजन में दाम झूलै,
स्याम झूलै प्यारी की अन्यारी अँखियान में॥१४१॥

*

सावन की तीजै, पिया भीजै वारि-बुंदन सों,
अंग-अंग ओढ़नी सुरंग रंग बोरे की।

गावत मलारैं, धुरवान की धुकारैं कहूँ,
झिल्ली झनकारैं, झन करत झकोरे री॥
करत बिहार दोऊ अति ही उदार भरे,
'बीर' कहै मंद सोभा पौन के झकोरे की।
झमक झरी की, त्यों चमक चारु चपला की,
घमक घटा की, तापै रमक हिंडोरे की॥ १४२॥

*

सुचि सावनी तीज, सुहावनी बिज्जु, घने घन हू घहरान लगे।
बन कै बन 'गोविंद' चातक-मोर, मलारन के सुरबान लगे॥
दुवौ झूलैं, झुकैं, झमकैं, रमकैं, हियरा अतिसै उमँगान लगे।
पट प्रेम पगे फहरान लगे, नभ के मुकता थहरान लगे॥ १४३॥

*

दोऊ मखतूल झूल, झूलैं मखतूल-झूला,
लेत सुख-मूल, रहै 'तोष' भरि बरसात।
छूटि-छूटि अलकैं कपोलन पै छहरात,
फहराल अंचल, उरोज ह्वै उघर जात॥
रहो-रहो, नाहीं-नाहीं, अब ना भुलाओ लाल,
बवा की सौं, मेरी ये जुगल जानु थहरात।
ज्यों ही ज्यों मचत लचकत लचकीलौ लंक,
संकन मयंकमुखी अंकन लपटि जात॥ १४४॥

*

बरसै सघन घन, सावन सुहाई बूँदैं,
कुंज में पवन चलै लहर झकोरे में।
कुहकैं पपीहा-मोर, दादुर करत सोर,
गुंजत भँवर, बिज्जु नँचत सु जोरे में॥
'आनँद' कहत सखी चहुँघा चँवर ढारैं,
हाथन ललाई मानों लाल रंग बोरे में।
लहकि ढरकि जाँय अलकैं कपोलन पै,
लचकि-लचकि झूलैं मचकि हिडोरे में॥ १४५॥

*

रहसि-रहसि, हँसि-हँसि कै हिंडोरे चढ़ी,
लेत खरी पैगैं छवि छाजै उकसन में।
उड़त दुकूल, उघरत भुज-मूल, बढ़ी—
सुखमा अतूल, केस-फूलन खसन में॥

ओझल ह्वै देखि-देखि भए अनिमेष स्याम,
रीझत बिसूरि स्त्रम-सीकर लसन में।
ज्यों-ज्यों लचि-लचि लंक लचकत भाँवती कौ,
त्यों-त्यों पिय प्यारौ गहै आँगुरी दसन में॥ १४६ ॥
*

झूलत प्रेम सों हेम की डार सी, बार सी पातरी है कटि खीनी।
दै मचकी लचकावत अंगन, रंग मचावत नारि नवीनी॥
पीय झुलाय दियौ है अचानक, प्यारी महाछबि सों भय भीनी।
लाल हिंडोरन गोद भरी तिय, मोद भरी अँखियाँ भरि लीनी॥ १४७॥
*

झूलत हिंडोरे दुहूँ बोरे रस रंग, जिन्हैं—
जोहत अनंग-रति-सोभा कटि-कटि जात।
मंजु मचकी सों उचकत कुच-कोरन पै,
ललकि लुभाइ रसिया की डीठि डटि जात॥
देखत बनै ही, कछु कहत बनै न नैंक,
बाल अलबेली जब लाज सों सिमटि जात।
हट जात घूँघट, लटक लाँबी लट जात,
फट जात कंचुकी, लचकि लौनी कटि जात॥ १४८ ॥
*

फुहू-फुहू बुंद झरैं 'बीर' वारि-वाहन तें,
कुहू-कुहू धुनि होत, कीर-कोकिलान की।
ताही समै स्यामा-स्याम झूलत हिंडोरे बैठ,
वारों छबि कोटिन मैं रति-पंचबान की॥
कुंडल-लटक सोहै, भृकुटी-मटक जोहै,
अटक चटक पट पीत फहरान की।
झूलन समै की सुधि भूलत न, हूलत री,
उझकन, झुकन, झकोरन भुजान की॥ १४९ ॥
*

कूकन मयूरन की, धुरवा के धूकन की,
झूकन समीरन की, खसन प्रसून की।
दमकन दामिनी की, भामिनी की रमकन,
झमकन नेह की, करोर रति हू न की॥
'नाथ' की सौं मानन की, झोंकै चढ़ि जानन की,
हँसि-हँसि, झुकि-झुकि, तानन दुहूँन की।

उड़न दुकूलन की, छबि भुज-मूलन की,
काम मन-हूलन की, झूलन दुहूँन की ॥ १५० ॥
*

झूलत दंपति नेह रँगे, रस-पुंज निकुंजन हौं बलिहारी।
रंग भरे पिय दीन्हीं सखी, कल झूल भकोरिकै रंचक भारी॥
ढीली भई मोतियान की डोर, सुकोर ह्वै हेरयौ लला-तन प्यारी।
आली री, लाज भरी बिच घूँघट, कैसी लसी अँखियाँ अनियारी॥ १५१ ॥
*

चहुँ दिसि छाई हरियाई सुखदाई जहाँ,
सोहत सुहाई तापै फबनि फुहीन की।
कहै 'रतनाकर' ब्रजंगना उमंग भरीं,
झूलत हिंडोरे झोरैं सुखमा सुरीन की॥
भाषै चित-चाव कौन, भौन-सुख-भोगिनि कौ,
डहकि डगाए देत मनसा मुनीन की।
ऊरुन की हचक, सु उचक उरोजन की,
लंक की लचक, औ मचक मचकीन की ॥ १५२ ॥
*

घाँघरे की घुमड़ि, उमड़ि चारु चूनरी की,
पाँयन मलूक मखमल बरजोरे की।
भृकुटी बिकट, छूटी अलकैं कपोलन पै,
बड़ी-बड़ी आँखिन में छबि लाल डोरे की॥
तरवन तरल जड़ाऊ जरबीले जोर,
वेद-कन ललित बलित मुख मोरे की।
भूलत न भामिनी की गावन गुमान भरी,
सावन में 'श्रीपति' मँचावन हिंडोरे की ॥ १५३ ॥
*

राग भरी भीजी सी हिंडोरे झूलै सूहे पट,
प्यारी मुख-चंद पै चकोर झगरत हैं।
'भूधर सुकवि' बीर कंठ माँहिं मनि-माल,
बाजूबंद किंकिनी-कनक नग रत हैं॥
गहै कर डोरी-जोति जोति जीति लालन सों,
सौरभ मगन भौंर-जाल डगरत हैं।
कहूँ फूले फूल, कहूँ उड़त दुकूल, कहूँ—
उर उघरत, कहूँ बार बगरत हैं ॥ १५४ ॥
*

घेरि घटान तें आयौ उनै, धुरवान की डोरन लागी कगारन।
मोरन के गन सोर करैं, चहुँ ओर तें चातक लागे चिकारन॥
ऐसे समै छवि देखिवे कों 'द्विज', तू हू चलैकिन दौरि अगारन।
झूलत हेम-हिंडोरन में, दोऊ कालिंदी-कूल कदंब की डारन॥ १५५॥

जाके मुख चंद सोहैं लागत है मंद चंद,
कुंदन तें सुंदर सलौनौ जासु गात है।
औरै छवि छाय रही अंगन में अंगना के,
अंचल तें उघरि उरोज दरसात है॥
कहै 'हनुमान' प्रेम पूरन उघरि परयौ,
छपत न कैसै हू छपाएं सरसात है।
ज्यों-ज्यों मचकीन कों मचाय बाल झूलत है,
त्यों-त्यों खरौ भूमै लाल लफि-लफि जात है॥ १५६॥

*

अबली अलीन की अनोखी नवला लै संग,
चोखी रति हू तें राजै आनँद अथोरे पै।
साजै बिन दूषन के भूषन कों अंगन में,
और ही अनूप आब आई मुख गोरे पै॥
कहै 'हनुमान' घरहाई के सँकोचन तें,
हेरत न लालै भई सोचन करोरे पै।
हूलै हिये सौति के अतूलै छवि धारि, झूलै—
मन सों पिया की गोद, तन सों हिंडोरे पै॥१५७॥

*

पकरै उरोजन कों सकुच नवाय ग्रीव,
नाँहीं-नाँहीं कहि-कहि बातैं अरती हैं जे।
हरी-हरी डारन में परे जहाँ डोरा, तिन्हैं—
देखि झूलिवे कों, अनखाय लरती हैं जे॥
कहै 'हनुमान' तेई धन्य सुंदरीन माँहिं,
पहरि लाल सारी हिऐं मोद भरती हैं जे।
सावन की हेरि घटा बैठी रंग-रावटी में,
भावन की गोद में कलोल करती हैं जे॥१५८॥

*

आई सोहाई नई बरषा रितु, रीझि हमारी कही पिय कीजिऐ।
जैसे ही रंग लसै चुनरी पिय, तैसी ही पाग तुहूँ रँग लीजिऐ॥
झूला पै झूलहिं एक ही संग, 'मुबारक' एतौ कह्यौ पुनि कीजिऐ।
जैसे लसै घनस्याम सों दामिनि, तैसै तुम्हारे हिऐं लगि भीजिऐ॥ १५९॥

*

यमुना के तीर, भीर भई है हिंडोरन पै,
दूर ही तें गहगही गति दरसत है।
गान-धुनि मंद-मंद आवत है कानन में,
बीच-बीच बंसी-धुनि प्रान परसत है॥
देखि कारे द्रुमन-लतान माँझ दामिनी सी,
पट फहरात पीत, सोभा सरसत है।
हा-हा, चलि नागर पै, हिय तरसत आली,
आजु वा कदंब तरे रंग बरसत है॥१६०॥

*

हेरि कै बहार बरषा की बलि बार-बार,
आई बन-बाग बीच मदन मरोरे पै।
आस-पास गावैं मंजु घोष सी सहेली सबै,
मंजुल मलार मन मोहै बरजोरे पै॥
कहै 'हनुमान' ता समान में सची है कहाँ,
जाके रूप सोहैं, रहै रति हू निहोरे पै।
हीरन जटित चारु, चाँदी कौ तखत डारि,
बैठी बाल झूलत है, हेम के हिंडोरे पै॥१६१॥

*

करत अकास बारि-बाहक विलास तैसे,
बुंद परै बसन, कसुंभी रंग बोरे पै।
छन छबि छटा तैसी, घटा घन घहराय,
हीरन के भूषन त्यों सोहैं तन गोरे पै॥
'गिरिधरदास' लिऐं गिरिधर लाल संग,
झुकत, झपति जात, थोरे हू झकोरे पै।
हूलत है सूल, सुख सौति उनमूलत है,
फूलत है, झूलत है, हेम के हिंडोरे पै॥१६२॥

*

सघन घटान छबि जोति की छटान बीच,
पिक की रटान जोति जींगन जुई परै।

हार हिए हरित, नदीन-नद भरित,
झरीन-झर झरित, सो धरनि धुई परै॥
ऐसे में किसोरी गोरी झूलत हिंडोरे, झुकि-
झूकनि झकोरे फैल फूलन फुही परै।
कीजिऐ दरस नँद-नंद ब्रजचंद प्यारे,
आजु मुख चंद पर चूनरि चुई परै॥१६३॥
*

नाजुक नवेली अलबेली लै सहेली संग,
आई वर बाग बीच अधिक निहोरे पै।
हरी-हरी क्यारिन में डोलै गलबाहीं दिऐं,
बोलै बैन मधुर, सुभाव भाव भोरे पै॥
कहै 'हनुमान' ज्योंही झूलिवे कों कीन्हों मन,
त्योंही सान छाई है सुहाई मुख गोरे पै।
झूलत हमारै, हिए हूलत हैं सौतिन के,
फूलत कसीली बाल बैठी जो हिंडोरे पै॥१६४॥
*

झूलत हिंडोरैं, उठैं छबि की झकोरैं,
मन-माधुरी में बोर, पौन खान मुसक्यान की।
जोरै द्दग-कोरै, हिए सबके मरोरै, मानों—
सोभा चौंर ढोरै, दुति पट-फहरान की॥
जोबन के जोरै, झूला थामत निहोरै हू न,
चोप दुहूँ ओरै, छुवै फुनगि लतान की।
'बेनी' हू हिलोरै, फूल छोरै, हार डोरै, लख—
आली तृन तोर, सुधि भूली गान-तान की॥१६५॥
*

झूलत हिंडोरैं प्रिया-प्रीतम यमुन-तीर,
बोलैं पिक-कीर छबि छाजत लतान की।
बाँधैं पाग पचरंग, ओढ़ैं चूनरी सुरंग,
कंचुकी दुरंग, बैंदी करै दुति भान की॥
ब्रज-बधू गावैं, झुकि-झुकि कै झुलावैं, स्यामा—
स्याम कों रिझावैं, होत बरषा सुगान की।
घोर घन गाजै, बग-पाँति हू बिराजै, ताके—
बीच-बीच बाजै, बंसी सुंदर सुजान की॥१६६॥
*

## वर्षा–विरह

दूर जदुराई, 'सेनापति' सुखदाई देखो,
आई रितु पावस, न पाई प्रेम–पतियाँ।
धीर जलधर की, सुनत धुनि धरकी, है—
दरकी सुहागिल की छोह भरी छतियाँ॥
आई सुधि बर की, हिए में आन खरकी, 'तू—
मेरी प्रानप्यारी'—ये प्रीतम की बतियाँ।
बीती औधि आवन की, लाल मनभावन की,
डग भई बावन की, सावन की रतियाँ॥१६७॥

*

बिन घनस्याम, धाम लागत निकाम, बाम—
आठौं जाम दहत, अतन तन छतियाँ।
केकी–पिक कूकै, हूकै उठैं ये अचूकै अंग,
लूकै देत दादुर, विरह–आग ततियाँ॥
पतियाँ न आई बीर, छतियाँ जरन लागी,
बतियाँ सोहात नाँहीं, भूली गति–मतियाँ।
बीती औधि आवन की, लाल मनभावन की,
डग भई बावन की, सावन की रतियाँ॥१६८॥

*

दामिनी–दमक, सुरचाप की चमक, स्याम—
घटा की झमक, अति घोर घनघोर तें।
कोकिला–कलापी कल कूजत हैं जित–तित,
सीकर तें सीतल समीर की झकोर तें॥
'सेनापति' आवन कह्यौ है मनभावन, सु—
लाग्यौ तरसावन बिरह–जुर जोर तें।
आयौ सखी सावन, मदन सरसावन, ल—
ग्यौ है बरसावन, सलिल चहूँ ओर तें॥१६९॥

*

बैठ अटा पर औधि विसूरत, पाय सँदेस न 'श्रीपति' पी के।
देखत छाती फटै निपटै, उछटै जब बिज्जु–छटा छवि नीके॥
कोकिल कूकै लगै मन लूकै, उठै हिय हूकै वियोगिन ती के।
बारि के वाहक, देह के दाहक, आए बलाहक गाहक जी के॥१७०॥

*

नीके हो निठुर कंत, मन लै पधारे अंत,
मैंन मयमंत, कैसे बासर बराइ हौं।
आसरौ अवधि कौ, सो अवध्यौ बितीत भई,
दिन दिन पीत भई, रही मुरझाइ हौं॥
'सेनापति' प्रानपति साँची हौं कहति, एक—
पाइकै तिहारे पाँय, प्रानन कों पाइ हौं।
इकली डरी हौं, घन देखि कै डरी हौं, खाइ—
बिष की डरी हौं, घनस्याम मरि जाइ हौं॥ १७१ ॥

*

उन एते दिन लाए, सखी अजहूँ न आए,
उनए ते मेह भारी हैं काजर-पहार से।
काम के बसीकरन, डारैं अब सीकरन,
तातै ते समीर जे हैं सीतल तुषार से॥
'सेनापति' स्याम जू कौ बिरह छहरि रह्यौ,
फूल प्रतिकूल तन डारत पजार से।
मोर हरषन लागे, घन बरषन लागे,
बिन बर खन, लागे बरष हजार से॥१७२॥

*

अब आयौ भादौं, मेह बरसै सघन कादौं,
'सेनापति' जादौपति बिना क्यों बिहात है।
रबि गयौ दबि, छबि अंजन तिमिर भयौ,
भेद निसि-दिन कौ न क्योंहू जान्यौ जात है॥
होति चकाचौंधि जोति चपला के चमके तें,
सूझि न परत पीछे मानों अधरात है।
काजर तें कारौ, अँधियारौ भारौ गगन में,
घुमरि-घुमरि घन घोर घहरात है॥१७३॥

*

सारंग-धुनि सुनि पीय की, सुधि आवत अनुहारि।
तजि धीरज, बिरहिनि विकल, सबै रहैं मनु हारि॥
सब रहैं मनुहारि, जे न मानैं जुवती-जन।
ते आपुन तें जाइ, धाइ भेंटति प्रीतम-तन।
मत न मान के चलहिं, देखि जलधर चपला रँग।
'सेनापति' अति मुदित, देखि बासरै निसा रँग॥ १७४ ॥

*

पर–काजहिं देह कों धारै फिरौ, परजन्य जथारथ ह्वै दरसौ।
निधि–नीर सुधा के समान करौ, सब ही बिधि सज्जनता सरसौ॥
'घनआनँद' जीवनदायक हौ, कछु मेरियौ पीर हिएँ परसौ।
कबहूँ वा बिसासी सुजान के आँगन, मो अँसुवानहिं लै बरसौ॥ १७५॥

*

'घनआनँद' जीवन मूल सुजान की, कौंधनि हू न कहूँ दरसैं।
सु न जानिऐ धौं कित छाय रहे, द्दग चातक प्रान तपै तरसैं॥
बिन पावस तो इन्हें ध्यावस हो न, सु क्यों करि ये अब सो परसैं।
बदरा बरसै रितु में घिरि कै, नितही अँखियाँ उघरी बरसैं॥१७६॥

*

सावन आवन हेरि सखी, मनभावन आवन चोप बिसेखी।
छाए कहूँ 'घनआनँद' जान, सम्हारि की ठौर लै भूल न लेखी॥
बूँदें लगै, सब अंग दगै, उलटी गति आपने पापन पेखी।
पौन सों जागत आगिसुनी ही, पै पानी सों लागत आँखिन देखी॥१७७॥

*

कंत बिन भावत सदन ना सजनि! मोपै—
बिरह प्रबल मैनमंत कोप्यौ बाढ़ के।
'श्रीपति' कलोल, बोलै कोकिल अमोलै, खोलै—
गौन गाँठ तोपै गौन राखे आढ़–आढ़ के॥
हहरि–हहरि हिय, कहरि–कहरि करि,
थहरि–थहरि दिन बीते जिय माढ़ के।
लहरि–लहरि बिज्जु, फहरि–फहरि आवै,
घहरि–घहरि उठें बादर असाढ़ के॥१७८॥

*

हरी है सबै सुधि–बुद्धि हरी, तिय सेज परी, तन चेत री है।
नरी है, कहा रति–रूप रती–कन, सौने के साँचे ढरी पुतरी है॥
तरी है मनोज महानद की, 'नृप संकर' सोभित लाल डरी है।
डरी है खरी यह पावस में, सखि सोर सुनैं लखैं भूमि हरी है॥१७९॥

*

तेरेई वे झमकैं लखिकै, जुगुनून की जे तन लूकै लगीं।
वर की सुधि कै दरकी छतियाँ, जब सीरी बयारि की झूकै लगीं॥
भनै 'श्रीपति' आप घटा घहरैं, हहरे हियरा अति ह्वै कै लगीं।
अब कैसे बनाव बनैगौ पिया बिन, पापिनी कोकिल कूकैं लगीं॥१८०॥

*

तेरे डाह दही, बैठ कोठरी के कौने रही,
अजहूँ लौ देहि कौल निकसौ तो कौने सों।
कहै 'मकरंद' कोई पंछी न गहै पंख,
काम सों निहोरौ करि देखौ जौन-तौने सों॥
तो कों मैं जराय जरौं, चोप करि ओप करौं,
चुनि-चुनि चुनी-लाल लाखन के लौने सों।
ए रे ए पपीहा! जैसे पीय-पीय कहै, तैसे—
आव-आव कहै तो, मढ़ावों चोंच सौने सों॥१८१॥

*

झिल्ली झनकारै, पिक-चातकी पुकारैं बन,
मोरन गोहारैं, उठैं जुगुनू चमकि-चमकि।
घोर घन कारे, भारे धुरवा धुँ धारे, धाम—
धूमन मचावैं, नँचै दामिनी दमकि-दमकि॥
झूँकन बयारि बारि लूकन लगावै अंग,
कूकन भभूकन सों और मो खमकि-खमकि।
कैसे रहै प्रान, प्रान-प्यारौ 'जसवंत' बिन,
छोटी-छोटी बुंदन सों बरसै झमकि-झमकि॥१८२॥

*

मरज बढ़ावै महा, दुर्जन फरज बाँधै,
काज न करत कछू कारज सों आनै री।
चरज न जानै, हिय दरज दुरावै हाय,
बरज न सीखै, समय प्रीतम पयानै री॥
भनै 'रघुराज' अबै अरज सुनै ना नैक,
बिरही परज पर जन अनुमानै री।
तरज न जानै, और दरज न जानै नैक,
गरज न जानै, मेघ गरजन जानै री॥१८३॥

*

भादौं में कारी बिकरारी रात ह्वै है प्यारी,
जुगुनू-जमाति जोर-जोर धमकावैगी।
घनन घमंड ह्वै कै, बरषा अखंड ह्वै कै,
पवन प्रचंड दुति दामिनी दवावैगी॥
अरुन बरन ह्वै कै इंद्र-बंधू ठौर-ठौर,
'मल्ल कवि' कहै जोर आपनौ जनावै गी।

पावस समय में जोपै ऐहै नहीं कंत, तौपै—
मदन महीपति की फौजै उठि धावै गी ॥१८४॥

*

धुंधरित धूरि धुरवाँन की सु छाई नभ,
जलधर-धारा धरा परसन लागी री।
'द्विज देव' हरी-भरी ललित कछारैं त्यों,
कदंबन की डारैं रस बरसन लागी री॥
काल्हि ही तें देखि बन-बेलिन की बनक,
नवेलिन की मति अति अरसन लागी री।
बेगि लिखि पाती, वा सँघाती मनमोहन कों,
पावस-अवाती ब्रज दरसन लागी री ॥१८५॥

*

बिज्जु की छटा में, घन घोर की घटा में,
बक-पाँति की प्रभा में, कैधौं नैननि लगाए ना।
दादुर-कलामें, जोर-सोर सरनामें, पीऊ—
पीऊ पपिहा में, हामें सोर सरसाए ना॥
'संकर जू' जामें, नीलमनि सी ललामै भूमि,
सोहै ठाम-ठामै, तामैं काम-तेज ताए ना।
मोर-हरषा में, नदी-नद-तरषा में, अज—
हू लौं परसा में, बरषा में हरि आए ना ॥१८६॥

*

आढ़-आढ़ करत असाढ़ आयौ मेरी आली,
डर सौ लगत देखि तम के जमाक तें।
'श्रीपति' मैन माते मोरन के बैन सुनि,
परत न चैन बुँदियान के झनाक तें॥
झिल्ली गन झाँझ झनकारैं, न सँभारैं नैक,
दादुर दपट बीज तरसै तमाक तें।
भरकी बिरह-आग, करकी कठिन छाती,
दरकी सजल-जलधर की धमाक तें॥१८७॥

मोरन के सोर, सुनि पिक की पुकार, तैसी-
चातक-चिकार सुनि सूनी स्याम यामिनी।
जुगुनू-जमक देखि, झिल्ली की झनक लेखि,
भय सों बिसेष 'सेष' डरै गज-गामिनी॥

झरन झरत नीर, कंपत सरीर ए री,
बालम बिदेस धीर धरै कैसे कामिनी।
मारै डारै मदन, मरोरै डारै दादुर ये,
दाबै आवै बादर, दबाए आवै दामिनी॥१८८॥

*

छायौ नभ-मंडल घुमड़ि घन 'श्री कवि जू',
आनँद अथोर चारों ओर उमँग।
पायौ मद मालती कौ, कुंज-कुंज गुंजत है,
भौंर दुख-पुंज गेह-गेह तें भगत है॥
धायौ देस-देस तें, बिदेसी सब कंठ लायौ—
निज-निज ती कों, भरौ मोदहिं जगत है।
आयौ सखी सावन, सोहावन सही, पै मोहिं—
बिन मनभावन भयावन लगत है॥१८९॥

*

तम की जमक, बक-पाँति की चमक, ज्योति—
झींगन झमक, चमकन चपलान की।
बैहर झकोरै, मोरै रौरै चहुँ औरै सोरै,
प्रेम के हलौर घोरै धुनि धुरवान की॥
रतियाँ जमकि आईं, छतियाँ उमँगि आईं,
पतियाँ न आई प्यारे 'श्रीपति' सुजान की।
नेह तरजन, बिरहा के सरजन सुनि,
मान मरदन, गरजन बदरान की॥१९०॥

*

पपिहा की पुकार परी है चहूँ, बन में गन मोरन गावन के।
कहि 'श्रीपति' सागर से उमँगे, तरु तोरत तीर सुहावन के॥
बिरहानल ज्वाल दहै तन कों, छिन होत सखी पग बावन के।
दिन गे मनभावन आवन के, घहरान लगे घन सावन के॥१९१॥

*

घन दरसावन है, बिज्जु तरपावन है,
चहुँ ओर धावन है, बैहर सगाढ़ की।
मानिनी मनावन हैं, मोर हरषावन है,
दादुर बोलावन है, अति आढ़-आढ़ की॥
'श्रीपति' सुहावन है, झिल्ली झनकावन है,
बिरही सतावन है, चिंता चित बाढ़ की।

लगन लगावन है, मदन जगावन है,
चातक कौ गावन है, आवन असाढ़ की ॥१९२॥
*

कौन परी चूक मोसों, एरी मेरी वीर! जासों—
कीन्हीं मनमोहन नें ऐसी हाय! घतियाँ।
छाए परदेस, पायौ कछु ना सदेस, ये ही—
जिय में अंदेस, कबौं भेजत न पतियाँ॥
काम की सताई, निसि रोय कै बिताई 'लाल',
कैसे कल पाऊँ, पीर होत अति छतियाँ।
तापै कलपावन कों, बिरह बढ़ावन कों,
आई दुखदाई फेरि, सावन की रतियाँ॥१९३॥
*

हुइकै निरसंक, अंक लैकै उरजन लाइ,
निरखि-निरखि नैन, रूप-रस चाखती।
दीन ह्वै के बोलती तुरत अँसुवन ढारि,
दोऊ कर जोरिकै बिरह-विथा भाखती॥
ल्यावती पकरि गुरुजन आगै आँगन लौं,
'संतन' कहत बेगि लाज-नदी नाँघती।
जो मैं सखी जानती, कै सावन बिदेस ह्वैहै,
पाँमन पकरि मनभावन तखती॥१९४॥
*

आयौ असाढ़ भई अति गाढ़, गयी सब रैनि पहार सी ढ़ैठा।
कौन सुनै अरु कासों कहौं, चहूँ ओर तें दामिनी नाखत बाढ़॥
भोर ही तें करै कोकिल कूक, 'सिरोमनि' लेत करेजौई काढ़ै।
कामिनी के हनिवे कों मनों, चमकी, झमकी जम की जम-दाढ़ै॥१९५॥
*

चंचला चमाकैं चहुँ ओरन तें चाह भरी,
चरजि गयी ती फेरि, चरजन लागी री।
कहै 'पदमाकर' लवंगन की लौनी लता,
लरजि गयी ती, फेरि लरजन लागी री॥
कैसै धरौं धीर बीर! त्रिविध समीरै तन,
तरजि गयीं ती, फेरि तरजन लागी री।
घुमड़ि घमंड घटा घन की घनेरी अबै,
गरजि गयी ती, फेरि गरजन लागी री॥१९६॥
*

सरद–ससी तें अध ससी ह्वै बची हौं, 'कवि–
चिंतमनि' तिमि हिम–सिसिर–झमक तें।
मारुत मरूकै बची, बधिक बसंत हू तें,
पावक–प्रचार बची, ग्रीषम–तमक तें॥
आयौ पापी पावस ये, प्रान अकुलान लागे,
भयौ री असान घोर घन के घमक तें।
ताप तें तचौंगी, जो पै अमिय अचौंगी आली!
अब ना बचौंगी, चपलान की चमक तें॥१९७॥

*

बरसत मेह, नेह सरसत अंग–अंग,
झरसत देह, जैसे जरत जबासौ है।
कहै 'पदमाकर' कलिंदी के कदंबन पै,
मधुपन कीनों आय, महत मवासौ है॥
ऊधौ! ये ऊधम जताय दीजो मोहन कों,
ब्रज कौ सुबासौ, भयौ अगिनि–अबा सौ है।
पातकी पपीहा जल–पान कौ न प्यासौ, काहू—
विथित वियोगिन के प्रानन कौ प्यासौ है॥१९८॥

*

कर कागद लैकै वियोगिन नारि, लिखै इमि प्रीतम कों पतियाँ।
इहि पावस में परदेस छये, बलिहारी तिहारी सिला–छतियाँ॥
सखियाँ पिय संग हिंडोरै चढ़ीं, बतरावत राग भरी बतियाँ।
अति कारी डरावनी साँपिनी सी, मोहि सालत सावन की रतियाँ॥१९९॥

*

आई रितु पावस, न आए प्रानप्यारे, यातें—
मेघन बरज आली! गरजन लावै ना।
दादुर हटकि बकि–बकि कै न फोरैं कान,
पिकन पटकि, मोहि सबद सुनावै ना॥
विरह–विथा तें हौं तो व्याकुल भई हों 'देव',
चपला–चमकि चित चिनगी उड़ावै ना।
चातक न गावैं, मोर सोर ना मचावैं,
घन घुमड़ि न छावैं, जौलौं लाल घर आवैं ना॥२००॥

*

जल भरें झूमैं, मनों झूमैं परसत आइ,
दस हू दिसान घूमैं, दामिनी लए–लए।

धूम धारे धूसर से, धुरवा धुँ धारे कारे,
धूरवान धारे धावैं छबि यों छए-छए॥
'श्रीपति' सुजान कहै घरी-घरी घहरात,
तापत अतन तन ताप सों तए-तए।
लाल बिन कैसे लाज-चादर रहैगी बीर!
कादर करत मोहिं बादर, नए-नए॥२०१॥

*

झमकि-झमकि झूलि, राग की सिखत रीति,
छहरि-छहरि बुँद गिरत अकास तें।
भनत 'दिवाकर' करत मोर सोर बन,
बिहरैं बहूटी बीर! मेदनी हुलास तें॥
चातक चवाई चाइ, सुरति बढ़ावै चाव,
चूनरी सुरंग रंग बसी है सुवास तें।
सावन सिरायौ, मनभावन न आयौ आली,
कादर करत कारे बादर प्रबास तें॥२०२॥

*

उठ देख री बीर! अटान-अटा चढ़ि, बिज्जु-छटा छहरान लगी।
अति सीरी बयार सुगंध सनी, द्रुम-बेलिन पै फहरान लगी॥
सखि! औध की आस घरी पै रही, लखिकै छतियाँ थहरान लगी।
ये कैसी अचानक आन बनी री, घटा घन की घहरान लगी॥२०३॥

*

सखियाँ कोउ झूँक तें झूलन के, डरि लागहि प्रीतम की छतियाँ।
कोउ डोर धरैं कर एक त्यों एक, ते पी की बचावत हैं घतियाँ॥
कोउ गाइ मलार रिझाइ रहीं, अरु कोऊ करैंस की बतियाँ।
कब पीर निवारि हैं मो हिय की, पिय! जात हैं सावन की रतियाँ॥२०४॥

*

लाग्यौ अषाढ़ सबै सुख-साजन, मो जिय में बिरहा दुख बोई।
सावन में सब केलि करें, मैं अकेली परी, संग-साथ न कोई॥
कैसै जियों अब ए सजनी! रितु पावस में घनस्याम बिगोई।
कौन सी चूक परी बिधना, बरसात गयी, बर साथ न सोई॥२०५॥

*

भावतीं जो पिय की बतियाँ, सखि! सालत हैं उर, सूल सी बोई।
घोर घटा बिजुरी चमकै, तिसरै पपिहा पिय-पीय रटोई॥

'भौन' भनै भ्रम भामिनि कों, लरजै छतियाँ तन काम बिगोई।
स्वाँसन स्वाँस उसासत है, बरसात गयी, बर साथ न सोई ॥२०६॥

*

सजि सूहे दुकूलन बिज्जु छटा सी, अटान चढ़ी घटा जोवती हैं।
रंगराती सुनें धुनि मोरन की, मदमाती संयोग सँजोवती हैं॥
कहि 'ठाकुर' वे पिय दूर बसैं, हम आँसुन तें तन धोवती हैं।
धनि वे धनि, पावस की रतियाँ, पति की छतियाँ लगि सोवती हैं॥ २०७॥

*

धनि वे, जिन प्रेम सने पिय के, उर में रस-बीजन बोवती हैं।
धनि वे, जिन पावस में पिसिकै, मेहँदी कर-कंज मलोवती हैं॥
धनि वे, जिन 'सूरत' साजि सजै, हम लाजके बोझ को ढोवती हैं।
धनि वे धनि, साबन की रतियाँ, पति की छतियाँ लगि सोवती हैं॥ २०८॥

*

धनि वे, जिन पावस की रितु में, नित प्रीति में प्रीति सँजोवती हैं।
धनि वे, जिन कारी घटा में अटा बिच, बिज्जु छटा छबि छोबती हैं॥
धनि वे, जिन 'रामचरित्र' हिऐं, हिलि हौंसन हरषित होवती हैं।
धनि वे धनि, पावस की रतियाँ, पति की छतियाँ लगि सोवती हैं॥ २०९॥

*

छै है बक-मंडली उमड़ि नभ मंडल में,
जुगनू चमक ब्रजनारिन जरैहैं री।
दादुर-मयूर झीने झींगुर मचैहैं सोर,
दौरि-दौरि दामिनी दिसान दुख दैहैं री॥
'सुकवि गुलाब' ह्वैहैं किरचैं करेजन की,
चौंकि-चौंकि चौंचन सों चातक चिचैहैं री।
हंसिनि लै हंस उड़ि जैहैं रितु पावस में,
ऐहैं घन स्याम, घनस्याम जो न ऐहैं री॥२१०॥

*

कारी कूर कोकिल! कहाँ कौ बैर काढ़त री,
कूकि-कूकि अब ही करेजौ किन कोरि लै।
पैढ़ परे पापी ये कलापी निसि-द्यौस ज्यों ही,
चातक घातक त्यों ही तुहूँ कान फोरि लै॥
'आनंद के घन' प्रान जीवन सुजान बिना,
जानि कै अकेली सब घेरौ दल जोरि लै।

जौलौं करें आवन, विनोद-बरसावन वे,
तौलौं रे डडारे-बजमारे घन! घोरि लै॥२११॥

*

घहरि-घहरि घन सघन चहूँघा घेरि,
छहरि-छहरि बिष बूँद बरसावै ना।
'द्विजदेव' की सौं, अब चूकि मत दाब अरे,
पातकी पपीहा तू पिया की धुनि गावै ना॥
फेरि ऐसौ औसर न ऐहैं तेरे हाथ ए रे,
मटिक-मटिक मोर सोर तू मचावै ना।
हौं तौ बिन प्रान, प्रान चहत तज्यौई अब,
कत नभ-चंद तू अकास चढ़ि धावै ना॥२१२॥

*

उमड़े नभ-मंडल-मंडित मेघ, अखंडित धारन सों मचि हैं।
चमकैगी चहूँ दिसि तें चपला, अबला करि कौन कला बचि हैं॥
अकुलाइ मरेंगी बलाइ 'ममारख', आज उपाइ इहै रचि हैं।
पहिलैं अँचवेंगी हलाहल कों, फिरि केकी-कुलाहल कै नचि हैं॥ २१३ ॥

*

कारी नई उनई घन की घटा, बिज्जु छटा करै आनँद जी कौ।
सोर भौ ओर चहूँ 'परसाद', मनोहर मोरन की अवली कौ॥
चारु सुहाव पतान की मोहै, लतान में सोहै हरौ रंग नीकौ।
है यहि भाँति सुहावन री, पै बिना मनभावन सावन फीकौ॥२१४॥

*

आयौ असाढ़ सुनो सजनी, रजनी दिन घेरि घटा घन छायौ।
छायौ विदेसहिं 'रामचरित्र', अँदेस लग्यौ है, सँदेस न पायौ॥
पायौ भलैं अपने बस कैधौं, कहूँ कोउ सौतिन सेज लुभायौ।
भायौ कहा उनके मन माँहि, कि पावस आयौ, पिया नहिं आयौ॥ २१५॥

*

सावन की रितु आई सखी, पतियाँ न लिखी अजहूँ मनभावन।
भावन राग-मलार में 'भूपति', रंग उमंग सों लागे हैं गावन॥
गाँमन में हरषैं सबही, बरषैं वर बूँद, घटान की आवन।
आवन आज भयौ नहिं पीव कौ, जीव कों मैन लग्यौ तरसावन॥२१६॥

*

सावन सोक नसावन है, नहिं 'रामचरित्र' मेरे मनभावन।
भावन मोहिं घटा घन की, बन की हरियाली लगी लुक लावन॥

लावन कोऊ कहै उनकों, उनकों कर जोरि कही गुन गावन।
गाँमन में सबकों सुख है, हमकों दुख ही दुख है दरसावन॥ २१७॥

*

घेरि घटा घहराय रही, दरकावत है बिन प्रीतम छाती।
कामिनियाँ हियरा तरसावत, दामिनियाँ चहुँ तें दरसाती॥
'रामप्रताप' झकोरत पौन, भई दुखदाइन सावन-राती।
तापै वियोग बढ़ावत है, वह 'पी' कहि बोलि पपीहरा घाती॥२१८॥

*

कोकिल की सुनिकै कल कूकन, केकी कुटेकी कुटेक न टेरे।
बीर बधू फिरकी सी फिरै, बिरहानल के मनों बीज बिखेरे॥
'बान' कहै सखि! भूमि हरी लखि, होय हरी न, हरी फिर हेरे।
धावत धूम से बादर देखि, लगे जल मोचन लोचन मेरे॥२१९॥

*

भूमि हरी भई, गैलैं गयीं मिटि, नीर-प्रबाह बहा बेबहा है।
कारी घटान अँधेरौ कियौ, दिन-रैन में भेद कछू न रहा है॥
'ठाकुर' भौंन तें दूसरे भौंन लौं, ज्ञात बनै न, बिचार महा है।
कैसै कै आवें, कहा करें बीर, बिदेसी बिचारन दोस कहा है॥२२०॥

*

भादौं की अँधेरी, धुरवा की लटकेरी, पाक—
सासन करै री, छिन-छिन छोड़ै बान री।
बोलत भयान भोगी, वासना तजत योगी,
पति से बिहीन, ना सोहात खान-पान री॥
भनत 'दिवाकर' करार दरियाब छोड़ी,
नाव कौ निवाह ना, न साह छोड़ै सान री।
पावस प्रबल मेरे पिय कों छोड़ाय दीन्हों,
दोष न बिदेसी, करै कैसै कै पयान री॥२२१॥

*

उमड़े नभ तें छिति मंडल मेघ, घमंडि चहूँ दिसि धाय रहे।
'कवि चंदन' चाव सों चातक-मोर, हरे बन सोर मचाय रहे॥
पिय पावस में बिरही बनितान के, आवन हार ते आय रहे।
केहि कारन हाय बिहाय हमैं, हरि जाय विदेस में छाय रहे॥२२२॥

*

डोलै पौन परसि-परसि जल बूंदन सों,
बोलै मोर-चातक चकित उठि डरि में।

कहाँ लौं बराऊँ दईमारे मैन बानन सों,
थकि रही केतिकौ उपाय करि–करि मैं ॥
'दत्त कवि' प्यारे मनमोहन न पाऊँ, कहौ—
मन समझाऊँ री, कहाँ लौं धीर धरि मैं।
छाए मेघ मगन, सुहाए नभ मंडल में,
आए मनभावन, न सावन की झरि में ॥२२३॥

*

जाइ कै द्वारिका बैठि रहे, जु लहैं अबला ब्रज की दुख भारी।
आवत मेघ नये उनए, जुगुनू दरसै, सरसै निसि कारी॥
कोकिल–कूक करै हिय हूक, उलूक सों बोलत पीक पुकारी।
आँसू झरै अँखियाँ सें तिया, छतियाँ करकै बकै 'हाय बिहारी' ॥ २२४॥

*

कैधौं मोर सोर तजि गये री अनत भाजि,
कैधौं उत दादुर न बोलत नये दई।
कैधौं पिक–चातक–चकोर काहू मारि डारे,
कैधौं बक–पाँति कहूँ अंतरगत ह्वै गयी॥
झींगुर झिंगारैं नाँहिं, कोकिल किलकारैं नाँहिं,
भनै 'जयसिंह' दसों दिसि हूँ सों सो गयी।
जारि डार्‌यौ मदन, मरोरि डारे मोर सब,
जूझि गये मेघ, कैधौं दामिनी सती भई ॥ २२५ ॥

*

कैधौं वा विदेस घन घुमड़ि न छावै चहूँ,
कैधौं वा विदेस कहूँ दामिनी न दरसै।
कैधौं वा विदेस मोर सोर ना मचाव जोर,
कैधौं वा विदेस बेग बोलिकै न हरसै॥
कैधौं वा विदेस में न झींगुर झनक झुंड,
कैधौं वा विदेस में न जुगुनू–जोति सरसै।
कैधौं वा विदेस 'रामचरित' ना रसिक कोऊ,
कैधौं वा विदेस घटा घेरिकै न बरसै॥२२६ ॥

*

कैधौं वा देस जहाँ प्रीतम पियारे बसैं,
घोरै घटा नहीं, घूमि–घूमि घहरावै है।
कैधौं चमकत नाँहिं चपला चहूँघा तहाँ,
कैधौं न सुरेस कबौं बुंद झर लावै है॥

कैधौं काम कुटिल न व्यापत करेजै, कैधौं—
कोऊ नहिं मेघ औ मलार राग गावै है।
कैधौं 'लाल' पावस की रात में पपीहा पापी,
बार-बार पी-पी कर कूक ना सुनावै है॥२२७॥

*

कैधों वा देस घन घुमड़ि न बरसत है,
कैधों 'मकरंद' नदी-नद पथ भरिगे।
कैधों पिक-चातक चकित चक्रवाक वाक,
मत्त भए दादुर-मधुप-मोर मरिगे॥
मेरे मन आवत, न आली प्यारे आवत है,
काम कुर निकर मही तें धौं निकरि गे।
कैधौं पंचसर हर फेरिकै भसम कीन्हौं,
कैधौं पंचसर जू के पाँचों सर सरिगे॥२२८॥

*

कारे-कारे बदरा पवन लै प्रचंड करौं,
घन की धनाक नैक चित्त हू न धरि हौं।
पापी ये पपीहा के सचान लै कै प्रान लेउँ,
कोकिला के कंठ कारे काटि-काटि डरि हौं॥
झींगुर झँगार कों बोलाइ लेउँ नीलकंठ,
सेष कों बोलाइ सबै दादुर संहरि हौं।
आवन दै सावन रे, मेरे मनभावन कों,
रहु रे अषाढ़, तेरे हाड़-हाड़ गरि हौं॥२२९॥

*

लगी सो लगाई लंक खेहनि खराब करौं,
मारि करौं मोरन अहार मारजारे कौ।
'सुकवि निधान' कान आँगुरिन मूँदि-मूँदि,
सुनि हौं न घोर सोर झिल्ली झनकारे कौ॥
भेकन की भीर सहसानन मिटाय डारौं,
मेटि डारौं गरब गरूर घन कारे कौ।
पाऊँ जो पकरि काहू जाल सों जकरि तन,
फीहा-फीहा करौं या पपीहा दई मारे कौ॥२३०॥

*

पीउ-पीउ कहति, मिलै जो मोहिं आज पीउ,
सौने चौंच चातक मढ़ाऊँ अति आदरन।

कठिन कलापिन के कंठन कटाय डारौं,
देत दुख दारुन चिराय डारौं दादुरन॥
'मोतीराम' झिल्ली गन मंदिर मुँदाइ डारौं,
बधिक बुलाइ बधौं बन के बिरादरन।
बिरहा की ज्वालन सों झरहिं जराइ डारौं,
स्वाँसन उड़ाऊँ बैरी बे दरद बादरन॥२३१॥

*

आई अषाढ़ की कारी घटा, घहरान लगे बदरा चहुँ ओर कै।
दूजै जो कंत बिदेस गये, सुधि पाई न नैक, रही मग हेरि कै॥
'उमराव' स्वभाव बिहंग कौ है, मृदुबैन कहै जो सखी कहै टेरि कै।
सौने की चोंच मढ़ै हौं तेरी, बलि जैहौं पपीहा, पिया कहु फेरिक॥२३२॥

*

पीउ-पीउ रटत पपीहा रितु पावस में,
दादुर पुकार सों न बची कुल-चादरन।
कोकिल की बोलन, मयूर मेरु नृत्यन सों,
झिल्ली-झनकार सुनि भयौ जीव कादरन॥
होतौ यहि काल आली आज जो 'दिवाकर जू'
हाव-भाव करतौ कलोल अति सादरन।
जाय परदेस कों बसत हैं हमारे साईं,
रोज-रोज बिरह बढ़ावै बैरी बादरन॥ २३३ ॥

*

जौ लौं उतै जुगनू दरसै, तन-ताप इतैं तब लौं दरसै लगी।
जौ लौं समीर उतें सरसै, 'नंदराम' उसाँस इतै सरसै लगी॥
जौ लौं जवास झुरी झरसै उत, तौ लौं इतै छतियाँ झुरसै लगी।
जौ लौं घनेरी घटा बरसै उत, तौ लों इतै अँखियाँ बरसै लगी॥२३४॥

*

उमड़ि-उमड़ि घन घुमड़ि-घुमड़ि आए,
चंचला उठत तामैं तरजि-तरजि कै।
बरही-पपीहा-भेक-पिक खग रोरत हैं,
धुनि सुनि प्रान उठैं लरजि-लरजि कै॥
कहै 'कविराय' देखि चमक खद्योतन की,
प्रीतम कों रही मैं तौ बरजि-बरजि कै।
लागै तन तावन, विना री मनभावन के,
सावन दुवन आयौ गरजि-गरजि कै॥२३५॥

*

नीर झलान कों पोषत पीर, न वारन बुंद बिसारे हैं बान ये।
धूम वियोगिनि के घट कों घुटि, भूमि पै झूमि रहे धुरवान ये॥
जो झरते न रहैं ये नैन, नदी-नद-सिंधु भरेंगे निदान ये।
पी कहि, पी कहि, पापी पपीहरा, पी गये जान, कै पी गये प्रान ये॥ २३६॥

*

गरजि लै, घुमँड़ि लै सकल महि-मंडल पै,
दंड बिरहीन कौ अदंड अब ऐंठै गौ।
पापी हू पपीहा पीउ दारुन देखाइ दुःख,
मोरन कौ सोर, तन तोरि अंग पैठै गौ॥
चपला कृपान, बुंद बान सों 'प्रवीन बेनी',
सीतल समीर तन अधिक उमैठै गौ।
जारी हौं बसंत की, लथारी-मारी ग्रीषम की,
पावस कलंकी सीस तेरे चढ़ि बैठै गौ॥ २३७॥

*

सावन सुहावन विसेष, नभ धनु लेखि,
याद होत झटपट पीत अभिराम की।
तकि मृग-पाँती, बिलपाती, अकुलाती अति,
आवत सुरति वह मौलसिरी दाम की॥
मोर चहुँ ओर देखि, मुकुट-सुरति होत,
चपला-चमक देखि, कुंडल ललाम की।
ऊधौ! ब्रज-बाम कैसै धीर धरै सूने धाम,
लखि घन स्याम, सुधि आवै घनस्याम की॥ २३८॥

*

आयौ सखि सावन बिदेस मनभावन जू,
कैसै करि मेरौ चित्त हाय! धीर धारि है।
ऐहैं कौन झूलन हिंडोरे बैठि संग मेरे,
कौन मनुहारि करि, भुजायँ कंठ पारि है॥
'हरिचंद' भीजत बचैहै कौन, भीजि आप,
कौन उर लाय काम-ताप निरवारि है।
मान समय पग परि कौन समुझैहै हाय,
कौन 'मेरी प्रान प्यारी' कहिकै पुकारि है॥ २३९॥

*

रितु पावस स्याम घटा उनई, लखिकै मन धीर धिरातौ नहीं।
धुनि दादुर-मोर-पपीहन की, सुनि कै छिन चित्त थिरातौ नहीं॥

जबतें बिछुरे 'कवि बोधा' हितू, तबते उर दाह बुझातौ नहीं।
हम कौन तें पीर कहैं जिय की, दिलदार तौ कोऊ दिखातौ नहीं॥ २४०॥

*

सीतल समीर उर तीर सौ लगत है री,
हरी-हरी बेलिन पै पावक पजार दै।
दादुरन दूरि कर, पिकन पकरि दै री,
बागन के बाहर मधुप-मोर मार दै॥
पावस में पिय बिन बिपति बढ़ावत ये,
सु जीवन जिवैवे के उपाय उपचार दै।
दामिनी दबा कर, तू बादर विदा करे री,
बुंदन बरजि कर बगन बिडार दै॥२४१॥

*

लहलही लौंनी-लौंनी लता लखि-लखि आली,
प्यारे बनमाली बिन देखैं हिए लरजै।
व्याकुल वियोगिनी न गेह-गेह औ ये गाँव,
काहू कों न जानै, कोऊ हरजै, न मरजै॥
है री पुन्यवंत कोऊ ऐसौ 'परसाद', जौन—
सुनत ही मेरी जानि लेय ये अरजैं।
पौन की झकोरन कों, झिल्लिन के सोरन कों,
घन-घटा घोरन कों, मोरन कों बरजै॥२४२॥

*

अनल की लूकै फूकै देत बिरहानल कों,
तन भहराय, घहराय घन गरजै।
कोकिला की कूकै हूकै होत हिय 'हरीराम'
हाय-हाय एतौ ये पपीहा पापी नरजै॥
हरी भूमि जल भरी, देखि सुधि-बुधि हरी,
हरी परदेस, अरी करी पंच सर जै।
बरही बिदारत हैं बिरही के उरन कों,
दई निरदई कोऊ बरही न बरजै॥२४३॥

*

प्रीतम-गौन, किधौं जिय भौन, कै भारक-भौन भयानक भारौ।
पावस-फूल, कै पावक-सूल, पुरंदर-चाप, कै सुंदर आरौ॥
सीरी बयारि, किधौं तरवारि है, बारिद-वारि, कै बान बिसारौ।
चातक-बोल, कै चोट चुभै चित, इंद्र-बधू, कै चकोर कौ चारौ॥ २४४॥

*

आई रितु पावस 'प्रताप' घनघोर भारी,
सघन हरी री बन मंडन बढ़ाए री।
कोकिल-कपोत-सुक, चातक-चकोर-मोर,
ठौर-ठौर कुंजन में पंछी सब छाए री॥
जमुना के कूल, औ कदंबन की डारन पै,
चारों ओर घोर सोर मोरन मचाए री।
एरी मेरी बीर! अब कैसे कै मैं धीर धरौं,
आए घन स्याम, घनस्याम नहिं आए री॥ २४५॥

*

स्वेत-स्वेत बकके निसान फहरान लागे,
ऐंचि-ऐंचि चपल कृपान चमकाए री।
घहर भुसुंडी की अवाज सी करन लागे,
बुंदन के झरनन झीने झरि लाए री॥
भनत 'प्रताप' रतिनायक नरेस जू ने,
धीर-गढ़ तोरिवे कों पावस पठाए री।
ए री मेरी बीर! अब कैसे कै मैं धीर धरौं,
आए घन स्याम, घनस्याम नहिं आए री॥ २४६॥

*

घेरि-घेरि घहरि-घहरि घन आए घोर,
तापै महा मारुत झकोरत झरप सौ।
सुनि-सुनि कूकनि मयूरन की बीर! मैं तौ,
राख्यौ निज प्रान यमराजहिं अरप सौ॥
भीत भरी भौन तें कढ़ौं न 'कमलापति' मैं,
तऊ बेधै डारै हियौ तड़ित तरप सौ।
गावन मलार कौ, सुहावन लगै न, मन—
भावन बिना री मोहिं सावन सरप सौ॥ २४७॥

*

सावन के दुख-दावन ये, घनस्याम बिना घन आन सतावै।
तैसै मिलैं तिन्हैं आनिय मोर, सु जोर कै सोर जरे पै जरावै॥
प्यारे कौ नाम सुनाय सखी, हिए पापी पपीहा ये सूल उठावै।
नेह नबेली सरी अब हौं, दिन दोइक पीय जो और न आवै॥ २४८॥

*

कारे-कारे बादर डरावने लगत अब,
दादुर की धुनि सुनि भूलै दसा तन की।

बुंद की भकोर झकझोर पुरवाई करे,
हरै मन मोर, सोर चहूँ ओर बन की॥
हरी हरी लतिका करावें घरी-घरी याद,
इंद्र-वधू लखि लाल गुंज-माल गन की।
नंद के कुमार बिन, लागै उर आर ऊधौ,
पपिहा-पुकार, झनकार झींगुरन की॥ २४९॥

*

प्रथमहिं पावस कौ आगम बिलोकि 'नाथ',
तड़पि-तड़पि उठे दामिनी अचान की।
ठौर-ठौर झींगुरन झनकि-झनकि बोलैं,
द्रुमन की डोलै, डार पवन ढरान की॥
मोरन कौ सोर सुनि उठैहै भभकि काम,
कौन चतुराई सुधि करत पयान की।
घहर घमंडै घेरि-घेरि महि-मंडै, तैसी—
आवत प्रचंडै, ये उमंड़ै बदरान की॥ २५०॥

*

पौन हहराय बन-बेलि थहराय चारु,
लहराय सौरभ कदंबन की सान तें।
झिल्ली झननाय, पिक-चातक पुकार उठैं,
बिज्जु छहराय, छाय कठिन कृपान तें॥
कहै 'करनेस' चमकत जुगनू नँघाय,
मेरे मन आई, ऐसी उक्ति अनुमान तें।
बिरही दुखारे, तिन पर दई मारे, मानों-
मेघ बरसत है अंगारे आसमान तें॥ २५१॥

*

खग जात उड़े बिदिसौ-दिस में, मग पावत ना जहँ कूक जगी।
सब आक-जवास झुराय गये, जरि नारि पुकारत पीवपगी॥
धर माँझ 'गुलाब' अँगार परे, भरि अंबर में चिनगी उमँगी।
अब धीर धरैं उर का विधि री, जलधारन भीतर लाय लगी॥ २५२॥

*

सजल रहत आप, औरन कों देत ताप,
बदलत रूप और बसन बरेजे में।
ता पर मयूरन के झुंड मतबारे सालैं,
मदन मरोरै महा झरनि मजेजे में॥

'कवि लछिराम' रंग साँबरौ सनेही पाय,
अरजि न मानैं हिय हरषि हरेजे में।
गरजि-गरजि बिरहीन के बिदारै उर,
दरद न आवै, धरै दामिनी करेजे में॥२५३॥

*

आई रितु पावस, पपीहा बोलैं दादुर ये,
छतियाँ दरत तापै बिरह मदी करै।
'दौलत' कहत हाल सुंदर सरस बाल,
लाल मनि भूषन बिसालन रदी करैं॥
चहुँ ओर चमकत चपलन चौक चारु
देखि-देखि मृगनैनी नैनन नदी करै।
बिरहिन तियन के जीयन के गाहक ये,
नाह बिन नाहक बलाहक बदी करै॥२५४॥

*

साँची कहै रावरे सों झाँवरे लगत माल,
आवै जिहिं काल सुधि साँवरे सुजान की।
फूल-भार भरी डार जैसै यम-जार ऊधौ,
कालिंदी-कछार सजै धार ज्यों कृपान की॥
चपला-चमक लगै लूक ह्वै अचूक हिए,
कोकिल-कुहूक बरजोर कोरवान की।
कूक मोरवान की करेजा टूक-टूक करै,
लागत है हूक सुनि धुनि धुरवान की॥२५५॥

*

आयौ असाढ़ हहा! अबहीं तें, चढ़ी चपला अति चापकै तूँ दै।
ह्वैहै कहा सजनी! रजनी-दिन, पापी कलापी मचाई है दूँदै॥
स्याम बिना कल नाहिं परै, असुँवान रहे भरि आँखनि मूँदै।
ग्रीषम-भान सी सोहत सान सी, लागती बान सी बारिद-बूँदै॥२५६॥

सीतल सुगंध मंद-मंद चहैं डोलै पौन,
धुरवा धुरारे चहैं धावै, चहैं धावै ना।
प्यारे मनभावन के आवन की औधि गयी,
बिरह सु कल चहैं पावै, चहैं पावै ना॥
प्रानन की प्यासी सौत पावस प्रचंड भई,
अब कै कलापी चहैं गावै, चहैं गावै ना।

जतन अनेकन सों, अब ना बचौंगी बीर!
अब वो बिदेसी चहैं आवै, चहैं आवै ना॥ २५७॥

*

उमड़ि-घुमड़ि घन आवत अटान-ओट,
छन घन-ज्योति-छटा छटकि-छटकि जात।
सोर करैं चातक-चकोर-पिक चहुँ ओर,
मोर ग्रीव मोरि-मोरि मटकि-मटकि जात॥
सावन लौं आवन सुनौ है घनस्याम जू कौ,
आँगन लौं आय, पाँय पटकि-पटकि जात।
हिए बिरहानल की तपनि अपार, उर—
हार गज-मोतिन कौ, चटकि-चटकि जात॥ २५८॥

*

ग्रीषम तें तचि-बचि पावस मरूकै पाई,
तामैं फूकै जुगुनू, झबूकैं लागैं पौन की।
हूकैं उठैं हिय में, कनूकैं लखैं बुंदन की,
झिल्ली हूँ न मूकैं, ये बिसासी बैरी भौन की॥
चपला चहूँकैं, त्यों-त्यों तन में भभूकै उठैं,
ऊकैं मारैं मुरवा, कहौं मैं कौन-कौन की।
दादुर की हूकैं घाव करत अचूकैं उर,
कोकिल की कूकैं, तापै बूकैं देती नौन की॥ २५९॥

*

दिन-रैन की संधिन बूझिवे की, मति कोक-तमीचुरवान लगी।
नदियाँ नद लौं उमड़ी, लतिका तरु तैसेन पै गुरवान लगी॥
कहु 'सेवक' ऐसे में कैसे जिए, जिहिं काम तिया उर बान लगी।
मति मोरिनी की मुरवान लगी, गति बीजुरी की धुरवान लगी॥ २६०॥

*

भूमि भई हरित, सरित-सर उमड़त,
सूझौ ना परत मग, पग दीजियतु है।
नेह सरसावन सधावन लगे हैं 'सिंह',
आवन की बार में विदेस भीजियतु है॥
सखिन की सीख सुनि, सींचिऐ न दुख-बेलि,
केलि तज कब तें बिरह कीजियतु है।
ऐ हो मनभावन! लगे हैं पिक गावन,
सु ऐसे भरे सावन पयान कीजियतु है॥ २६१॥

*

सावन की रैन, मन भावन गोविंद बिन,
देत दुख झारन में झिल्लिन के सोर हैं।
'कालिदास' प्यारी अँधियारी में चकित होत,
उमड़ि-उमड़ि घन घहरत घोर हैं॥
सूने कुंज-मंदिर में सुंदरी बिसूरै बैठि,
दादुर ये दहकि सी लेत चहुँ ओर हैं।
हिए में बियोगिनि के बिरह की हूक उठी,
कूक उठी कोयल, कुहूँक उठे मोर हैं॥२६२॥

*

एक तौ बिदेसी बिन ऐसै ही दुखी हैं हम,
दूसरै प्रचंड लागैं पावस सताने री।
'बच्चन जू', बादर कौ आदर न मेरे यहाँ,
अजब अनारी आप बिरह बढ़ाने री॥
बरसिवे की हौस है, तौ जाय मथुरा में बरस,
साँवरे मिलेंगे तोहिं सौत के ठिकाने री।
अरज न मानै नैक, हरज हमारौ करै,
गरज न जानै, मेघ गरजन जानै री॥२६३॥

*

गरजी घनघोर घटा चहुँ ओर, भयौ बिरहा तब हीं सरजी।
सर जी जु भए पिक-दादुर मोर, लिऐं रतिनायक की मरजी॥
मर जी जु उठी पिय की सुधि लै, चपला चमकै, न रहै बरजी।
बरजी अब कौन रहै सजनी, भयौ पावस मो जिय कौ गरजी॥२६४॥

*

जा दिन तें प्रान रखवारे न पधारे ऊधौ,
तब तें हमारे उर भारे खेद है सबै।
कोकिल कुहूक हूक लगै बिज्जु कला लुक,
टूक-टूक करै हियौ मेघ गरजै जबै॥
घेरै दुख मैन, मति धीरज सकै न धरि,
आवत न चैन, दिन-रैन मन में अबै।
पैहै सुख नैन मम, लखै सुखमा के ऐन,
'आए सुख-दैन' ये बैन सुनि हौं कबै॥२६५॥

*

पवन-झकौरै झकझोरै, झोरै बुंद बोरै,
घने घन-घोरै बोरै, दौरै चहुँ ओरै री।

बिज्जु–छटा कोरै, बिन मोरैजी रसाल कोरै,
आवत असाढ़ भारी ठोरै–ठोरै खोरै री॥
जोरै प्रेम भोरै, जित धीरज बिथोरै नाँहि,
मानत निहोरै कान दादुर ये फोरै दी।
तोरै लाज, छोरै कुल–कानि बरजोरै बीर,
मोरन की सोरै मोरे मनहिं मरोरै री ॥२६६॥

*

सावन सुहावन ह्याँ लागत भयावन सौ,
आवन अवधि अब सोचै गज–गामिनी।
ऐहैं धौं कबहूँ बलबीर ह्याँ, कै नाँहिं ऊधौ,
कैसे धीर धरैं ये अधीर ब्रज–कामिनी॥
जहाँ–तहाँ जोगन की जोति जगै ज्वाल जैसी,
जम की जमाति सी जनात जात जामिनी।
जारै है पपीहरा, पुकारै पीउ–पीउ टेरि,
घेर मारै बादर, दरेर मार दामिनी॥२६७॥

*

पारथ कौ धनु घूमि गयौ, बरस्यौ घन घोर चहूँ दिसि तें ज्यों।
लंकपती हू उतारि धरयौ धनु, टारि धरयौ रघुबीर वली त्यों॥
एक ही है रस–वात नई, ये जू सालत प्रान अचंभ यही यों।
बैरी मनोज के हाथ रही, बरषा रितु एरी कमान चढ़ी क्यों॥२६८॥

## वर्षा–रूपक

बाजत नग़ारे घन, ताल देत नदी–नारे,
झींगुरन झाँझ, भेरी भृंगन बजाई है।
कोकिल अलाप चारी, नीलग्रीव नृत्यकारी,
पौन बीन धारी, चाटी चातक लगाई है॥
मनिमाल जुगुनू, 'मुबारक' तिमिर थार,
चौमुख चिराग चारु चपला जराई है।
बालम विदेस, नए दुख कौ जनम भयौ,
पावस हमारै लायौ विरह–बधाई है॥२६९॥

*

साँझ हू सकारे, झनकारे होत नदी–नारे,
पावस के माँझ झाँझ झिल्लिन तजत ये।
दामिनि मसाल कों दिखावै, ताल दादुर दै,
मोर चहुँ ओर नाँचि, नाटकौ सजत ये॥

धुरवा मृदंगन की धीर धुँधकार ठान,
राते नैन मातक लगान कों भजत ये।
सोक कौ जनम व्रज-ओक में भयौ है ऊधौ,
साँवरे-विरह तें हैं बधवारे बजत ये॥२७०॥

*

भूमि नाँचैं नर्तक से मोर एरी चहुँ ओर,
चंचला अकास देव-नारि सी नँचति है।
गायक से गान करैं, चातक बिपिन घन,
गंधर्व गावैं गीत आनँद रचति है॥
'गिरिधरदास' देव फूलि बरसावैं जल,
सुमन लुटावै तरु, बुद्धि यों जचति है।
पावस कौ जनम भयौ री, यासों सुखमा सों—
अवनि-अकास में बधाई सी मचति है॥२७१॥

*

स्याम घटा उत हैं, अलकैं इत, चाप इतै, भ्रुव बंक धरी।
उत दामिनि, दंत-दमंकैं इतै, बग-पाँति उतै, इत मोती-लरी॥
उत चातक पिउ ही पीउ रटै, बिसरै न इतै पिउ एक घरी।
उत बूँद अखंड, इतै आँसुआँ, बरसा बिरहीन सों होड़ परी॥२७२॥

जुगुनू उतै हैं, इतै जोति है जवाहिर की,
झिल्ली झंकार उतै, इतै घुघरू-लरैं।
कहै 'कवि तोष' उतै चाप, इतै बंक भौंह,
उतै बक-पाँति, इतै मोती-माल ही धरैं॥
धुनि सुनि उतै सिखि-नाँच, सखि नाँचैं इतै,
पी करैं पपीहा उतै, इतै प्यारी सी करैं।
होड़ सी परी है, मनों घन घनस्याम जू सों,
दामिनी कों, कामिनी कों, दोऊ अंक में भरैं॥ २७३॥

*

उत घनस्याम, इत बाम पट सोहै स्याम,
वो अभिराम, ये सुकाम सरसा की है।
कहै 'नवनीत' रसनीति की तरंग इतै,
उतै मद मेघ, इतै चंचला चलाकी है॥
झुकि-झुकि, झूमैं-झूमैं, गरज-अरज भरे,
धुरवा मचाकी, इतै लंक लचका की है।

घुमड़ि घटान ही तें, उमड़ि अनंग आयौ,
दोऊ ओर दीसत बहार बरसा की है ॥ २७४ ॥

*

'संकर' ये बिथुरी लट हैं, कै भई सजनी ! रजनी अँधियारी।
माल मनोहर मोतिन की उरझी उर पै, कै बही सरिता री ॥
दो कुच हैं, कै दु कूलन पै चकई-चक भोग रहे दुख भारी।
स्वेद चुचात, कै पावस तोहि बनाय गयौ घनस्याम बिहारी ॥ २७५ ॥

*

अंबुद आनि दसा-विदिसा, सगरैं तमही कौ वितान सौ तान्यौ।
मेचक रंग बसै जग में, अति मोद हिऐं निसिचारिन मान्यौ ॥
पावस के घन के अँधियार में, भेद कछू न परै पहिचान्यौ।
द्यौस-निसा कौ विवेक सु तौ, चकई-चकवान के बोलत जान्यौ ॥ २७६ ॥

*

पावस निसि अँधियार में, रह्यौ भेद नहिं आन।
रात-द्यौस जाने परत, लखि चकई-चकवान ॥ २७७ ॥

*

ओढ़ै नील सारी घन घटा कारी 'चिंतामनि',
कंचुकी-किनारी चारु चपला सुहाई है।
इंद्रबधू-जुगुनू जवाहिर की जगा-जोति,
बग मुकतान-माल, कैसी छबि छाई है ॥
लाल-पीत-सेत वर बादर बसन तन,
बोलत सु भृंगी, धुनि नूपुर बजाई है।
देखिवे कों मोहन नवल नट नागर कों,
बरषा नवेली अलबेली बनि आई है ॥ २७८ ॥

*

कारे-कारे धुरवा चिकुर चारु चमकत,
चंचला बरंगना, सु अति अलबेली है।
पचरँग अंबर अडंबर पटंवरनि,
मुदित बदन, चंद सुखद सहेली है ॥
जुगुनू-जँमाति नैन, बगुला-कतार हार,
केकी धुनि नूपुर अनूप रस रेली है।
'कवि सिवदास' दिन दूलहै मदन भूप,
बानक बनक बनी बरषा नवेली है ॥ २७९ ॥

*

प्यार सों पहरि पिसवाज पौन पुरवाई,
ओढ़नी सुरंग सुर-चाप चमकाई है।
जग-जोति जाहर, जवाहर सी दामिनी है,
अमित अलापन की गरज सुनाई है॥
'ग्वाल कवि' कहै, धाम-धाम लखि न चै—
राचै, चित-वित लेत, मोद माचत सुहाई है।
बंचनी विराग हू की, अति परपंचनी सी,
कंचनी सी आज मेघमाला बनि आई है॥ २८०॥

*

बूंदन-बीर-बधूटिन तें जनु, मोतिन-सेंदुर माँग सँवारी।
छूटि रहीं अलकैं, तिनमें झलकैं जुगनू की अली जनु न्यारी॥
या तन झीनि झलाझल धारिक, धारिनदार सितारन सारी।
आवत भूमि मनों नभ तें झुकि-झूमत, लूमत पावस नारी॥ २८१॥

*

उतै तौ सघन घन घिरि कै गगन, इतै—
बन-उपबन बन बनक बनाए हैं।
तैसैई उलहिं आए अंकुर हरित-पीत,
'देव' कहै विविध बटोहिन सुहाए हैं॥
बोलैं इत मोर, उत गरजैं मधुर धुनि,
मानौं मन भूप जग जीति घर आए हैं।
अंबर बिराजै वर, अंबरन छाए छिति,
पीरे, हरे, लाल ये जवाहिर बिछाए हैं॥ २८२॥

*

पावस की साँझ माँझ, ताकि ये तमासौ खासौ,
बरसौ कियौ भान, दबी किरन दिखात हैं।
ए री मेरी प्यारी, तैं निहारी है कै नाँहिं कभूँ,
कैसी नभ न्यारी-न्यारी छवि छहरात है॥
'ग्वाल कवि' सूही सेत, चंपकई, नीली-पीली,
धूमरी, सिंदुरी बदरी ये मँडरात हैं।
मानहु मुसब्बर मनोज कौ मुकब्बा मंजु,
फैलि पर्‌यौ, ताकी तसवीरें उड़ी जात हैं॥ २८३॥

*

धुरवा कलिंदी-कूल, इंद्र-चाप बटमूल,
राजत अतूल अति आनंद की साला सी।

गरज मृदंग भारी, चातक अलाप चारी,
केकी चटकारी, पिक देत हटताला सी॥
बड़ी-बड़ी बुंदन बखेरि पुहुपांजलि कों,
धीरी पौन उघटि सुघटि पाँति आला सी।
व्यौम रास-मंडल में नृत्य करै स्याम घन,
आस-पास दामिनी बिराजै ब्रजबाला सी॥ २८४॥

*

स्यामल गात, मनोहर वेष, सुरेस-धनुष तन सुंदर सारी।
दामिनि लामिन हू नभ में, लहराय झलाझल पीत किनारी॥
साजि सिंगार फहारन के करि, धारन हारन की लर प्यारी।
आवत भूमि मनों नभ तें झुँकि-झूमत, लूमत पावस नारी॥ २८५॥

*

बादर उतंग-अंग डोलत अनंग भरे,
बगन-कतार दंत दीरघ सँवारे हैं।
चरखी चमक, तरकत औ गरज-गूंज,
बरषै मदन निसि नीर के पनारे हैं॥
'सोमनाथ' प्यारे नँद-नंद के बिरह जानि,
ब्रज में कुमंगन करोर हनकारे हैं।
आए घन भारे, मैं बिचार उर धारे अरी!
कारे रंग वारे, ए मतंग मतवारे हैं॥ २८६॥

*

मद भरे झूमैं, नभ-भूमैं परसत आवैं,
भारे कजरारे कारे अति उनए नए।
'द्विजदेव' की सौं, बक-पाँतिन के व्याज बहु,
दंतन सँवारे न्यारे-न्यारे छवि सों छए॥
धीर धुनि बोलैं, डोलैं दिगति-दिगंतनि लौं,
ओज भरे अमित, मनोज फरमार ए।
पावस पठाए आए, धीर-तरु तोरिवे कों,
नीरद न होहिं, मन-मथन मतंग ए॥ २८७॥

*

झूमत झुकत झूमि-झूमि घूमि-घूमि चले,
भूमि सों भिरत मनों बल के उमंग ये।
बार-बार गरज सुनावै वरजे न जाँहिं,
नहीं है उदार, धार मद के तरंग ये॥

दंत बक-पाँति तें डरावै बिन कंत भारे,
अंकुस समीर हू न मानै कारे रंग ये॥
करिऐ सहाय आय, या छिन में स्याम घन,
होहिं न सघन घन, मदन मतंग ये॥ २८८॥
*

नाँचत मोर, नँचावत चातक, गावत दादुर आरभटी में।
कोकिल की किलकार सुनैं, बिरही बपुरे विष-घूँटैं घटी में॥
अंबर नाल घनी घनमाल, सु भूमि बनी बनमाल तटी में।
साँबरे-पीत मिलै झलकैं, घन-दामिनि से घन स्याम पटी में॥ २८९॥

दमकि दसौ दिसा दुनाली दौड़ दामिनी की,
घन के नगारे भारे उर उलझन के।
झनकै झनाक, झुंड झींगुर बिगुल बाजैं,
सनकै समीर तीर, सुक्र सरासन के॥
सनकै समर मद मेचक झिलम धारैं,
ठनकै नकीब दरप दादुर दमन के।
मनकै मदन, बिन कामिनि कदनकै, ये—
आए बीर! बादर, बहादर मदन के॥ २९०॥
*

लागत अषाढ़, दल साजि चढ़यौ मेरे पर,
घेरैं लेत मोहिं बोलि टेरै जल सरजे।
झिल्लिन के झुंड, बक-झुंड तें सुभट संग,
बोलत नकीब केकी काकै रहै बरजे॥
चंचला निसान आसमान फहरान लागे,
'भूधर सुकवि' कहै, येही पंचसर जे।
आधे-आधे बैन कहि राधे में रह्यौ न चैन,
मैन पादसाह के नगारे आनि गरजे॥ २९१॥
*

चंचला सी चौंकति, चहुँघा आँसू बरषत,
फैल तम केस की न सुधि उर धारी है।
इंद्र कोप झारी है, अँगारी बिरहागि बारी,
भूषन जड़ाऊ जोति रंगन बिसारी है॥
'संकर' बखानै, ये पपीहा पीव-पीव रटै,
लाज हंस जामैं, गति दूर की निहारी है।

सोभा लखि न्यारी, मन आपने बिचारी,
बरषा है ये भारी, कै बियोग वारी नारी है ॥ २९२ ॥

*

झर नाँहिं, बराबर बान जुरे, बक नाँहिं, लगी पर ऊपर है।
जुगुनू गन बूढ़न एकन आगि, परैं भिरि भालन कौ भर है॥
मुरवा अरु चातक-दादुर सोरन, जंतु कुलाहल कौ गर है।
बिरही जन जीवन के बध कौं, बरषा न सखी! सर-पंजर है॥ २९३ ॥

*

स्याम छबि धारै फिरै, धुरवा धरनि छ्वै री,
इंद्र-धनु पीत पट चटक दिखायौ है।
दामिनि-दमकि दुति देत बेर-बेर सोई,
कुंडल अमोल लोल गति चमकायौ है॥
बिसद बलाकन की पाँति बनमाल, अति—
मंद-मंद मेद बाँसुरी लौं स्वर गायौ है।
आवन अवधि रही, प्यारे मनभावन की,
सावन सुहावन सों साज सजि आयौ है॥ २९४ ॥

*

धमकि नगारन सों मेघन गरजि कीन्हों,
चपला चमकि किरपान दरसायौ है।
भूपति मनोज की ध्वजान फहरान लागीं,
बक मँडरान आसमान भरि छायौ है॥
दादुर नकीब चहुँ ओर सों पुकार करें,
मोरन की हाँक सुनि सुरन जनायौ है।
ऐसे समै जानि कै गुमान मत ठान प्यारी,
गाढ़े दल साजिकै असाढ़ चढ़ि आयौ है॥ २९५ ॥

*

नील पट तन पर घन से घुमाइ राखौं,
दंतन की चमक छटा सी बिचरति हौं।
हीरन की कीरन लगाइ राखौ जुगनू सी,
कोकिल-पपीहा-पिक बानी से भरति हौं॥
कीच अँसुवान के मचाइ 'कवि देव' कहै,
बालम बिदेस कौ पधारिवौ हरति हौं।
इन्द्र कैसौ धनु साजि, बेसर पहरि आजु,
रहु रे बसंत! तोहि पावस करति हौं॥ २९६ ॥

*

चपला चट, मोर किरीट लसै, मघवा घन छोभ बढ़ावत हैं।
मृदु गावत आवत, बीन बजावत, मत्त मयूर नँचावत हैं॥
उठि देखि भटू! भरि लोचन, चातक चित्त की ताप बुझावत हैं।
घनस्याम घने घन वेष धरैं, सो बने बन तें ब्रज आवत हैं॥ २९७॥

*

कंपू बन-बागन, कदंब कपतान खरे,
सूबेदार साहब समीर सरसायौ है।
कहै 'पदमाकर' तिलंगी भीर भृंगन की,
मेजर तमूरची मयूर गुन गायौ है॥
का हट करै है, घरराहट अटानन की,
ये ही अरराहट अराबन कौ छायौ है।
मान मुख भंगी सफजंगी ये निसंगी लिऐं,
रंगी रितु पावस, फिरंगी बनि आयौ है॥ २९८॥

*

तरल तिलंगन के तुंग तेह तेजदार,
कानन कदंब कौ, कदंब सरसायौ है।
सूबेदार मोर, बग-दादुर हबलदार,
जमादार औ तंबूर पिक मनभायौ है॥
'ग्वाल कवि' बाढ़ै गरराट घन गहन की,
कंपनी कौ कंपू, झला होय छवि छायौ है।
भूपत उमंगी, कामदेव जोर जंगी, ग्यान—
मुजरा कों पावस, फिरंगी बनि आयौ है॥ २९९॥

*

घटा घन छतरी पै बग-पाँति झाल रहे,
इंद्र-धनु बाँस, रंग विविध मढ़यौ फिरै।
दामिनी दमंक सोई झंझा की झमंक मानों,
बेलि हरी भूमि वृच्छ तकिया कढ़यौ फिरै॥
'बीर' कहै सीतल समीर ही कहार कियें,
धुरवा खवास रास बिध सों बढ़यौ फिरै।
प्यारी पहिचान, पति-पतिनी की पौरि-पौरि,
पंचवान पावस की पालकी चढ़यौ फिरै॥ ३००॥

*

घोर घटा घहरै नभ मंडल, तैसिय दामिमि की दुति जागत।
धावत धूर भरे धुरवा, मुरवा गिरि-सृंगन पै अनुरागत॥

फैली नई हरियारी निहारि, संयोगिन के हियरा सुख पावत।
रीति नई रितु पावस में, ब्रजराज लखे रितुराज से आवत॥ ३०१॥

*

सोहत सुभग बैल बाहन बिमल वायु,
बिसद बकाली सेष-हार लपटायौ है।
आदर सों लाय बर बादर विभूति अंग,
दादुर उमंग धुनि डमरू बजायौ है॥
कारी घटा गज छाल, धारा जटा है बिसाल,
दामिनि-छटा त्रिसूल सुंदर सुहायौ है।
काटि हैं कलेस, मोद देहैं री भटू विसेष,
धरिकै महेस-भेष सावन लखायौ है॥ ३०२॥

*

घन की घनक घन-घंटा-घनकत आली,
दामिनि दमक देत दीपक प्रकास है।
बूंदन के फूल जाल धनु लै बिसाल माल,
आए झुकि मेघ, सो प्रनाम कौ हुलास है॥
मोरन के सोर चहुँ ओर विनय 'दीनदयाल',
पवन झकोर जोर करौ आस-पास है।
पूजन करत प्रीति-रीति प्रकटाय, ये—
पावस न होय, परमेसुर कौ दास है॥ ३०३॥

*

अंकुर कुसुम इंद्रबधू गन चहुँ ओर,
करिकै भगौहैं राखे सूखिवे कों पट है।
रूप घनस्याम घटा छटा सिर सोहत है,
जल ही विभूति भूति पौन ताके तट है॥
हहरि अवाज सुनी जात घर-घर जाकी,
भरिगौ तलाब बड़ौ खप्पर अघट है।
जग के वियोगिन कों काम निसि-दिन बाढ़यौ,
सावन ह्वै योगी यों दिखायौ मरघट है॥ ३०४॥

*

कढ़ी दिसि दक्खिन तें, घोर घन-घटा चढ़ी,
बढ़ी बिरही कों दुख दैन ही कों नम है।
'ठाकुर' झरोखै ह्वै, तनक ताकी तीय कह्यौ,
तू री ताकि आली या उतंग रंगतम है॥

कह्यौ वाहि मेघ सों न मानै कहै जानै तन,
गरजत आवै, यासों जान्यौ योग हम है।
है न बिज्जु, होत किरवारौ दंड चम-चम,
जीव आनै आवत जमात जोरै यम है॥ ३०५॥

*

गरज पुकार सों बियोगी तन छार भए,
बुंदै विष बारि परै महा विषधारी के।
धुरवा अनेक फन मंडन कों बिज्जु मनि,
चमकि-चमकि चित्त होत नर-नारी के॥
बौर फैन झरै, वायु मंत्र सों सँचार करै,
देसन में रोरि परै 'सूरत' डरारी के।
भामिनि भँडारे, विष बामीतें निकारे कान्ह,
फिरै घन कारे, नाग पावस खिलारी के॥ ३०६॥

*

घूमत घुमड़ मतवारे से महान घन,
धूमत नगारे ज्यों धुकार धुनि सों मढ़े।
धुरवा धमक अद्‌भुत से तमक उठी,
दामिनी दमक चारों ओर अस्त्र से कढ़े॥
ऐसी सुधि पावस प्रबल दल 'दयाराम',
आयौ बिरहीन पै अतंक अति ही बढ़े।
बरषा लगा री बाम बान बरखा सी होत,
करखा से पढ़त मयूर गिरि पै चढ़ै॥ ३०७॥

*

आए से अमल झलाझल हू के टोपै सबै,
विधि कारीगर ने विचित्र विसतरे हैं।
रंगत गरूरे, लाल लहर ललाम लौने,
छवि की उमंगन सुहाए जल भरे हैं॥
'ठाकुर' कहत पूरे पानिप के मेरी बीर!
सुखमा भरे हैं, तातें उपमा न करे हैं।
पावस फकीर के, कै मदन अमीर के, ये—
बासन चिनी के, नीके ठौर-ठौर धरे हैं॥ ३०८॥

*

स्याम सम बादर, तड़ित पीत चादर से,
आदर सी बात लगै मीठी घन घोर से।

छाती बनमाल से लसै है धुन 'देवराज'
मोतिन की पाँति बक बंसी टेर मोर से।
भनत 'दिवाकर' सु आनन निसाकर से,
हीरन से जुगुनू धमारन के सोर से।
ए रे पापी पावस! अमावस की राति अस,
कस अनुहारि पिय तोरे मन चोर से॥ ३०९॥

*

उमड़ि-उमड़ि नदी-नद कूल बोरत हैं,
जोर जलधारन सों सूझत कहूँ ना है।
परम प्रचंड पौन धावनि त्यों धुरवा की
झिल्लिन कौ सोर सुनै होत कान सूना है॥
'गिरिधरदास' महा बिज्जु कौ प्रकास सोई,
लागै दीह दुसह दवानल सौ दूना है।
एरी बाल जोई, स्याम बिनु सुख खोई, ये—
पावस न होय, प्रलय-काल कौ नमूना है॥ ३१०॥

*

स्याम घटा नाँहिं, एतौ धूम की छटा है छाई,
बीजुरी कहाँ है, एतौ झाकैं उठैं धुर में।
गरज कहाँ है, घोर फाटै ऐसी थवन की,
जुगुनू कहाँ है, एतौ चिगै उठैं सुर में॥
मेघ बुंद नाँहीं, ये बुझावत फिरत 'देव',
तिनहीं के छींटा देखि आवत अतुर में।
लाल बिन दावादल अब कै बचावै कौन,
ए री! आग लागी है पुरंदर के पुर में॥ ३११॥

*

घन घोरन घोर निसान बजैं, बगुलान धुजा-गन खेचर कौ।
चपलान 'गुलाब' कृपान कटी, जलधारन ही झर है सर कौ॥
धुनि दादुर-चातक-मोरन की न, कुलाहल है अरि के घर कौ।
धरि धीर हिए, बरषा न भटू, गिरि ऊपर कोप पुरंदर कौ॥ ३१२॥

*

'सेनापति' उनए नए जलद सावन के,
चार हू दिसान घुमरत भरे तोय कै।
सोभा सरसाने, न बखाने जात काहूँ भाँति,
आने हैं पहार मानों काजर के ढोय कै॥

घन सों गगन छयौ, तिमिर सघन भयौ,
देखि न परत मानों रवि गयौ खोय कै।
चार मास भरि, स्याम निसा के भरम करि,
मेरे जान याहीं तें रहत हरि सोय कै॥ ३१३॥

*

दैहौं दृग अंजन तिहारे हठ मंजन कै,
पावक सों जावक, हौं पाँयन दिवाय हौं।
सूहौ सिर सारी, डारि झूलि हौं हिंडोरे माँझ,
धीरे से सुरन कछु गुन-गन गाय हौं॥
हठ नाँहीं कीजै, हाहा रच्छाकर बाँधिवे की,
सुनउ सयानी! याकौ भेद हौं बताय हौं।
मेरे तन-ग्राम बैठौ बिरह 'नरेस' नाम,
ह्वैहै चिरंजीव, यातें भूलि ना बँधाय हौं॥ ३१४॥

*

आयौ रितु पावस लौं यौवन चढ़ाई करि,
सैसव कौ फंद बंद छोरन चहत है।
ग्रीषम समान मिट्यौ, जात गुरु-जन भीत,
पवन सुछंदता झकीरन चहत है॥
काम कौ घनेरौ घन, बरसि सनेह बुंद,
तन-मन-प्रान सबै बोरन चहत है।
बयस नदी में 'लाल' प्रेम कौ प्रवाह बाढ़यौ,
लोक-लाज-सीमा हाय तोरन चहत है॥ ३१५॥

*

# शरद

राशि—

कन्या + तुला

मास—

आश्विन + कार्तिक

अमल अकास, प्रकास ससि, मुदित कमल–कुल, कास।
पंथी पितर पायन नृप, सरद सु 'केसवदास'॥

# शरद-परिचय

शरद भी एक मनोरम ऋतु होती है। यद्यपि इसका महत्त्व बसंत और वर्षा के समान नहीं है, तथापि इसमें कुछ ऐसी विशेषताएँ हैं, जिनके कारण वह अन्य चार ऋतुओं की अपेक्षा अधिक महत्त्वपूर्ण मानी गयी है।

वर्षा ऋतु निस्संदेह अत्यंत सुहावनी ऋतु होती है, किंतु दिन-रात की झड़ी, बाढ़, कीचड़, मच्छर और बीमारी के कारण उससे भी मन ऊबने लगता है। उस समय शरद की शांत, शीतल और सुखद ऋतु लोगों को हर्ष और संतोष प्रदान करती है।

घनघोर वर्षा के कारण स्थान-स्थान पर एकत्रित कीचड़ और पानी शरद के आगमन होते ही सूखने लगता है। नदी-नालों में भयंकर बाढ़ आ जाने के कारण आवागमन में जो बाधा उपस्थित हो गयी थी, वह अब दूर होने लगी है। राहगीर और पथिक जन अब स्वच्छंदतापूर्वक यत्र-तत्र आने-जाने लगे हैं। सर-सरिताओं का गंदला जल निर्मल होने लगा है। तालाबों में कमल के खिले हुए फूल और उन पर भ्रमर गण गुंजार करते हुए दिखलाई देते हैं।

वर्षा ऋतु में आकाश मंडल प्रायः मेघाच्छादित रहता था, इसलिए रात्रि में चंद्रमा के दर्शन कठिनता से होते थे। अब शरद के आते ही आकाश निर्मल हो गया है। कृष्ण पक्ष की रात्रि में तारागण चमचमाते हुए दिखलाई देते हैं और शुक्ल पक्ष की रात्रि में चंद्रमा का पूर्ण प्रकाश फैल जाता है।

शरद ऋतु के चंद्रमा का प्रकाश और उसकी चाँदनी—विशेष रूप से दर्शनीय है। कवियों ने बड़े उल्लासपूर्वक इनका मनोहर वर्णन किया है। उनकी दृष्टि में चंद्र और चंद्रिका के कारण ही इस ऋतु का अत्यधिक महत्त्व है। वास्तव में शरद की चाँदनी रात इतनी अधिक प्रभावोत्पादक है कि इसे देखकर मुरझाए हुए मन भी खिल उठते हैं। इसके कारण उदासीन और विरक्त व्यक्तियों के मनों में भी गुदगुदी पैदा होती है और वे केलि-क्रीड़ा

और आनंद-विहार की ओर आकर्षित होते हैं।

शरद ऋतु की इसी मनोरम चाँदनी रात में भगवान् कृष्ण की भुवन-मोहनी बंशी बजी थी, जिसे सुन कर ब्रज की सहस्त्रों गोपियाँ अपनी सुध-बुध भूल कर और अपने आत्मीय जनों को त्याग कर अकेली दौड़ पड़ी थीं! भगवान् श्रीकृष्ण ने गोपियों की इच्छानुसार उसी सुखद वातावरण में उनके साथ गायन-वादन और नृत्य संयुक्त रास-क्रीड़ा की थी। शरद ऋतु की निस्तब्ध एवं नीरव रात्रि में सुंदरी ब्रज-बालाओं के कंकन-किंकिनि और नूपुरों की झनकार, उनके अंग-संचालन और पदाघात के कोमल मधुर रव तथा गायन-वादन की ताल-स्वर युक्त संगीत-ध्वनि से दसों दिशाएँ गूँज उठी थीं।

ब्रजभाषा कवियों ने शरद ऋतु के मोहक प्रभाव के अतिरिक्त उसके प्रकाशमान चंद्र और उसकी उज्ज्वल चंद्रिका का विशेष रूप से वर्णन किया है। इसके साथ ही उन्होंने कृष्ण की बंशी और उनकी रास-लीला का भी ऐसा प्रभावशाली एवं विस्तृत कथन किया है, जिसे पढ़ कर और सुन कर सहृदय एवं रसिक जनों के मुख से अनायास वाह-वाह की ध्वनि निकल पड़ती है!

## आश्विन

प्रथम पिंड हित प्रगट, पितर पावत घर आवैं।
नव दुरगन नर पूजि, स्वर्ग अपवर्गहिं पावैं॥
छत्रन दै छितिपतिहिं, लेत भुव लै सँग पंडित।
'केसवदास' अकास अमल, जल-थल जन मंडित॥
रमनीय रजति-रजनी सरुचि, रमा-रमन हू रास-रति।
कल केलि कलपतरु क्वार महिं, कंत न करहु विदेस गति॥ १ ॥

**

केतकी-कुमुद-कंज, केबरा-कदंब-कुंद,
कुसुम कलित भए कानन कतार में।
कुंज-कुंज केकी-कीर-कोकिला कलोल करें,
कोकी-कोक किलकें, त्यों कालिंदी-कछार में॥
कीरति-कुमारी कंज-नैनी कल कमला सी,
काम की सी कलना कलित करतार में।
'गिरिधरदास' करै केलि कोक कलाधर,
कोटि-कोटि भाँति कान्ह कुँवर कुवार में॥ २ ॥

**

## कार्तिक

कलित कलाधर में कुंद कलिका कतार,
कंज पै कमान कीर पावस विकल है।
कानन में करनफूल, 'गिरिधरदास', कांति—
कुंदन सी, केहर सी कमर कुसल है॥
कुंतल कुटिल कंठ कंबु सी कपोत मोहै,
देख कलिताई काम-कामिनी कतल है।
ऐसी कमनीय कंजमुखी कंत कान्हर सों,
करै केलि कातिक में करन कमल है॥ ३॥

**

बन-उपबन, जल-थल-अकासु, दीसंत दीप गन।
सुख ही सुख दिन-राति, जुवा खेलत दंपति जन॥
देव चरित्र विचित्र, चित्र चित्रित आँगन-घर।
जगत-जगत जगदीस, जोति जगमगति नारि-नर॥
दिन दान-न्हान गुन-गान हरि, जनम सफल करि लीजिऐ।
कहि 'केसवदास' विदेस मत, कंत न कातिक कीजिऐ॥ ४॥

# शरद

*

## शरद-विहार

(राग बिहागड़ौ)

जमुना-पुलिन मल्लिका फूली, सरद-चंद उजियारी।
मंडल बीच स्याम घन सुंदर, राजत गोप कुमारी॥
प्रगटित कला अनूप रूप तिहिं, औसर लाल बिहारी।
सीस मुकुटकुंडल की झलकनि, अलक बनी घुँघरारी॥
कंबु कंठ ग्रीवा की डोलनि, छीनि लई लहकारी।
धाय-धाय झपटत, उर लपटत, उड़पति रविगति न्यारी॥
निरतत-हँसत मयूर मंडली, लागत सोभा भारी।
वेंनुनाद-धुनि सुनि सुर-नर-मुनि, तन की दसा बिसारी॥
'श्री विट्ठल गिरधरन' लाल की, वानिक पर बलिहारी॥ ५॥

*

(राग केदारौ)

सरद-उजियारी कैसी नीकी लागै, निकस कुंज तें ठाड़े।
वरन-वरन के फूल, फूलन के आभूषन, सोंधे भींजे बागे॥
गावत राग-रागिनी यों मिल, मन मिल्यौ राग, केदारौ रागे।
'हरिदास' के स्वामी स्यामा-कुंजबिहारी, कछुक रजनी जागे॥ ६॥

(राग केदारौ)

श्री राधिका संग सरद-रजनी उदित पून्यौ चंद॥
विविध चित्र विचित्र चित्रित, कोटि-कोटिक बंद।
निरखि-निरखि विलास विलसत, दंपती सुख-कंद॥
मलय चंदन अंग लेपन, परस्पर आनंद।
कुसुम-बीजना व्यार ढोरत, सजनी 'परमानंद'॥ ७॥

(राग केदारौ)

नव निकुंज नव भूमि रगमगी।
नवल बिहारीलाल लाड़िलौ, नवल सरद की जोन्ह जगमगी॥
नव सत साजि सकल अँग सुंदरि, नवल बदन पर अलक सगवगी।
'श्री विट्ठल विपुल' बिहारी के अँग सँग, लाड़ति लाड़लि सहज उर लगी॥ ८॥

# शरद-रास

(राग बंगाल)

नृत्यत रास कमल-दल-नैन।
सरद सुरैन अति सुख-दैन॥
श्रीबृंदावन बंसीवट तट, जमुना-पुलिन पवित्र।
पूरन चंद अमंद किरनि करि, रंजित रुचिर विचित्र॥
नवल फूल फूले अनुकले, नाना रंग सुरंग।
मधुकर-पुंज लुब्ध मधु गुंजत, लिऐं संग अरधंग॥
त्रिविध-पवन मन-रवन सहायक, सुखदायक सब काल।
परसत अंग-अंग सचुपावत, उपजावत रस-जाल॥
द्वैंहै बीच सचि एक-एक तन, विहरत स्याम सुदेस।
कनक-कनी बिच गनहुँ नीलगनि, सोहत सुघर सुबेस॥
मध्य जुगल मनहरन बिराजत, छाजत छवि जु अपार।
राग-रंग बहु भाँति भेद भर, तरत रंग बिस्तार॥
नूपुर कंकन-किंकिनी की धुनि सुनि लज्जित कल हंस।
भुज फरकनि, तरकनि कंचुकि, कच छुरि जु रहे ढुरि अंस॥
कुंडल-झलकि ढलकि सीसनि की, भलक भाल छवि देत।
पलक ललक नग चलक कलक मुख, वलक संगीत सहेत॥
पग-पटकनि, पट-झटकनि, खटकनि, भूषन-नख चटकानि।
लटकनि हार, मुखन की मटकनि, अंग अंग लटकानि॥
मंद हँसन, भौंहन की लसन सु खुलनि कसनि तन कूल।
रसन बसन तन सिथिल सुस्रम-कन किरनि सिरन तें फूल॥
पावन धावन धरनि सुहावन, चावनि नृत्य करंते।
गावन सुरहिं मिलावन पियहिं रिझावन वच उचरंते॥
बंसी बजावें, ग्राम जमावें, कल सुर अधिक चढ़ाय।
निकट आय परसावें उर वर, अद्‌भुत तान बढ़ाय॥
डोलन मुकुट, सुकुंडल लोलनि, थेइ-थेइ बोलनि बोल।
पट झट-झोलनि, ओप अतोलनि, ढरि-ढरि दैन तँवोल॥
परसत, भरसत, सरसत तन, मन मधुर सुधा-रस पाय।
स्त्रमित जानि, स्त्रम-कन पिय पोंछत, कहि रस-बैन सुहाय॥
क्रीड़त बहुगत रास-विलासहिं, थकित भए दोउ चंद।
'रूपरसिक' से सोभा निरखत, बाढ़त अति आनंद॥ ९॥

*

(राग टोड़ी)

विसद कदंब सघन वृंदाबन,
रच्यौ रास तरनि-तनया-तट।
सरद-निसा, उडुपति-उजियारी,
पूर्‌यौ नाद मुरली नागर नट॥
स्रवन सुनति चलीं ब्रज-सुंदरि,
साजि सिंगार पहिर भूषन-पट।
अति हुलास कुमुदिनी प्रफुलित,
निरखि लाल ठाड़े बंसी-वट॥
मंडल मधि नाँचत पिय-प्यारी,
गावत स्वर टोड़ी तान बिकट।
'दास सखी' देखत नैनन भरि,
वारि-फेरि डारौं कोटि मदन भट॥ १० ॥

*

फूली कुमुंदिनि सरद सुहाई।
जमुना तीर धीर दोउ बिहरत, कमल नील पीत कर माई॥
नील-बरन स्यामा रुचि कीनी, अरुन वरनता हरि मनभाई।
'श्रीभट' लपटि रहे अंसनि कर, मानों मरकत-कनक जराई॥ ११ ॥

*

(राग खट)

रास-विलास रच्यौ नागर नट।
जुरि मंडल निर्तत ब्रज-बनिता,
नवल निकुंज सुभग यमुना-तट॥
उपजत तान बंधान सप्त स्वर,
बाजत ताल मृदंग, वीन-रट।
सन्मुख ह्वै नाँचत पिय-प्यारी,
लेत सुगंध चाल गति अटपट॥
रसिक बिहार निरखि ससि हार्‌यौ,
सरद-निसा भूल्यौ अपनी अट।
'कृष्णदास' गिरिधर श्री राधा—
राजत, मेघ मानों दामिनि-घट॥ १२ ॥

*

(राग सारंग)

करत हरि नृत्य नव रंग राधा संग,
लेत नव गति भेद चरचरी ताल के।
परसपर दरस, रसमत्त भए, ततथेई—
थेई गति लेत संगीत सुर साल के॥
फरहरत बरही वर, थरहरत उर-हार,
भरहरत भ्रमर वर, बिमल बन-माल के।
खसित सित कुसुम सिर, हँसत कुंतल मनों,
लसत कल झलमलत, स्वेद-कन-माल के॥
अंग-अंगन लटक, मटक भृंगन भौंह,
पटक पट, ताल कोमल चरन-चाल के।
चमक चल कुंडलन, दमक दसनावली,
विविध विद्युत भाव लोचन विसाल के॥
बजत अनुसार द्रिम-द्रिम मृदंग-निनाद,
झमक झंकार कटि-किंकिनी भाल के।
तरल ताटंक तड़ित, नील नव जलद में,
यों विराजत प्रिया पास गोपाल के॥
जुबति जन जूथ, अगनित बदन चंद्रमा,
चंद भयौ मंद उद्योत तिहिं काल के।
मुदित अनुराग बस, राग-रागिनी तान,
गान गति गर्व रंभादि सुर-बाल के॥
गगन-चर सघन रस मगन वरषत फूल,
वारि डारत रत्न जटित भर थाल के।
एक रसना 'गदाधर' न बरनत बनै,
चरित्र अद्भुत कुँवर गिरिधरनलाल के॥ १३ ॥

*

(राग विहागड़ौ)

निरतत रास में पीय-प्यारी।
जमुना-पुलिन सुभग वृंदाबन, सरद चंद उजियारी॥
बजत ताल मृदंग-झाँझ-ढप, सप्त सुरन गति न्यारी।
उरप-तिरप गति लेत सुलप अति, लाड़िली-लाल बिहारी॥
जै-जै कहि बरसत कुसुमावलि, सुरन सहित सुरनारी।
'श्री विट्ठल गिरिधरनलाल' पर, सरवस डारत वारी॥१४॥

(राग भैरव)

वृंदावन उज्ज्ल वर जमुना-तट नंदलाल,
गोपिन सँग रहस रच्यौ सरद-जामिनी।
निरतत गोपाललाल, सँग में ब्रज-बाल वनों,
अद्‌भुत गति लेत कोक कलित कामिनी॥
लाग डाँट सुर-बँधान, गावत अचूक तान,
ततथेइ-ततथेइ थेई गति अभिरामिनी।
गोपिन सँग स्यामसुंदर मंडल मधि सोभित अति,
बिहरत बहु रूप मानों मेघ-दामिनी॥
थाक्यौ नभ चंद, देखि रैनि-गति, सिथिल भई—
लखि हरि गजपति संग गज-गामिनी।
'हरीचंद' सोभा लखि, देव-मुनि नभ बिथकित,
मानी हरि साथ, सबै ब्रज-भामिनी॥ १५॥

(राग नट)

आजु बन नीकौ रास रचायौ।
पुलिन पवित्र सुभग जमुना-तट, मोहन बेनु बजायौ॥
कर-कंकन किंकिनि-धुनि नूपुर, सुनि खग-मृग सचुपायौ।
युवती मंडल मध्य स्याम घन, नट-नारायण गायौ॥
ताल मृदंग, उपंग, मुरज, ढप, मिलि रससिंधु बढ़ायौ।
विविध विसद वृषभानु-नंदिनी, अंग सुधंग दिखायौ॥
अभिनय निपुन लटक-लट लोचन, भ्रकुटि अनंग लजायौ।
ततथेइ-ततथेइ लेत नौतन गति, पति ब्रजराज रिझायौ॥
परम उदार रसिक चूड़ामनि, सुख-वारिद बरसायौ।
परिरंभन, चुंबन, आलिंगन, उचित जुवति जन पायौ॥
वरषत कुसुम मुदित नभ-नायक, इंद्र निसान बजायौ।
'हित हरिवंस' रसिक राधापति, जस-वितान जग छायौ॥ १६॥

(राग टोड़ी)

निरतत राधा-नंदकिसोर।
ताल मृदंग सहचरी बजावत, बिच-बिच मोहन मुरली कल घोर॥
उरप-तिरप पग धरत धरनि पर, मंडल फिरत भुजन-भुज जोर।
सोभा अमित विलोकि 'गदाधर', रीझि-रीझि डारत तृन तोर॥१७॥

## शरद-छवि

आओ लखैं छवि सरद की, करि दूरि संसय भूरि।
मिलि लेहिं स्वागत तासु, जास उजास चहुँघा पूरि॥
नहिं प्रात बात समात अंग, उमंग हिय अधिकाय।
जलजात-पातन कोर हिम, जलकीय चंचल आय॥
मालती सौरभ, चमेली छिटकि, कलिकनि पास।
नदि-कूल फूले लखि परत, बहु स्वेत-स्वेत जु कास॥
जहँ कंज बिकसित, कुमुद बहु, अरु केतकी कल कंज।
गुंज कर रस लेत, दीसत रसिक षटपद पुंज॥
पिय-पीय पपिहा करि रह्यौ, अब कहँ मिलै जल-स्वाँति।
उन्नत मुखहिं करि व्यौम दिसि नहिं लखत मोरन-पाँति॥
गरद बिन छित, सालि सोहत जरद बहु लहराय।
पंकहु नसानी, संक का की? चलहिं सब इतराय॥
नील निरमल नभ लसै, निसिनाथ मंजु प्रकास।
सुंदर सरोवर सलिल में, ता सुघर छाया-भास॥
चारु चमकनि चाँदनी, चूनर धरें छवि-जाल।
माधुर्य मय ससि जासु मुख, उडुगन सुमौक्तक माल॥
नील उत्पल चारु चख, औ चपल लहरी सैन।
मानहुँ चलावति मोहिवे युव जन उरहिं सुख दैन॥
सारस सरस नव गान, मनु कटि किंकिनी सरसाय।
रव मत्त बाल मराल नूपुर कलित ध्वनि जनु छाय॥
कुसुम कुसुमित काँस के मधु हास सोभा पाय।
रितु-सारदी, किधौं कामिनी कमनीय ये दरसाय॥
'सतदेव' प्रेमिन प्रेम बस टरकाय पावस धाय।
सज्जन दरद-दारक प्रिय! आयौ सरद सुखदाय॥ १८॥

*

बोरत प्रेम-पयोनिधि में, रितु सारदी आई दया निज जोरत।
टोरत-फोरत ग्रीषम कौ बल, बारिद कौ बल तोरत-मोरत॥
लोरत खंजन पै 'सतदेव जू', छोरत काँस में साँस बहोरत।
चोरत मंजु चितै चित चायनि, चाँदनी चारु पियूष निचोरत॥ १९॥

*

अरुन सरोरुह कर-चरन, दृग खंजन, मुख चंद।
समय आइ सुंदरि सरद, काहि न करति अनंद॥ २०॥

## शरद-वर्णन

हंस-उर मोद छए, खंजन प्रगट भए,
पंथिन नें पंथन की ताप विसराई है।
पल्लव नवीन भए, सुमन रँगीन भए,
मीन भए मुदित, अमल जल पाई है॥
'लाल बलबीर' मनमोहन मगन भए,
जाय बनराज जू में बाँसुरी बजाई है।
बिमल अकास भए, चंद के प्रकास भए,
तिमिर के नास भए, सरद रितु आई है॥ २१॥

*

पावस विकास, तातें पायौ अवकास, भयौ—
जोन्ह कौ प्रकास, सोभा ससि रमनीय कों।
विमल अकास, होत वारिज विकास,
'सेनापति' फूले कास, हित हंसन के हीय कों॥
छिति न गरद, मानों रँगे हैं हरद, सालि—
सोहत जरद, को मिलावै हरि पीय कों।
मत्त हैं दुरद, मिट्यौ खंजन-दरद,
रितु आई है सरद, सुखदाई सब जीय कों॥ २२॥

*

कातिक की रात, थोरी-थोरी सियरात, 'सेना—
पति' है सुहात, सुखी जीवन के गन हैं।
फूले हैं कुमुद, फूली मालती सघन बन,
फूल रहे तारे, मानों मोती अनगन हैं॥
उदित बिमल चंद, चाँदनी छिटकि रही,
राम कैसौ जस, अध ऊरध गगन हैं।
तिमिर हरन भयौ, सेत है बरन सब,
मानहु जगत छीर-सागर मगन हैं॥ २३॥

*

चंद्रमा-प्रकासन में, चंदमुखी-हासन में,
अवनि-अकासन में, कासन में छाई है।
'नंदराम' तालन में, इंदीवर-मालन में,
चंचरीक-जालन में अधिक अमाई है॥
मल्लिका की डारिन में, मालती कियारिन में,
फूली फुलवारिन में, सौगुनी सोहाई है।

काम कैसी खेतिन में, बालुका समेतिन में,
सूरसुता-रेतिन में सरद समाई है॥ २४॥

*

मोरन के सोरन की नैंकौ न मरोर रही,
घोर हू रही न, घन घने या फरद की।
अंबर अमल, सर-सरिता विमल, मल—
पंक कौ न अंक, औ न उड़नि गरद की॥
'ग्वाल कवि' चहूँघा चकोरन कें चैन भयौ,
पंथिन की दूर भई दूखन-दरद की।
जल पर, थल पर, महल अचल पर,
चाँदी सी चमकि रही, चाँदनी सरद की॥ २५॥

*

बन-उपबन, निरझर-सर सोभा सने,
अंबर-अवनि कल बल बरसावनी।
हंस जल रचित, खचित थल-बनन,
निसापति की सरित जुन्हाई सुखदावनी॥
'ऋषिनाथ' मालती-मुकुंद-कुंद कुसुमित,
बास-पारिजात पारिजात बलि पावनी।
मन अरुझावनी, रसिक चित भावनी,
रास-रंग उपजाय रैनि सरद सुहावनी॥ २६॥

*

मोरन कौ सोर गयौ, घनन कौ घोर गयौ,
झींगुर कौ जोर गयौ, भौंरन अनंद है।
पपीहा की कूक गयी, चकोरन की हूक गयी,
दादुर की दूक गयी, जुगनू गन मंद है॥
'लाल बलबीर' अबैं पावस कौ जोर गयौ,
सरद कौ सोर छयौ, बहत सुगंध है।
तम कौ निवास गयौ, बिज्जु कौ प्रकास गयौ,
कैसौ ये अमंद आज दमदमात चंद है॥ २७॥

*

विविध बरन सुर-चाप के न देखियत,
मानों मनि-भूषन उतार धरे भेस हैं।
उन्नत पयोधर बरसि रस गिरि रहे,
नीके न, लगत फीके, सोभा के न लेस हैं॥

‘सेनापति’ आए तें सरद रितु फूलि रहे,
आस-पास कास-खेत स्वेत चहुँ देस हैं।
जोवन हरन कुंभ जोनि के उदै तें भई,
बरषा बिरध ताके स्वेत मानों केस हैं॥ २८॥

*

छिति पर देखो महा सौरभ सरस सुभ,
सौरभ सरस पर, सुरस सरद की।
रस पर कहै ‘स्यामसुंदर’ झलक छवि,
छवि पर मारुत, जो जलद सरद की॥
मारुत पै राजत गगन, सु गगन पर,
चाँदनी बिराजत, त्यों सारद सरद की।
चाँदनी पै चंद की मुसाहिबी दुचंद फबी,
चंद की मुसाहिबी पै, साहिबी सरद की॥ २९॥

*

कासन के कुसुम बिकासन लगे है अंग,
कंज-कंज आसन पै चारुता चढ़ै लगी।
‘सेवक’ भनत छवि तारन कतारन त्यों,
तारन पिया की पुरहारन मढ़ै लगी॥
अवनि में, अंबु में, अकासनि में आछी-भाँति,
ठौर-ठौर दीपन की दीपत कढ़ै लगी।
सेली कों सकेलि कै, चमेली के चलत चाह,
बेली सम बनिता नवेली की बढ़ै लगी॥ ३०॥

*

आई रितु सरद, गगन विमलाई छाई,
खंजन की राजी कुंज-कुंजन बसै लगी।
हरित-हरित पथ पथिक सिधारे पथ,
अकथ ‘मुरारि’ ओज जग बिलसै लगी॥
सुमन-सरासन के, सुमन-सरासन तें,
छूटिके सुमन-सर अलिहिं गसै लगी।
तालन कमल फूले, कमल बितूले अलि,
अलि पर पीतिमा पराग की लसै लगी॥ ३१॥

*

सुंदर सुखद पद, भजु मन तजि मद,
सद जानि मेरौ कह्यौ सरद-अनंद कौ।

'द्विज बलदेव' कहै दर-दर सदन में,
मदन के दूत भेज दीन्हौं पूत नंद कौ॥
दलित दुकूल द्रुम कदम कलिंदी के हैं,
इंदीबर बदन दुराव नापसंद कौ।
दीपति दुगुन देस, दिसि दस हू में देत,
दीरघ दराज दिल देखियत चंद कौ॥ ३२॥

*

बिकसन लागे कल कुमुद-कलाप मंजु,
मधुर अलाप अलि-अवलि उचारै हैं।
कहै 'रतनाकर' दिगंगना-समाज स्वच्छ,
कास भिसि हास के बिलासन पसारै हैं॥
क्वार-चाँदनी में रौन-रेती की बहार हेरि,
याही निरधार ही हुलास भरि धारै हैं।
जीत दल बादल के परब पुनीत पाइ,
कूल कालिंदी के चंद रजत बगारै हैं॥ ३३॥

*

पौन अति सीतल न तपत सुगंध सने,
मंद-मंद बहत अनंद-दैन हारे हैं।
कहै 'रतनाकर' सुकुसुमित कुंजन में,
बठि उठि भ्रमत मलिंद मतवारे हैं॥
छिटकति सरद-निसा की चाँदनी सों चारु,
दीपति के पुंज परै उचटि उछारे हैं।
स्वच्छ सुखमा के परिपूरित प्रभा के मनों,
सुंदर सुधा के फूटि फबत फुहारे हैं॥ ३४॥

*

बरन्यौ कबिन कलाधर कौ कलंक, तैसौ—
को सकै बरनि, तिन हू की मति छीनी है।
'सेनापति' बरनी अपूरव जुगति ताहि,
कोबिद बिचारो कौन भाँति बुधि दीनी है॥
मेरे जान जेतिक सों सोभा होत जान परी,
तेतिकै कलानि रजनी की छबि कीनी है।
बढ़ती के राखे, रैन हू तें दिन ह्वै है, यातैं—
आगरी मयंक तें कला निकासि लीनी है॥ ३५॥

*

अति ही अमंद, बंधु चंद्रिका सुधाकर की,
पुंडरीक पथिक पिया कों प्रतिकूल है।
कहत 'किसोर' निसि नारि के हिए की मनि,
दरसावै कुँवर किसोरी दिन दूल है॥
दरद हरन, वर परव कों इंदु स्वच्छ,
सरद सु इंदिरा कों, मुख सुख-मूल है।
तारकन कलित मँझार चारु दुति, फूल्यौ—
अंतरिक्ष कलप-तरोवर सौ फूल है॥ ३६॥

*

पथिक सुखद बिकसित कमल, अमल काम आकास।
कुमुद बंधु युत कौमुदी, बरनिय सरद बिलास॥
चंद्र छत्र धरि सीस पै, लहि अनंग उपदेस।
कमल सस्त्र गहिं जीति जग, लीन्हौ सरद नरेस॥
घन-घेरौ छुटिगौ, हरषि चली चहुँ दिसि राह।
कियौ सुचैनौ आय जग, सरद सूर नर-नाह॥
दिन सोहत जल अमल है, निरमल कमल अनूप।
निसि जोहत ही बाद बदि, हिय मोहत ससि रूप॥
उयौ सरद राका-ससी, क्यों न करत चित चेत।
मनहुँ मदन छितिपाल कों, छाँहगीर छबि देत॥
चंद बदन दरसाय, अरु खंजन चखनि चलाइ।
सकल धरा कों छलत मन, सरद अपछरा आइ॥ ३७॥

*

नीर भए अचल सकल नद-नद्दिन के,
थकि रहे पंछी तन सुधि बिसराई है।
सुरभी समूह सुनि मौनी नों मगन भए,
छए उर मोद नये बैन सुखदाई है॥
'लाल बलबीर' थकि रहे चंद तारागन,
सीतल समीर आय अंग लिपटाई है।
सरद रितु आई, सुखदाई मनभाई माई,
आज ब्रजचंद मिल बाँसुरी बजाई है॥ ३८॥

*

फूले अरबिंद-बृंद बिमल तड़ागन में,
बागन चमेली खिली, सुखमा अमंद है।

सीतल सुगंध मंद चलत समीर बीर,
प्यारे 'बलबीर' संग राधा सुखकंद है॥
बहरै छबीले लखैं लहरैं कलिंदजा की,
देख छवि ताकी होत उरन अनंद है।
जैसी ये दमंकै आली! रेनु बनराज जू की,
तैसौ ही चमंकै चारु सरद कौ चंद है॥ ३९॥

*

मोदिनी के देखिए कुमोदिनी के ही के दीह,
दीपति दिपति दीप दुति उपटान की।
लोक-लोक लोकन के थोकन बिनोद बाढ़ौ,
सोभा सरसाई स्वच्छ सरित-तटान की॥
रंग भरी राजत नवीन रस राका रम्य,
सीतल सुगंध गंध रजनी जटान की।
नंदित चकौरै छवि छाकि सुख लूटैं लेत,
छूटै चंद्र-मंडल तें छहर छटान की॥ ४०॥

*

सिगरे दिन वारि पहार समैत, तची अति दुस्सह पूखन सों।
भई मली महा 'रघुनाथ' कहै, वहु छारि बयार के रूखन सों॥
पल डीठि लगाइ न जाइ लखी, इमि भूमि रही भरि दूखन सों।
सोई लौपत सौ ससि आवत है, दिसि भीजी पियूष-मयूखन सों॥ ४१॥

*

कमल सरद रितु सोहई, नरमल नील अकास।
निसानाथ पूरन उदित, सोलहै कला प्रकास॥
चारु चमेली बन रही, मह-मह महँकि सुवास।
नदी-तीर फूले लखौ, सेत-सेत बहु कास॥
बसन चाँदनी, चंद मुख, उडुगन मोती-माल।
कास फूलि मधु-हास, ये सरद, किधौं नव बाल॥ ४२॥

*

सरसी निरमल नीर पुनि, चंद-चाँदनी पीन।
घन बरसे आकास अरु, अवनी रज है लीन॥
अवनी रज है लीन, विमल तारागन सोभा।
राजहंस पुनि कीन, सकल हिमकर की जोभा॥
इत सरवर, उत गगन दुहूँ, समता है परसी।
'सेनापति' रितु सरद, अंग-अंगन छबि सरसी॥ ४३॥

*

## शरद-चंद्रोदय

दृगन 'किसोर' जो चकोरन कों ताप कर,
कुमुद-कलाप मुकुली कर सुछंद भौ।
मानिनीन हू के मद-दरप दलित कर,
कंदरप कंदलित कर जग बंद भौ॥
मुद्रत कमल-अबली कर, तिमिर धबली—
कर, दिसान कबली कर, अनंद भौ।
अंबुध अमित कर, लोकन मुदित कर,
कोक अमुदित कर, समुदित चंद भौ॥ ४४॥

*

पिय देखत मानों रमा उझकी, मुख कुंकुम रंजित भाजत है।
रजनी उर कौ अनुराग इहै, किधौं मूरतिवंत बिराजत है॥
किधौं पूरन चंद सुछंद उदोत, 'मुकुंद' सबै सुख साजत है।
किधौं प्राची दिसा नव बाल के भाल, गुलाल कौ बिंदु बिराजत है॥ ४५॥

## शरद की चाँदनी

अमल अकास देख, ससि कौ प्रकास देख,
मिटी है चकोर-पीर बिरहा दरद की।
प्रफुलित कंजन पै गुंजत मधुप-पुंज,
झरत पराग मानों बरषा जरद की॥
'लाल बलबीर' संग बिहरैं बिहारी-प्यारी,
रही न निसानी, दिसि दसन गरद की।
वृंदाबन-चंद जू की देखौ रेनु दमदमात,
चमचमात चारों ओर चाँदनी सरद की॥ ४६॥

*

चम-चम चाँदनी की चमक चमकि रही,
राखी है उतारि कर चंद्रमा चरख तें।
अंबर, अवनि, अंबु, आलऐ, विटप, गिरि,
एक ही से पेखे परें, बनैं न परख तें॥
'ग्वाल कवि' कहै, दसौ दिस ह्वै गयीं सफेद,
खेद कौ रह्यौ न भेद, फूली हैं हरष तें।

लीपी अबरख तें, कै टीपी पुंज पारद तें,
कैधौं दुति दीपी, चारु चाँदी के बरख तें ॥ ४७ ॥
*

तालन पै, ताल पै, तमालन पै, मालन पै,
वृंदाबन-बीथिन बिहार बंसीबट पै।
कहै 'पदमाकर' अखंड रास-मंडल पै,
मंडित उमंड महा कालिंदी के तट पै ॥
छिति पर, छान पर, छज्जत छटान पर,
ललित लतान पर, लाड़िली के लट पै।
आई, भलै छाई, ये सरद-जुन्हाई,
जिहि पाई छबि आजही कन्हाई के मुकुट पै ॥ ४८ ॥
*

छाई छपा दिन ज्यों दरसी, मिलिकै चकवान बियोग बिसार्‌यौ।
सौगुनौ बाढ़्यौ प्रकास दिसान में, चौगुनौ चाव न जात उचार्‌यौ ॥
कैसी खिली है अलौकिक चाँदनी, 'नागर' ताकौ विचार विचार्‌यौ।
राधे जू ऊँचे अटा चढ़िकै, कहूँ आज नीलांबर घूँघट टार्‌यौ ॥ ४९ ॥
*

पूरि रह्यौ छिति तें अकास लौं प्रकास-पुंज,
जामैं लखि रजत-पहार गुमड़ी परै।
पारद अपार 'रतनाकर' तरंग की सी,
सुखमा अभंग चहुँ घेर घुमड़ी परै ॥
चमकत रेती चारु जमुना-कछार-धार,
बिपिन अगार झलमल झुमड़ी परै।
राखी संचि चंद्रिका मनों जो बरषा भर की,
सोई चंद तें ह्वै सतचंद उमड़ी परै ॥ ५० ॥
*

नगर-निकेत, रेत-खेत सब सेत-सेत,
ससि के उदेत, कछु देत न दिखाई है।
तारिका मुकुत-माल, झिलिमिलि झालरनि,
बिमल बितान नभ-आभा अधिकाई है ॥
सामोद प्रमोद ब्रज-बीथिन बिनोद 'देव',
चहूँ कोद चाँदनी की चादरि बिछाई है।
राधा मधुमालतिहिं माधव मधुप मिलि,
पालिक पुलिन झीनी परिमल झाई है ॥ ५१ ॥
*

फटिक-सिलानि सों सुधार्‌यौ सुधा-मंदिर,
उदधि-दधि की सी अधिकाई उमँगै अमंद।
बाहर तें भीतर लौं भीतिन देखैए 'देव',
दूध कौ सौ फैन फैलौ आँगन फरसबंद॥
तारा सी तरुनि, तामैं ठाढ़ी झिलमिलि होत,
मोतिन की जोति, मिली मल्लिका कौ मकरंद।
आरसी से अंबर में आभा सी उज्यारी लगै,
प्यारी राधिका कौ प्रतिबिंब सौ लगत चंद॥ ५२॥

*

कातिक पून्यौ कि राति ससी, दिसि पूरब अंबर में जिय जान्यौ।
चित्त भ्रम्यौ पुमनिंदु मनिंदु फनिंदु उठ्यौ भ्रम ही सों भुलान्यौ॥
'देव' कछू बिसवास नहीं, सोई पुंज प्रकास अकास में तान्यौ।
रूप-सुधा अँखियान अँचै, निहिचै मुख राधिका कौ पहिचान्यौ॥ ५३॥

*

दरन पै, द्वारन पै, कलित किंवारन पै,
द्रुमन पै, डारिन पै, लोनी लतिकान पै।
हाटन पै, बाटन पै, नीके नव घाटन पै,
गेहन पै, सेजन पै, अमल अटान पै॥
बागन पै, बन पै, निकुंजन पै, पत्रन पै,
फूलन पै, कूलन पै, सर-सरितान पै।
'रसिक बिहारी' सुखदाई चहुँघाई भाई,
छाई वह सरद-जुन्हाइ बनितान पै॥ ५४॥

*

सारी जर-तारी लगी, मनिन किनारी, त्योंहीं—
दामिनी दबाइ लेत दमक रदन की।
हीरन के हार 'हठी' गजरा गुलाबदार,
अंग-अंग फैल रही दीपति मदन की॥
हेम की छरी सी, मानों सुखन जराव जरी,
सब गुन भरी, परी छबि के कदन की।
चाँदनी बिछौना, भाल चंदन लगावै बाल,
चाँदनी में बैठी लाल! चंद से बदन की॥ ५५॥

*

बादला के बीजना, बनाय वर बादला के,
बानिक सहेली ज्यों सुरेस के सदन की।

मोतिन के हार, औ हमेल-गुलूबंद-बेंदी,
पहरि खराऊ खरी कुंजर-रदन की॥
हीरा ही कौ चूरा, बाजूबंद औ तरौना-बैना,
महा सुखदानी रानी मोहन मदन की।
चाँदनी में, चाँदनी पै, चाँदनी-बिछौना पर,
चाँदनी सी फैली चारु चाँदनी बदन की॥५६॥

*

देखिए पियारे कान्ह! सरद सुधारे सुधा,
धाय उजियारे चौकी चामीकर दरसै।
चोबा चाँदी चमकै, चँदोवा गुहे मोतिन के,
झलकत झालरें जुन्हाई-ज्योति परसै॥
हीरा सी हँसन, हीरा-हार की लसन, सौधें—
सारी रही सन, 'कवि सोभ' छबि सरसै।
कोटि-कोटि कला मुख चंद तें सरस प्यारी,
बादला फरस, रूप झलाझल बरसै॥५७॥

*

हीरन के सदन सजाए हित ही के जी के,
चाँदनी जरी की नीकी झालर झला की है।
कंचन-सिंहासन हैं, खासे सेत आसन हैं,
राजत तहाँ ही अलिगन गान ताकी है॥
'दास' कहै दासी खासी लै-लै री अतर आसी,
अंगन लगाय, चाय नेह-रंग छाकी है।
देखु-देखु आली! नैन करिए निहाली, कैसी—
सरद-निसा की झाँकी कृष्ण-राधिका की है॥५८॥

*

साजे अंग-अंग चीर जगत जरी के नीके,
तैसी हीर-हारन की झलक झलाकी है।
जैसे ही रँगीले छैल नेह-रंग राचे, तैसी—
चाँदनी चटकदार चंद की कला की है॥
'दास' कहै तैसी कोटि किंकिनी कनक राजै,
तैसी ही चटक कर करत छला की है।
देखु-देखु आली! नैन करिऐ निहाली, कैसी—
सरद-निसा की झाँकी लाड़िली-लला की है॥५९॥

*

लाड़िली-ललाकी छबि देख री निराली आली,
सेत अंग-वस्त्र, हीर-आभूषन धारै हैं।
बाँसुरी बजावें, हरषावें, मुसिक्यावें, गावें,
सखी सुख पावें, हेरि सीस चौर ढारै हैं॥
'लाल बलबीर' कर-कर सों मिलावें, उरे—
मोद कों बढ़ावें, छैल गल भुज डारै हैं।
सुखमा अमंद, सुख-कंद राधिका-गोविंद,
दोऊ ब्रजचंद चंद चाँदनी निहारै हैं॥ ६०॥

*

चाँदनी महल बैठी, चाँदनी के कौतुक कों,
चाँदनी सी फूली राधे, चाँदनी महा लरैं।
चंद की कला सी, देवता सी देव-दासी,
अंग फूल से दुकूल, गरैं फूलन की मालरैं॥
छूटत फुहारे, तारे झलके अमल जल,
चमकै चँदोवा मनि-मानिक बिसालरैं।
बीच जर-तारन की, हीरन के हारन की,
जगमगी ज्योतिन की, मोतिन की झालरैं॥ ६१॥

*

चंद निसि ललना, बदन लखि आई, कैधौं—
पारद की खानि फैलि आई आसमान है।
कैधौं सुख के प्रबोध, सुखित सकल सुर,
लोकन के कल हास, भासै भासमान है॥
मेरे जान मदन महीप सब जीत छिति,
ऊरध चढ़ाइ कै, तयारी कों समान है।
कैधौं तारागन मुकताहल के झूमकन,
चाँदनी न होय, चारुताई कौ बितान है॥ ६२॥

*

बह रही विसद छीर नद तें सरद सुभ्र,
सोभित सुखद फैली फैन के फरद की।
उनमद मद में सुगंध की बिहद सैना,
धाई चहुँ हद तें, छपद रु जरद की॥
तैसौ ही बिरह बद, मार दै गद बद,
चूमत करेजौ कोर काम के करद की।

चीर कीने रद री, दरद दै करी हौं बे—
परद, बे दरद, दैया चाँदनी सरद की ॥ ६३ ॥

*

चाँदनी के आँगन, बिछौना नीके चाँदनी के,
चाँदनी सी देखि अँखियान सुख लह्यौ है।
चाँदनी सौ चीर चारु, चाँदनी के आभूषन,
चंपक के गात, न बखानौ जाति कह्यौ है॥
'हठी' आस-पास बैठी सुघर सुजान सखी,
जिन्हें देखि रति कौ गुमान जात बह्यौ है।
राधे मुखचंद की निकाई ब्रजचंद आज,
अवनी-अकास लौं प्रकास फैल रह्यौ है ॥ ६४ ॥

*

कढ़त निसाकर दिवाकर सौ दीठि परयौ,
अंधकार सो तौ एक पल में पलायौ है।
भोर भयौ जानि कै बिहंगन में सोर मच्यौ,
अवनी-अकास में प्रकास सरसायौ है॥
परी चल-चाल बाल चमू-चतुरंगिनी में,
'नागर' तपत तेज ब्रज पर आयौ है।
चाँदनी न होय ये, मानिनी के जीतिवे कों,
मैन महारथी ब्रह्म-अस्त्रहिं चलायौ है ॥ ६५ ॥

*

आस-पास पुहुमी प्रकास के अँगार सोहैं,
बनन अगार दीठि ह्वै रही निवर तें।
पाराचार पारद अपार दसों दिसि बूड़ी,
चंड ब्रह्मंड उतरात विधि वर तें॥
सरद-जुन्हाई जनु धाई धार सहस,
सुधाई सोभा-सिंधु नभ सुभ्र गिरिवर तें।
उमड़्यो परत ज्योति मंडल अखंड सुधा,
मंडल मही में, बिधु-मंडल बिवर तें ॥ ६६ ॥

*

पूरन सरद-ससि उदित प्रकासमान,
कैसी छबि छाई देखो बिमल जुन्हाई है।
अवनि-अकास, गिरि-कानन औ जल-थल,
व्यापक भई, सो जिय लागत सुहाई है॥

मुकता-कपूर-चूर, पारद-रजत आदि,
उपमाएँ उज्जल, पै 'नागर' न भाई है।
बृंदाबन-चंद चारु सगुन बिलोकिवे कों,
निरगुन-ज्योति मानों कुंजन में आई है ॥ ६७ ॥

*

पूरब हसित बनिता कौ मुख पत्र, तामें—
रचना रुचिर वर मृग-मद-रंग की।
कैधौं नभ-सरवर फूल्यौ है कमल, तामें—
मेचक प्रभा है आली ! अवली उमंग की ॥
औरौ कवि-कोविदन उपमा अनेक कही,
'बदन' बखानै एक इहि बिधि अंग की।
विरही निरखि याहि नाखत निसाँस, यातें—
दागिल दिखात, मानों आरसी अनंग की ॥ ६८ ॥

*

मोती मंजु महल बितान तने मोती मई,
मोतिन की झालरैं मनोजहिं गनै नहीं।
'सेवक' भनत वैसे फरस फनूस आज,
सेज-सुखमा की छवि उर सों छनै नहीं ॥
चाँदनी चटक, इत चमक चुनीन तैसी,
अंग चारु तासों दोऊ मोरत मनै नहीं।
सरद कौ साज, ब्रजराज-राधिका कौ आज—
चाहत बनै, पै त्यों सराहत बनै नहीं ॥ ६९ ॥

*

राजी जिय करत, रसीलिन की राजी तैसी,
राजी मुकुलित मालती की दरसातियाँ।
कुंज-कुंज-मंदिरन, अलि-पुंज गुंजरत,
मंजु मकरंद मंद गति सी विभातियाँ ॥
कहत 'किसोर' कोष बद्ध कमनीय महा,
रमनीय रमन बिनाह बन-जातियाँ।
सरद समस्त सोभा ससि मय व्यौम, काम—
वसमय विस्व, रंग रसमय रातियाँ ॥ ७० ॥

*

अकल अरील भाते मंजुल मलिंद, जल—
अमल, अनंद चंद, पूरन कदन है।

अधर अनौखे अरुनारे बंधु जावक से,
चाँदनी से हास, त्यों सितारे से रदन है॥
खंजन से माते, मनरंजन चकोर से हैं,
अंजत बनै न, नैन सुखमा-सदन है।
सरद-मराली सी, मृनाली सी मिली सी आली,
कैसौ 'जगमोहन' सोहावन वदन है॥७१॥
*

## शरद-विलास

आज रंग-रसभीने रसिक बिहारी वर,
बिरचि विचित्र व्यौम चारु चित्त चोरी के।
बैठे धीर ध्यासन कलिंद-तनया के तीर,
सुखमा न चाहै आपु रस मान थोरी के॥
कहत 'किसोर' दीन मंजु कर कंज बीन—
परम प्रवीन, गावै गुन-गन गोरी के।
छकत प्रभा में लखि अति अभिरामें स्यामै,
सरद-निसा में स्यामै कुँवरि किसोरी के॥७२॥
*

प्यारे पास बैठी आनि, रूप-रासि प्रान प्यारी,
चाँदनी के देखिवे कों चाव चित्त भरिगौ।
हीरन के, मोतिन के आभूषन संग सख
अंग तें प्रकास दूनी छवि कौ पसरिगौ॥
उपना न हैवे की चली है कहा 'रघुनाथ',
तारन समैत उभय ताप तातें ठरिगौ।
प्राची तें लै गगन प्रतीची तक सब रात,
छवि-छपाकर छपाकर छपा करिगौ॥७३॥
*

सुंदर सुधार्‌यौ सौंध-सुधा सों सुधार सन्यौ,
सौरभ सरस सुरभित आस-पास सों।
बिमल बिछौने बिछे रजत-जरी के चारु,
जग-मग होत 'भोलानाथ' के निवास सों॥
राकापति छायौ तैसौ मध्य में, सुमध्य बाल—
बैठी परयंक पै, बिराजत सुहास सों।

अंबर में चंद, कै अवनि पर चंद, चहूँ—
चाहत चकोर, सोर पार्‌यौ है प्रकास सों ॥ ७४ ॥

आनँद कौ कंद, मुख इंदु अरबिंदु कौ,
पानिप अमंद तन कीरति सी काम की।
नासा तिल-कुसुम, प्रकास हास कास मानि,
सकै कौ वखानि, खानि सोहै बिसराम की ॥
खंजन 'दिनेस' दृग, त्रिवली सरित, कुच—
कलस उतंग, हरि-छबि कटि छाम की।
कीजिऐ कन्हाई, मन भाई आई कुंज-बन,
सरद सुहाई, कै निकाई वहि बाम की ॥ ७५ ॥

*

मालिन ज्यों कर में कमल लिऐं आगै खरी,
चौसरे चमेली के रुचिर राखि लाई है।
जौहरी की जुवती ज्यों तेज भरे तारागन,
हीरन के हार बलि विविध दिखाई है ॥
पच्छिम के ओर की प्रवीन मृगनैनी, अंग—
ओढ़ै चारु चादर, ये चाँदनी सुहाई है।
लाल लखि लीजै, आजु रावरे रिझावन,
खवास ज्यों सरद चंद-आरसी लै आई है ॥ ७६ ॥

*

तारागन भूषन सघन अंग अंगन में,
बसन मयूषन सों रही लौनी लसिकै।
दंत-कुमुदावली चमक चारु चोरै चित्त,
जौरै मुख चंद कों सु मंद-मंद हँसिकै ॥
मालती सुगंध सनी, सालती हिए में साल,
रहे नंदलाल कहूँ याके ख्याल फँसिकै।
सरद-विभावरी न होय सुनि बावरी तू,
दाव री लियौ है ये, सौति स्याम बसिकै ॥ ७७ ॥

*

गच गिरि-रावटी के अजिर उजेरे चारु,
चाँदनी के औसर में चंदमुखी पीजिऐ।

'कालिदास' वाके तन-रूप की मिठाई लाल!
बासर में सुधा तें सर समान लीजिऐ॥
दूनों दुख, सूनौ भौन खोजिऐ परोसी कौन,
रोज-रोज केलि के कलापन में भीजिऐ।
चेरी राखौ द्वार में चितैवै कों चहूँघा कान्ह!
मेरी सौं, कुवार में करेरी केलि कीजिऐ॥ ७८॥

*

सरस सुबासे, सुख-रासे मासे पुष्पन की,
पंकज बिकासे प्रभा परम प्रमोद कर।
कुमुद-चकोर बहु ठौर हैं अनंद भरे,
उत्तम असल नीर राजै है सरित-सर॥
बिमल रवि देखौ, रंच नीरद न लेखौ कहूँ,
'रसिक बिहारी' चहूँ पूरन प्रकास भर।
सरद-निसा में, उन्मत्त की दसा में, माते—
मैन के नसा में, रमे सेजन पै नारि-नर॥ ७९॥

*

आयौ रितु सरद, बिरोधी चंद मान करु,
मदन कमान करु, कीन्हौ दुख दैन कौ।
ना न करु प्यारी, अपमान करु सौतिन,
गुमान करु प्रेम, अनुमान करु रैन कौ॥
कहत 'दिनेस' फूले पंकज प्रमान करु,
कान करु सूधे, सनमान करु चैन कौ।
हठ मन मान करु, दूरि किन मान करु,
मान करु प्यारे कौ, समान करु मैन कौ॥ ८०॥

*

कोऊ लीन्हें छत्र, कोऊ चौर कर लीन्हें, कोऊ—
छाह गिरि लीन्हें, कोऊ, दाँवन सकेलतीं।
कोऊ पानदान-पीकदान, कर आरसी लै—
अतर-गुलाबन की सीसी सीस मेलतीं॥
'बोधा कवि' कोऊ बीन-बाँसुरी सितार लीन्हें,
लाड़िली लड़ावैं फूल-गेंदन की झेलतीं।
छोटे ब्रजराज, छोटी रावटी रंगीन, तामैं—
छोटी-छोटी छोहरी अहीरन की खेलतीं॥ ८१॥

## शरद-रास-क्रीड़ा

सरद-निसा में कान्ह बाँसुरी बजाई बेस,
जल-थल-व्यौमचारी जीव प्रेम भरिगे।
कहै 'ब्रजचंद' तजे ध्यान हू मुनीसन नें,
त्योंही मानिनीन के गुमान-मद झरिगे॥
चकति सचीस, रजनीस हू थकित भए,
तुरत स्वयंभू मोह-जाल बीच परिगे।
संभु हू कों भूली आधी अंग की बिराजी—
गौरि, गौरि हू की गोद के गजानन बिसरिगे॥ ८२॥

*

सरद-रयन अरु निर्मल प्रकास जानि,
कान्ह जमुना के तट बाँसुरी बजाई है।
राग-रागिनी छतीसों ताहि में प्रवेस करि,
ताल कौ बंधान सुर तीन लोक छाई है॥
मोहे सेष औ गनेस, बिधि-लोकपाल सब,
षोड़स सहस गोपी सुनि उठि धाई है।
पाय कै कन्हाई जी नें रहस मचाय नित,
यामिनी बढ़ाई षट मास कों बिताई है॥ ८३॥

*

ह्वै रही तयारी महा राजी रास मंडल की,
मल्लिका व मालती सों अमित अगार हैं।
कहै 'नंदराम' गयी जरी सेत सारी साजि,
गोप की कुमारी हिऐं हीरन के हार हैं॥
षोडस कला सों आजु उदित कलाधर है,
चाँदनी के भारन सों छोड़े अभिसार हैं।
सेत चाँदनी में, सेत चाँदनी चँदोवा तने,
मानों छीर-सिंधु परे पारा के पहार हैं॥ ८४॥

*

जमुना के पुलिन उजेरी निसि सरद की,
राका कौ छपाकर किरन नभ-चाल की।
नंद कौ लड़ैतौ तहाँ गोपिका समूह लैकै,
रची रास-क्रीड़ा बजै बीना डफ-ताल की॥
लहा छेह गातन की, कही न परत मौपै,
द्वै-द्वै गोपिका के मध्य छबि नंदलाल की।

सोभा अवलोकि 'अभिमन्यु कवि' बोलि उठ्यौ,
एक बार बोलो, जय मदन गोपाल की ॥ ८५ ॥
*

षोडस हजार बाल षोडस सृंगार साजि,
षोडस बरस बैस मुदित बिहार है।
बाहुन सों बाहु जोरि, मोरि-मोरि अंगन कों,
कीन्हौंमहा मंडल, अखंडल अपार है ॥
कहै 'नंदराम' तैसैं तार औ सितार मिलि,
चूरी-खनकार स्वर पंचम उचार है।
भूतल, दिसान-बिदिसान, आसमान हू लौं,
छम-छम छाई घुंघरू की झनकार है ॥ ८६ ॥
*

बिसद बहार क्वार-राका की निहारि कूल,
भूलि गति जमुना-प्रवाह जकि ज्वै रह्यौ।
कहै 'रतनाकर' त्यों प्रकृति समाजनि की,
सुखमा अमंद सों अनंद-रस च्वै रह्यौ ॥
चंद-बदनीनि-संग रास ब्रज-चंद रच्यौ,
छबि के प्रकास सों, अकास लगि छ्वै रह्यौ।
चेत चलिवे की षट मास लौं न आई इमि,
एते चंद चाहि चंद चकपक ह्वै रह्यौ ॥ ८७ ॥
*

पद थरकाइ, फरकाइ भुजमूल, भरी—
मंद मुसुकानि, भौंह तानि तमकति हैं।
लंक लचकाइ, चल अंचल उचाइ, लोल—
कुंडल कपोलनि झुमाइ झमकति हैं ॥
स्वेद-सनी-बदन, मदन-सुख दैनी, वर—
बैनी बाँधि किंकिनी सहौंस हमकति हैं।
करहिं अलाप स्याम-संग ब्रज-बाम मंजु,
मेघ-मेखला में चंचला सी चमकति हैं ॥ ८८ ॥
*

नँचत लचाइ लंक, लोचन चलाइ बंक,
करत प्रकास रासि ब्रज-जुवतीनि की।
आनँद-अमंद-चंद उमँग बढ़ावै, मनों—
रस 'रतनाकर'-तरंग अबलीनि की ॥

काकौ मन मोहत न, जोहत जुन्हाई माहिं,
छहर कन्हाई की मुकट-पँखुरीनि की।
छबि की छटक, पीत-पट की चटक चारु,
लटक त्रिभंग की, मटक भृकुटीनि की॥ ८९॥

*

खनक चुरीन की, त्यों ठनक मृदंगन की,
रुनुक-झुनुक सुर नूपुर के जाल कौ।
कहै 'पदमाकर' त्यों बाँसुरी की धुनि मिलि,
रह्यौ बँधि सरस सनाकौ एक ताल कौ॥
देखत बनत, पै न कहत बनै री कछू,
विविध बिलास, यों हुलास ये खयाल कौ।
चंद्र-छबि रास, चाँदनी कौ परगास,
राधिका कौ मंद हास, रास-मंडल गोपाल कौ॥ ९०॥

*

पायल बजाय चाय लै-लै गति नाँचै कोई,
कंकन हू किंकिनि की त्योहीं झनकारी है।
गाय सुभ राग, सानुराग दरसावैं भाय,
छाय कै मधुर सुर मुनि-मनहारी है॥
प्यारी बीच प्यारौ, अरु प्यारे बीच प्यारी लसै,
'लखनेस' ताकी यह उपमा बिचारी है।
पुष्पराग-माल मानों बीच-बीच नील मनि,
रचिकै सुभग वृंदा-बिपिन सिंगारी है॥ ९१॥

*

भूल्यौ गति-मति चंद, चलत न एक पैड़े,
प्रान प्यारे मुरली मधुर कल गान की।
फूली कुसुमावलि विविध नव कुंजन में,
सौरभ सुगंधताई, जात न बखान की॥
बाजत मृदंग-ताल-झाँझ-मुहचंग-बीन,
उठत सँगीत जहाँ, अति गति तान की।
आज रस-रास में अनूप रूप दोऊ नँचैं,
नंदलाल, लाड़िली किसोरी वृषभान की॥ ९२॥

*

गुंजत मधुप पुंज-पुंज नव कुंजन में,
छाके मत्त डोलैं मकरंद-पान करिकै।

सीतल सुधाकर हू मुदित मयूषन पै,
स्त्रवत पियूष, सो चकोर हेत धरिकै॥
'रसिक बिहारी' सुखकारी चंद्रिका अनूप,
हृदै हुलसान अनुराग-राग भरिकै।
निर्मल सुढंग, रस-रंग स्याम-स्यामा संग,
अंग-अंग मोरत अनंग-मान हरिकै॥ ९३॥

*

रास के बिलास कों बिलोकन हुलास भरे,
बाजे सुनि विविध विमान व्यौम आए हैं।
देविन समैत देव बाजने बजावैं, त्यौंही—
लखि ब्रज-बामैं घनस्यामै मोद पाए हैं॥
पति की, न मति की, न गति की सँभार सोही,
मोही सुरदार जोही, मन कों लोभाए हैं।
हरि कौ सुजस गावैं, बरषि प्रसून छावें,
भावें रास आवें 'लखनेस' बेस गाए हैं॥ ९४॥

*

घूँघुर कौ सोर कोऊ भेद बहुतेरौ लेहिं,
फेरी दै उड़ावै पट भावन में भामिनी।
मंजु मुसक्याय कै, लजाय कोऊ नावै नैन,
भृकुटी नँचावै, कोऊ तान अभिरामिनी॥
लौटत अलख कटि अंचल ओढ़ावै कान्हैं,
कुंडल कपोल लोल अलकालि गामिनी।
चंचल स्त्रमित लसै, स्याम अरु स्यामा पास,
मानों घने घन, औ दमंकै घनी दामिनी॥ ९५॥

## शरद-विरह

फूले आस-पास कास, विमल विकास बास,
रही न निसानी कहूँ महि में गरद की।
राजत कमल-दल ऊपर मधुप, मैन—
छाप सी दिखाई, छबि विरह-फरद की॥
'श्रीपति' रसिकलाल आली! बनमाली बिन,
कछू न जुगति मेरे जीय के दरद की।

हरद समान तन भयौ है जरद अब,
करद सी लागत है, चाँदनी सरद की॥ ९६॥
*

ग्रीषम की घाम है न धाम घनस्याम या तें—
ह्वै गयी सुवाम सेत ह्वै गयी जरद की।
बीचन दरीचन के आभा है मरीचन की,
काम नें निकारी कोर तीछन करद की॥
फैलि-फैलि गैलन 'नवीन' विष फैल भरी,
दोषत दुखी न दुति पारद बरद की।
गरद करी हौं, दिन दरद मरी हौं सखी!
सरद परी हौं, लखि चाँदनी सरद की॥ ९७॥
*

मंद मुसक्यानि चंद-जोति में उदोत होत,
कंद में दिखावै दुति दसन रसाल की।
खंजन लखावैं 'कान्ह' नैन-मनरंजन से,
पानि लौं सुहावै कला कंजन बिसाल की॥
भौंरन की गुंज, पुंज मंजुल मँजीरन सी,
हँसनि चलावै गति स्याम के सुचाल की।
आयौ री सरद काल, दरद बढ़ावन कों,
जरद करै है, हमैं सोभा धरि लाल की॥ ९८॥
*

फैलि रही घर अंबर पूर, मरीचिन बीचिन संग हिलोरत।
भौंर भरी, उफनात खरी, सु उपाय की नाव तरेरन तोरत॥
क्यों बचिऐ भाजि हू 'घनआनँद', बैठि रहे घर पैठि ढिंढोरत।
नोन्ह प्रलै कै पयोनिधि लौ, बढ़ि बैरिनि आज बियोगिनि बोरत॥ ९९॥
*

नवा खंड मंडित अखंडन उदोत भयौ,
राका चंद्र मंडल दिसान दस दरसात।
बिमल विसाल भए सीतल सरित-सर,
सकल कलित ये बिलोकियत अवदात॥
'मोतीराम' मंजुल मृदुल मालतीन मिलि,
मलयज मलय-समीर सीरे सरसात।
दरद करत ये भँवर-भीर कुंज-कुंज,
बेदरद आली री! सतावत सरद-रात॥ १००॥
*

अंबर अमल होत, चंद की बढ़त जोत,
खंजन की गोत, मानों परी आइ नाक तें।
भनत 'दिवाकर' तरंग गंग स्वच्छ भई,
ऊग्यौ है अगस्त जल सूखे जनु साक तें॥
जहँ-तहँ पथिक चलन लागे चारों ओर,
सरद नरेस कियौ तिय तन चाक तें।
दिन तौ वितत संग सखिन हितत सत,
रात ना कटत बिनु स्याम चंद-राक तें॥ १०१॥

*

कास कौ बिकासन, सो कासन करैगौ नाँहि,
यातें हियौ त्रासन सों मेरौ अति भ्वै रह्यौ।
धान पान पावै, हेरि-हेरि धीर ह्याँ कों धरै,
बाढ़ै बिरहा के हाय! नैन नीर च्वै रह्यौ॥
कहै 'हनुमान' फूले कंजन पै भौंरन कौ—
वृंद सौ बिलोकि, बैसि मानों जम ज्वै रह्यौ।
जा करि कहै न यों कृपा करिकै लालन सों,
सरद-निसाकर दिवाकर सो ह्वै रह्यौ॥ १०२॥

*

शरदऊ की रजनी में प्रिया, रजनीपति पास जनीन कों पारै।
सारी मरीचिन बीचिन तें, नवला के नगीचिन कौ दुख हारे॥
भाषत है 'रघुराज' हमैं, सरदै सुख दै तऊ दोष-अगारै।
जो बिरहीनन दीनन कै, उर-बारिधि में बड़वानल बारै॥ १०३॥

डोलै नभ-बीथिन, न बोलै धरि मौन-व्रत,
भए सित भूति लाए रहै तित छजिकै।
जीवन द्विजन कों दै, जीवन-मुकुत होय,
बने हैं बिमल, बाम चपला कों तजिकै॥
दीजै नहिं दोष एक ऐसे अलि ऊधव कों,
स्याम भए बाम, अब करो योग रजिकै।
नीरद सरद के दरद दलि, देस-देस—
करै उपदेस, येऊ यती वेष सजिकै॥ १०४॥

*

आतप सी चाँदनी तपन तन दूनी देत,
लागत हिए में चंद-किरनैं करद सी।

आवत उसास ऊँची, सुखद सुबास लहिं,
त्रिविध समीर धीर सालत दरद सी॥
'रसिक बिहारी' हैं संयोगिनी अनंद सबै,
बिफल बियोगिनी न लागत सरद सी।
तैं निरास ह्वै, निरास हू तें आस पाइ-पाइ,
मर-मर जीवत है, चौपर नरद सी॥ १०५॥

*

दमकि गयी री देह दौरि कै दुरावै कहि,
जारती जुराती ज्वाल जालिम जुन्हैया की।
सीतल सरोजन की पाँखुरी बिछाई सेज,
लागती अँगार सी अनोखी अंग नैया की॥
तीर कैसी तीछन समीर सरिता के बीर,
बीति है न यों ही निसा सरद समैया की।
फाँसु री गरे की, बाजी बाँसुरी बिसासी, कैसी—
विष की भरी सी 'जगमोहन' कन्हैया की॥ १०६॥

*

घाम सम चाँदनी लै घेर्‌यौ ब्रजमंडल है,
ताती चंडकर सी मयूषन मचाय लै।
आज अबलनि मारि और हू कलंक लै कै,
मन के मनोरथन नीके कै रचाय लै॥
'धीर' बलबीर के बियोगी नैन नीर भरे,
प्रेम रस प्यासे प्रेम तिनकों जचाय लै।
ए रे मंद चंद सुनि, आवैं ब्रजचंद जौ लौं,
तौ लौं तन गोपिन कों बिरह तचाय लै॥ १०७॥

*

याही तें निपट निरधारि तोहि नीरस कै,
छाड़यौ सब सुरन, सुधा रसकों चाखि-चाखि।
'देवमनि' वे ही काज बैर विरही जन सों,
बाँध्यौ ऐसी बात न कलंकी भयौ साखि-साखि॥
सरद की रितु में उचाट चित्त ब्रजराज,
राधे कों बिरह व्याप्यौ उठत यों भाखि-भाखि।
कियौ कहा चाहत है, रैन-चारी चित्त-चोर,
एरे चंद! चाँदनी की चटकहिं राखि-राखि॥१०८॥

*

सिंधु के सपूत सुत, सिंधु–तनया के बंधु,
मंदिर अमंद सुभ सुंदर सुधाई के।
कहै 'पदमाकर' गिरीस के बसै हौ सीस,
तारन के ईस, कुलकारन कन्हाई के॥
हाल ही के बिरह बिचारी ब्रजबाल ही पै,
ज्वाल से जगावत, जुआल सी जुन्हाई के।
ए रे मतिमंद चंद! आवत न तोहि लाज,
ह्वै कै द्विजराज, काज करत कसाई के॥ १०९॥

*

साँझ ही तें आवत हलावत कटारी कर,
पाइकै कुसंगति कृसानु दुखदाई कौ।
निपट निसंक ह्वै तजी तैं कुल–कानि, खानि—
औगुन की, नैकऊ तुलै न बाप–भाई कौ॥
ए रे मतिमंद चंद! आवत न लाज तोहि,
देत दुख बापुरे वियोगी–समुदाई कौ।
ह्वै कै सुधा–धाम, काम–विष कौ बगारै मूढ़,
ह्वै कै द्विजराज, काज करत कसाई कौ॥ ११०॥

*

सरद–निसा में व्यौम लखि कै मयंक बिन,
'पूरन' हिए में इमि कारन बिचारे हैं।
विरह जराई अबलान कों दहत चंद,
तातें आज तापै विधि कोपे दयावारे हैं॥
निसिपति पातकी कों, तम की चटान बीच,
पटकि पछारि, अंग निपट विदारे हैं।
तातें भयौ चूर–चूर, उछटे अनंत कन,
छिटिके सघन, सो गगन मध्य तारे हैं॥ १११॥

*

साहिब मनोज कौ मुसाहिब बसंत अंत,
मर ना गयौ री नाम सुनत नकारे कौ।
ग्रीषम गरूर पूर छायौ लै कृसानु भयौ,
भेद तें अजान, अंग तकत उजारे कौ॥
बिन 'सरदार' ना उपाय, अब एक कटे,
तरक तलास लायौ अधम अँध्यारे कौ।

देखि जग-जीवननि जीवन कों नाह हाथ—
जीवन न देत, लेत जीवन हमारे कौ॥ ११२॥
*

कोका सर, मैन सर, मैन के निहारियत,
हारियत ती कौ ताप जात पै न नेरे तें।
लागै असुधाकर सुधाकर प्रकास-कास,
अमल अमल जोर सरद करेरे तें॥
कहत 'दिनेस' ब्रजबाल की जवाल कों जु,
बिरच्यौ रच्यौ न आन, चल किन येरे तें।
वारिजात-मुखी, बैन नीके, नैन वारिजात,
वारिजात वारिजात वारि जात हेरे तें॥ ११३॥
*

महि मल्लिका मालती जाती जुही, सुचि सेवती प्रान-पियासी भई।
छिनदा कर की करकाती भई, बरषन की तौ बरषाती भई॥
'नँदराम जू' चाँदनी चौकन में, चहुँ ओर तें भानु-प्रभाती भई।
अँखियाँन में तौ बरषा सी भई, बरषा न कितौ बरषाती भई॥११४॥
*

हारे बल बादर, घटन लागे नीर आली!
अमल अकास आयौ, सरद सुहाए हैं।
सूखे थल जहाँ-तहाँ मारग बिलोकि परै,
गौन के बटोही भौन आपने ही आए हैं॥
अगर-कपूर-धूर, फूल-फल अक्षत लै,
दसमी की पूजा करि देवन मनाए हैं।
रहकि कै नारिन तें करत बधाई 'नाथ',
जिन घर प्रानप्यारे आस्विन में आए हैं॥ ११५॥
*

हिलि-मिलि जोखनि में, झाँकत झरोखनि में,
हियरा में हिलकी, दृगन अँसुवार में।
'कालिदास' कहै आप कामिनी कुरंग नैनी,
दामिनी ज्यों देखी जात दमक दुआर में॥
जोन्ह में दहैगी, दुख ऐसै क्यों सहेगी, जैसै—
सीता पार सागर के रघुवर के वार में।
नंद के कुँवर कान्ह, कैसै कहो पै हौ जान,
छाँड़ि वृषभान जू की कुँवरि कुवार में॥ ११६॥
*

परै कोऊ पछाह पिछौना करतेई रह्यौ,
प्यारी कहूँ पुहुमी पै पाला परि जावै ना।
मीरन कपार सी परेखौ इन नैनन सों,
सारी दुनियाँ की सियराई सरकावै ना॥
देखो 'जगमोहन जू' बावरी बियोगिनि कौ,
काहू अब कलित करेजौ कँपि आवै ना।
हाय नव बाला बिन निपटि निराला,
परदेस में पराला सीत काला कहूँ आवै ना॥ ११७॥

*

दीपदान देवन दिवारी कौ चढ़ाती सब,
जुवा खेलि दंपति हिए में हरषाती है।
वेस्यागन रसिक रिझावै कै सिंगार देह,
मुख मुसक्याति हरैं राग बरसाती है॥
भनत 'दिवाकर' अटा पै घाट-बाट-गेह,
रोसनी तमाम चहुँ कोन दरसाती है।
प्यारे ब्रजराज बिन, पापी द्विजराज सखी,
रात ये दिवारी की, अराति सम जाती है॥ ११८॥

*

निर्मल अकास ऐसौ, जल जमुना कौ जैसौ,
कठिन प्रकास ससि सूरज सरद कौ।
उडुगन गनत, गने न जात रैन-दुख,
द्यौस देखि 'देवी' कहै मारग गरद कौ॥
प्रेम की दरद ब्यापी, भयौ है जरद गात,
चंपे कैसौ पात, रंग रात्यौ है हरद कौ।
कातिक दिवारी बारि, खेलैं सब नाह-नारि,
हौं तौ युग फूटी सारिजो कै ज्यों नरद कौ॥ ११९॥

*

मंजन कै मंदिर कों सबनि सँवारे, सेत—
राते-पीरे रंगन विचित्र चित्र भरिऐ।
घर-घर-आँगन, अटान-बाट-बाटन में,
दीपक संवारि वार-वारि पाँति धरिऐ॥
जोति जगै अवनि पै, अधिक अंधेरौ नभ,
दरस की रैनि, जामैं कला ससि हरिऐ।

सोभा समूह 'नाथ' सबै ब्रज देखियत,
कातिक में आय लाल! दीप-माल करिऐ॥ १२०॥

*

चारु निहार तरैयन की दुति, लाग्यौ महा बिरहा तन तावन।
हे 'ससिनाथ' कहा कहिऐ, जिन सौं लगि नैन ही कंज से पावन॥
बीच दुकूल के फूलन लै, अलबेली के प्रेम कौ सिंधु बढ़ावन।
कान्ह दिवारी की रैन चले, बरसाने मनोज कौ मंत्र जगावन॥ १२१॥

*

# हेमंत

राशि—
वृश्चिक + धनु

मास—
मार्गशीर्ष + पौष

तेल–तूल–तांबूल–तिय, ताप–तपन रतिवंत।
दीर्घ रैनि, लघु दिवस पुनि, सीत सहित हेमंत॥

# हेमंत-परिचय

हेमंत शीत प्रधान ऋतु है। यद्यपि शीत का आरंभ शरद ऋतु में हो जाता है, तथापि उसका उन्नत रूप हेमंत में ही दिखलाई देता है। यदि शरद में शीत का बाल्यकाल है, तो हेमंत में उसका पूर्ण यौवनकाल होता है।

शरद में निर्मल आकाश और उज्ज्वल चंद्र-चंद्रिका का महत्त्व है, जिनके कारण शरद-यामिनी सबके लिए अत्यंत सुखद और आनंददायक ज्ञात होती है, किंतु हेमंत में तुषार के आधिक्य के कारण न तो आकाश ही अधिक स्वच्छ रहता है, और न चंद्रमा ही विशेष प्रकाशवान दिखलाई देता है। इसके साथ ही कड़ाके का जाड़ा और सनसनाती हुई बर्फीली वायु के कारण हेमंत की लंबी रातें जन-साधारण के लिए कष्टकर बन जाती हैं।

हेमंत की लंबी रातों से ऊब कर सब लोग सूर्योदय की बड़ी उत्सुकतापूर्वक प्रतीक्षा करते हैं। जैसे-तैसे सूर्य निकलता है, किंतु उसकी किरणों में स्वाभाविक ऊष्मा नहीं होती है। राजा-रंक, अमीर-गरीब सब शीत के कष्ट से मुक्ति पाने के लिए सूर्य की शरण में जाते हैं, किंतु वहाँ पर भी उनकी मनोभिलाषा की कठिनता से पूर्ति होती है। दो पहर दिन चढ़ने पर सूर्य की किरणों में कुछ तेजी आती है, तब कहीं धूप में बैठना सार्थक होता है। इस प्रकार सूर्य-सेवन का सुखानुभव कुछ ही समय के लिए होता है कि दिनकर भगवान् अस्तांचल की ओर जाने की तैयारी करने लगते हैं। बात की बात में दिन समाप्त हो जाता है और फिर वही भयानवी लंबी रात आरंभ हो जाती है।

इस प्रकार हेमंत ऋतु अपनी कठोरता के कारण सब के लिए कष्टदायक है, किंतु जिन सम्पन्न व्यक्तियों को शीत निवारक सर्व साधन सुलभ हैं, वे इस ऋतु में भी सुख का अनुभव करते हैं। ब्रजभाषा के कवियों ने इस प्रकार की साधन-सामग्री और उसके उपभोग का बड़े ठाट-वाट से वर्णन किया है।

ब्रजभाषा काव्य में हेमंत जनित कष्ट से छुटकारा पाने वाले साधनों में पंच तकार

का विशेष वर्णन मिलता है। पंच तकार यानी—तरुणी, तांबूल, तैल, तूल और तरणि बतलाए गये हैं। तरुणी—स्त्री का सहवास, बढ़िया मसालों से बने हुए तांबूल का चर्वण, तैल-मर्दन, तूल अर्थात् रुई के वस्त्रों का धारण और तरणि अर्थात् सूर्य की धूप का सेवन—ये वे साधन हैं, जिनका विलासी जन प्रचुरता से उपभोग करते हैं। इनके अतिरिक्त अग्नि की अंगीठी, अगर-तगर और कस्तूरी आदि सुगंधित पदार्थों की धूप, पशमीना के दुसाले और परदे पड़े हुए रंग-भवनों का भी कथन किया गया है। इन साधनों के कारण कष्टदायक हेमंत ऋतु भी विलासी जनों के लिए सुखदायक ज्ञात होती है।

जिन व्यक्तियों को उपर्युक्त साधन सुलभ नहीं हैं, वे सूर्य की धूप और अग्नि द्वारा ही हेमंत के कष्टों से मुक्ति पाने की चेष्टा करते हैं। किंतु अधिकांश ब्रजभाषा कवियों की दृष्टि इस प्रकार के जन-साधारण पर न जाकर साधन सम्पन्न विलासी जनों पर ही गयी है और उनको ही ब्रजभाषा कवियों ने अपने काव्य का विषय बनाया है।

## मार्गशीर्ष

मासन में हरि-अंस कहत, यासों सब कोऊ।
स्वारथ-परमारथन देत, भारत में दोऊ॥
'केसव' सरिता-सरित, फूल फूले सुगंध गुर।
कूजत कुल कल हंस, कलित कल हंसनि के सुर॥
दिन परम नरम सीतल, मरम करम-करम ये पाइयतु।
करि प्राननाथ परदेस कों, मारगसिर मारग न चितु॥ १॥

**

अतिहिं अराम देत, ऐन कों अराम, अभि-
राम आठों ओर, ओर्‌यौ ऐस अबलन में।
आसन अनूप, आप ईस है असीन जापै,
अच्छ अवलोकि, है उदासी अंबु-जन में॥
'गिरिधरदास' एकौ उपमा न आवत है,
ईंगुर सी आछी अरुनाई अधरन में।
अंग धर इंदुमुखी ओज सों अमल ऐसै,
लसै अंजनन सै, अजब अगहन में॥ २॥

## पौष

पन्नन के पायन की पलंग पुरट बनी,
पलंग पुरंदर की पावती न परतल।
पाटी पद्मराग-परबाल औ पिरोजन की,
जापै पर्‌यौ पद्म सौ परम पट परिमल॥
'गिरिधरदास' पौन पुहुप पराग लै,
प्रगट पहुँचावै परमा सों पूरौ पल-पल।
प्रेम पगे पूस में, प्रिया कों पिया प्यार करें,
प्यारे कों लखति पद्मिनी के ना परहिं कल॥ ३॥

**

सीतल जल-थल-बसन, असन सीतल अनरोचक।
'केसवदास' अकास-अवनि सीतल असुमोचक॥
तेल-तूल-तामोल, तपन-तापन, नव नारी।
राज-रंक सब छोड़ि, करत इनहीं अधिकारी॥
लघु द्यौस, दीह रजनी खनन, होत दुसह दुख रूप में।
ये मन-क्रम-बचन विचारि पिय, पंथ न बूझिए पूस में॥ ४॥

# हेमंत

*

## हेमंत-वर्णन

सुंदर सोभित सुखद सरद, हेमंतहिं भेंटी आय।
जैसै बालक देखि माय कों, गिरै गोद में धाय॥
जानि परै, जमुना-जल पेठत, पैर गये कटि दूर।
'सी-सी' करत किनारे आवैं, जाड़ौ है भरपूर॥
पहले से नहिं कमल खिलैं अब, निसि में परै तुषार।
स्वच्छ सेत हिमयुक्त हिमाचल, दर्सन योग बहार॥
सूरज भयौ छपाकर, मानों धूप गयी पतराय।
मनहुँ सीत भयभीत याहि लखि, वारिद लेय छिपाय॥
हरित खेतमय गाँमन भीतर, हिम-कन भीगी दूब।
मटर फली अरु कोमल मूली, मीठी लागैं खूब॥
ज्वार, बाजरौ, मूँग, मसीनौ, मोंठ, रमास, गुवार।
सन-तिल आदिक, अरहर तजि, सब कटि आए घर द्वार॥
रबी जहाँ सींची जावै, तहँ गेहूँ-जौ लहराँय।
सरसों-सुमन प्रफुल्लित सोहैं, अलि-माला मँड़राँय॥
प्रकृति दुकूल हरौ धारन कर, आनन अपनौ खोल।
हाव-भाव मानहुँ बतरावै, ठाड़ी करै कलोल॥
सीर समीर तीर सम लागत, करत करेजे पीर।
दिन छीजत, रजनी बाढ़त, जिमि द्रुपद-सुता कौ चीर॥
धुआँ न चैन लैन छिन देवै, अस्रु बहावैं नैन।
छाती तले अँगीठी सुलगै, ताहि उठावैं पैन॥
ज्वाला तापि, दुलाई ओढ़ैं, रहैं धूप में जाय।
चाय भरौ सविसाला प्याला, पीवैं हिय हरषाय॥
साल-दुसाला धारै निसि दिन, गरम मसाला खात।
सीत-कसाला भाला उर में, लगै न पाला जात॥
मृगमदादि-सौरभ सुखकारक, सेवन कर सुहाय।
भोजन समय कंप तऊ होवै, हाथ जाहिं ठिठुराय॥
पान खाँय डिबिया भर-भरकै, तबहुँ न कष्ट नसाय।
तरनि ताप तें तापे बिन कब, सीत-कसाला जाय॥ ५॥

*

कंज ना सुखाए, ये सुखाए रंज मन ही के,
सीत ना बढ़ाई, नीति प्रकटी समंत है।
रात ना अधिक, करी रति अधिकाई भाई,
दिन ना घटायौ, कर्म-वासना तुरंत है॥
'गिरिधरदास' पौन सीतल असह है ना,
प्रेम के प्रवाह जग चलन टरंत है।
राधिका के कंत कौ भगत मति मंद है,
कै ब्रज सीतवंत रितु प्रकट हिमंत है॥ ६॥

*

आयौ है हिमंत जोर जोड़ि कै प्रसंगन सों,
रेसम के झंगन में अंगन दुराए देत।
कहै 'नंदराम' त्यों हमाम हू न काम सरै,
धाम-धाम आला पौन पाला कों उसाए देत॥
तूल-पेट-पीठिन-अँगीठिन में डीठि लगी,
तरुनी बिहीन तन कंप सरसाए देत।
दो गुनौ कहो तौ चित चौगुनो चुरात हेरि,
नौ गुनौ न सौगुनौ समीर-सीत नाए देत॥ ७॥

*

धाई है धरा पै सियराई चहुँ ओरन तें,
पलटि गयी है पूरी प्रकृति अनंत की।
पानी-पौन-पुहुमी पराग अंगरागन की,
अंगन अँगार दिसि-विदिसि दिगंत की॥
कँपि-कँपि आवत करेजौ 'जगमोहन जू',
कामिनी छोड़ाऐं हिए छोड़त न कंत की।
हरषि हजा के, कल काढ़त कजा के छाके,
बाढ़त निसा के, अंग ढाकत हेमंत की॥ ८॥

*

अवनि तें, अकास तें, अवासन तें, उदक तें,
इंदु के उदै तें, आसुरे तें उमड़ौ परै।
'स्याम कवि' मालन तें, मन तें मती तें, मन-
मोहन के मोह तें, मनोज तें मड़ौ परै॥
झाँकती झरोखन तें, झंझा के झोंकन तें,
झाड़न तें, झारन तें झूमि झुमड़ौ परै।

पान तें, प्रसून तें, पराग तें, पहारन तें,
हारन तें, हेम तें, हिमंत हुमड़ौ परै॥ ९॥

*

काति कादि चारों मास, तखत बिछाय बैठ्यौ,
बद्दल सजल जल छत्र छवि छाई है।
जब-तब मेह-धार चौंर चारु ढोरियत,
सुरहर पौन की वजीरी सरसाई है॥
'ग्वाल कवि' बरफ बिछायत कुहर दल,
ठिरनि प्रबल, नीकी नौबत बजाई है।
सीत बादसाह सौ ना दूजौ कोऊ दरसाय,
पाय बादसाही बाँटै सबकों रजाई है॥ १०॥

*

चारों ओर चरचा चली है चपरालिन की,
दीरघ दरेरौ द्वार-द्वार दुलहिन के।
लागे लोग लाले-पीले बसन रँगीले लैन,
दैन त्यों किंवार कंपि कोठे पै रहन के॥
त्यों ही 'जगमोहन' तलास अबला कों होन,
तरुनी-तमूल-तूल तीषन दहन के।
आछे मृगमद के, अमोद उदगारे, त्यों—
बहारदार मंजुल महीना अगहन के॥ ११॥

*

नारी बिन होत नर, नारी बिन होत बर,
रात सियरात उर लाऐं पयोधर में।
'बेनी कवि' सीतल समीर कौ सनाका सुनि,
सोवैं सब साँझ तें, कपाट दै सहर में॥
पंछी पंख जोरे रहैं, फूल-फल थोरे रहैं,
पाला के प्रकास आस-पास धराधर में।
बसन लपेटे रहैं, तऊ जानु फेटे रहैं,
सीत के समेटे लोग लेटे रहैं घर में॥ १२॥

*

आयौ सखि पूसौ, भूलि कंत सों न रूसौ, केलि-
ही सों मन मूसौ, जीउ ज्यों सुख लहत है।
दिन की घटाई, रजनी की अघटाई, सीत-
ताई हू कौ 'सेनापति' बरनि कहत है॥

याही तें निदान प्रात बेगि उदै होत नाँहिं,
द्रौपदी के चीर कैसौ राति कौ महत है।
मेरे जान सूरज पताल तप ताल माँझ,
सीत कौ सतायौ कहलाय कै रहत है॥ १३॥

*

सूर ऐसे सूर कौ गरूर रूरौ दूर कियौ,
पावक खिलौना कर दियौ है सबन कों।
बातन की मार ही तें गात की भुलात सुधि,
काँपत जगत जाकी भय आन मान कों॥
'गिरिधर दास' रात लागै काल-रात कीसी,
नाँहि सो लगत भूमि राखत चरन कों।
आयौ है हिमंत, भूमि कंत तेजवंत दीह,
दंतन पिसात ये दिगंत के नरन कों॥ १४॥

*

कोक सोकप्रद, सीत युत, काम केलि अत्यंत।
रजनी दीह, अदीह दिन, संयुत रितु हेमंत॥ १५॥

*

कियौ सबै जग काम वस, जीते जिते अजेय।
कुसुम-सरहिं सर-धनुष कर, अगहन गहन न देय॥ १६॥

*

आवत-जात न जानियत, तेजहिं तजि सियरान।
घरहिं जवाँई लौ घटौ, खरौ पूष दिन मान॥ १७॥

*

दिन निसि रवि ससि, लहत हैं हेम सीत के योग।
भरम चकोरन भोग है, कोकन भरम वियोग॥ १८॥

*

मिलि बिहरत, बिछुरत मरत, दंपति अति रति लीन।
राग विथि हेमंत रितु, जगत जुराफौ कीन॥ १९॥

*

पौन-पान-पानी भए सीतल सुहाए स्वच्छ,
असन सवाद भयौ सबही मिठाई सौ।
कहै 'रतनाकर' विचित्र चित्रसारी माँहिं,
उठत सुगंध-धूम मौज मन-भाई सौ॥

विविध बिलासनि के हरष-हुलासनि सों,
सुखद बसंत होत सुकृत-कमाई सौ।
बाम अभिराम सी सुहाई घाम देह लगै,
लागत सनेह नए नेह की निकाई सौ॥ २०॥

*

धारि कै हिमंत के सजीले स्वच्छ अंबर कों,
आपने प्रभाव कौ अडंबर बढ़ाए लेति।
कहै 'रतनाकर' दिवाकर-उपासी जानि,
पाला कंज-पुंजनि पै पारि मुरझाए लेति॥
दिन के प्रताप औ प्रभा की प्रखराई पर,
निज सियराई-सँवराई छबि छाए लेति।
तेज-हत-पति-मरजाद-सम ताकौ मान,
चाव चढ़ी कामिनी लौं जामिनी दबाए लेति॥ २१॥

*

अंत:पुर पैठि भानु आतुर कढ़ै न बेगि,
चिर निसि-अंक में निसापति डरे रहैं।
कहै 'रतनाकर' हिमंत कौ प्रभाव ही सों,
संत-मन हू में भाव और ही भरे रहैं॥
नर-पसु-पंछी, सुर-असुर समाज आज,
काम आरचा में निसि-बासर परे रहैं।
ह्वै कै कुसुमायुध के आयुध उबारू अब,
सब धरिनी ही में धरोहर धरे रहैं॥ २२॥

*

सूरै तजि भाजी, बात कातिक में जब सुनी,
हिम की हिमाचल तें, चमू उतरति है।
आए अगहन, कीने गहन दहन हू कों,
तन हू तें चली, कहूँ धीर न धरति है॥
हिय में परी है हूल, दौरि गहि तजी तूल,
अब निज भूल 'सेनापति' सुमिरति है।
पूस में त्रिया के ऊँचे कुच-कनकाचल में,
गढ़वै गरम भई, सीत सों लरति है॥ २३॥

*

हेरत हिमंत के अनंत प्रभुता कौ दाप,
भानु के प्रताप की प्रभा हू गरिवे लगी।
कहै 'रतनाकर' सुधाकर किरन फेरि,
काम के जिवावन कौ जोग करिवे लगी॥

बदलन बाने सब निज मनमाने लगे,
चारों ओर और ही बयार भरिवे लगी।
जोगिन के होस पै, भरोस पै वियोगिन के,
रोस पै सँजोगिन के, ओस परिवे लगी॥ २४॥

*

बिचलत मान जानि हँसत-अवाई माँहिं,
ढीली परी सकल हठीली सकुचाई हैं।
कहै 'रतनाकर' सुलाज राखिवे के काज,
ताके रोकिवे की वृथा, बिधि बहु ठाई हैं॥
डारि राखे परदा चहुँघाँ मंजु मंदिर में,
अगर-सुगंध तें, दसौं दिसि रुँधाई हैं।
चोली कसमीरी कसी, कंपित करेजन पै,
सेजनि पै साजि धरी दुहरी दुलाई हैं॥ २५॥

*

नर कहा, नारी कहा, पसु कहा पंछी, मन—
काहू के न होत घर छोड़ि निकरन की।
अंगन अँगोछ, करैं जप-तप-होम-दान,
जात न कही है कछु करनी करन की॥
कहै 'मनिदेव' जुगुनू लौं, कढ़ि जात आसु,
चरचा न होत कहूँ भानु के करन की।
घरी-घरी बोलैं जन, घरी जौन होती कहूँ,
घरी तौन होती संध्या-बंदन करन की॥ २६॥

*

तुलसी लसी सु अंग अतिसै उमंग देति,
जासु मन बास योगी जन बिलसंत हैं।
सीतल सँवारि उर कला दरसाय करि,
जात न बिलोकि सोक कोक बिलपंत हैं॥
जातु की विभावरी, बिसाल लखो 'दीनद्याल',
मित्र रूप सब ही के सुखद बसंत हैं।
कैधौं हैं हिमंत, कै सुतंत सित संत सभा,
कैधौं सुखमा लसंत कमला के कंत हैं॥ २७॥

*

बिकसन लागे मुचुकुंद लवली औ लोध,
कछु परसौं तें सरसौं हूँ दलिनी भई।

कहै 'रतनाकर' मनोज-ओज पोपन कों,
बन-उपबन में, प्रफुल्ल फलिनी भई॥
औरै और कलिनि खिलावत समीर हेरि,
माष मन मानि कै मलीन नलिनी भई।
हेमँत में काम की अपूरब कला सों चकि,
कोकिल भुलाने कूक, मूक अलिनी भई॥ २८॥
*

भावन लगी है अंसु पावन प्रभाकर की,
छावन लगी है गति सीत की दिगंत में।
राग अधिकानी, दिन हानी त्यों प्रतच्छ भई,
सृष्टि सियरानी है, गरम सलसंत में॥
कहै 'तोष' हरषि जे सूहे रंग अंग पट,
चाहत उमंग कंत कामिनी इकंत में।
सेवैं भागवंत, मद-मादक छकंत, सुख—
स्यामा कौ अनंत, छबिवंत या हिमंत में॥ २९॥
*

कामिनि काढ़ दई कर कंकन, अंगद ना कर संगत है।
जोसन जोरिन बाजु बहोरि, धरी तब हू कर रंगत है॥
पीन नितंबन, नूतन अंबर, कंबर माँहिं असंगत है।
झीन दुकूलन, पीन पयोधर, हेतु हिमंत प्रसंगत है॥ ३०॥

## हेमंत का शीत

सिसकत रहत तमीपति रजनि माँहिं,
तमरिपु हू कों होत कढ़त कसाला है।
सी-सी करि घरी-घरी घूमत चहूँघा रहै,
सीरी पौन हू कों गरमी कौ पर्‌यौ लाला है॥
'हरिऔध' आकुल ह्वै अरौ खरौ रूख हू है,
ठरौ सीत भरौ वाकौ ठौर हू कौ ठाला है।
बूझि परै बाला हिम-गाला सी दुसाला माँहिं,
पाऐं सीत-काल ज्वाल-माला भई पाला है॥ ३१॥
*

सीत की सवाई सी दिखाई परै दिन-रात,
खेतन में पात-पात जमे जात सोरा से।

सरर-सरर बरफान की पवन आवै,
करर-करर दंत बाजै झकझोरा से॥
'ग्वाल कवि' कहै उन अंबर निचोरै जहाँ,
सूती बसनन तें तौ बहे जात घोरा से।
जोरि-जोरि जंघन उदर पर धरि-धरि
सिकुरि-सिकुरि नर होत हैं ककोरा से॥ ३२॥

*

पोर-पोर अँगुरी की वारि तें गरन लागी,
सीकर मलीन या दिगंतन करै लगौ।
कोमल मरीचैं ह्वै गयी हैं मारतंड हू की,
आतप में प्रानिन कौ प्रेम हू अरै लगौ॥
'हरिऔध' भू पर लखात है हेमंत छायौ,
दिन-दिन बासर कौ गात हू गरै लगौ।
या तन कों सीरी पौन परसै कसाला होत,
पादप के पातन पै पाला हू परै लगौ॥ ३३॥

*

सीत कौ प्रबल 'सेनापति' कोपि चढ़्यौ दल,
निबल अनल, गयौ सूर सियराय कै।
हिम के समीर, तेई बरसैं विषम तीर,
रही है गरम भौन कोनन में जान कै॥
धूम नैन बहैं, लोग आग पै गिरे से रहैं,
हिय सों लगाय रहैं, नैक सुलगाय कै।
मानों भीत जानि, महासीत तें पसारि पानि,
छतियाँ की छाँह राख्यौ पावक छिपाय कै॥ ३४॥

*

धाई चली आवत है कैधौं ध्रुव-धाम ही तें,
कैधौं गिरी भू पै चंद्र-मंडल के फोरे तें।
कैधौं याहि काढ़्यौ कोऊ उदक-सरीर गारि,
कैधौं बनी सीतलता जग की निचोरे तें॥
'हरिऔध' कहै ऐसी दुसह हिमंत-बात,
कैधौं भई सीरी बार-बार हिम बोरे तें।
कैधौं चली चंदन परसि मलयाचल कों,
कैधौं कढ़ि आवत हिमाचल के कोरे तें॥ ३५॥

*

छोटे दिन है गौ, दुख ओट छुटिवे कौ भयौ,
मोट सुख-लूटि में, निसा कों बड़ी जौरै ना।

तैसे तेल-तूलन-तमोलिन के रंग भरे,
पामरी दुकूलन ओढ़ाय मुख मौरै ना॥
'सेवक' रसालन मसालन के माचे मोद,
आग हू की सालन विसालन कों दौरै ना।
खाय काम तंत कै अनंत सरसंत मोकों,
पाय-पाय हरषि हिमंत कंत छोरै ना॥ ३६॥

*

भान हू की लागी प्रीति दिगंगना अगिनि सों,
सीत-भीति जागी इमि सकल समंत कों।
कहै 'रतनाकर' रहत न अकेले बनै,
मेले बनै रूसि हू तिया सों दोषवंत कों॥
हिम की हवा सों हलि, अचल समाधि त्यागि,
लपटनि-लालसा-लसित लखि कंत कों।
पाट की पिछौरी बाहु दाहिनें पखौरी किये,
गौरी लगी हुलसि असीसन हिमंत कों॥ ३७॥

## हेमंत-विलास

पाय निसि दीरघ अघाय चितै मुख चंद,
दूनऊ चकोरिन चकोर लौं जियौ करै।
दूर करि सीत चूर रितु कौ प्रताप पूरि,
बसन चहूँवा भूरि आनँद लियौ करै॥
दूनऊ दुहून के अभा परसपर ह्वै कै,
कंदर परसपर सीतल हियौ करै।
सरस परसपर दंपति 'दिनेस' ह्वै,
परस्पर केलि कल कौतुक कियौ करै॥ ३८॥

*

चारों ओर मोड़ि, बैठे दाब चारों ओरन लौं,
ज्योंही मनमथ राखौ हिमन दुहाई में।
जावक अरगजा के तिलक बिराजि रहे,
भाग भरे भागन की जगमगताई में॥
अलक चमर 'घनस्याम' बाजैं नूपुरादि,
बटत हँसन-अवलोकन बधाई में।
थिरि चिर ऐसौ राज, देखो-देखो सखी आज,
दुहुँन रजाई पाई, एक ही रजाई में॥ ३९॥

*

दाबै चारों कोर राजै, नूपुर निसान बाजै,
छाजै छबि कर कुच भट भिरिवौ करै।
सिंहासन सेज सोहै, सीस सीसफूल छत्र,
अलख अनौखे चारु चौर ढरिवौ करै॥
मैन मंत्री मंत्र देत, भायन बढ़त भूर,
बंदी जन भूषन बिरद ररिवौ करै।
हिम की हिमाई, सुखदाई सी 'गोविंद' दोऊ,
एक ही रजाई में, रजाई करिवौ करै॥ ४० ॥

*

पूस-निसा में सु बारुनी लै, बनि बैठे दुहूँ के दुहूँ मतवाले।
त्यों 'पदमाकर' झूमैं-झुकैं, घन घूमि रचैं रस-रंग रसाले॥
सीत कों जीत अभीत भए, सु गनैं न सखी कछु साल-दुसाले।
छाक छका छबि ही की पिऐं मद, नैनन के कियें प्रेम के प्याले॥ ४१ ॥

*

तरुनि-तमोल रचि अंग-रंग राजत है,
उभय अनंग संग साजै निज कंत कौ।
'द्विज बलदेव' कहै हरषि हिए अपार,
प्रमुदित वाद्य करि सुर-ताल तंत कौ॥
सीत सरसात, तूल सेवत त्यों जात नेह,
उदित है बात, सुख सोभित सिमंत कौ।
मोद अनुराग, मन रंग छवि बाग,
लखात बल भाग, भयौ आगम हिमंत कौ॥ ४२ ॥

*

प्यारी-पिया पौढ़ि परयंक पर सोहत हैं,
'मोहन' परसपर रस-वतियान करि।
आपस में बेधे मन नेह सरासन चढ़े,
तीच्छन कटाछन सों, भौंहैं धनु तान करि॥
राधा-मनमोहन जू अंगन के संगनि सों,
पुलकित होय रहे, लपटि भुजान करि।
सुख कौ न अंत, लह्यौ रजनी हिमंत रितु,
कियौ गुनवंत कंत काम की कलान करि॥ ४३ ॥

*

कामरी की खोही मोही गोपन की जाई बाल,
आई लाल पामरी रजाई परहरिकै।

कहै 'कालिदास' पास भई है एकंत, कत—
लीजिऐ लपेट, लपटाय अंक भरिकै॥
रैन में नगर द्यौस जन कै बगर कीजै,
जगर-मगर ब्रज भूमि केलि करिकै।
पूस में कलाधर ये धन कौ न छोड़ैं संग,
तातैं रंग कीजै, हिए प्रेम-ध्यान धरिकै॥ ४४॥

*

सुंदर मंदिर अंदर में, बहु बंदनवार-वितान अडोलैं।
है परदा मखतूलन के, तिहिं मूल बिछी गिलमें गुलगोलैं॥
'बल्लभ' दीपत दीपति है, मनि त्यों सुक-सारिका के गन बोलैं।
ए री! हिमंत में राधिका स्याम, करैं बहु रंग उमंग कलोलैं॥ ४५॥

*

नौल निकुंज बनौ रस-पुंज, चहूँ दिसि हेम बितान है तानौ।
आछे परे परदा मखतूल के, तूल कौ चारु बिछायौ बिछानौ॥
केलि करै 'गिरिधारन जू' संग लै तिय कों मध आतराखानौ।
पावक ही की सिखान के संग, अनंगहिं पावक पूजत मानौ॥ ४६॥

*

मंजु मनोहर सीत सुगंध, सुँघें प्रिय रैन सचैन रमैं।
सो घन नील सरोरुह से, निरमाल दुरावत भोर समैं॥
पीन उतंग उरोज के भारन, गौन समय मृदु गात नगैं।
नूतन गंध रची कच में, कितनी तरुनी तनु मैन जमैं॥ ४७॥

*

छाई है हिमंत-बात तंत की बताय देत,
अंत कों बराय जिय अंत कों न जाइऐ।
'द्विज बलदेव' कहै कस कहि दूर करि,
काम की कलोल कान्ह कामद मचाइऐ॥
अतर-तमोल-तेल-तूलन के तुंग साजि,
ताती सी सोहाति सेज तापै इत आइऐ।
करत हैं आन तजि, मान कौ समान नैक,
मानिऐ प्रमान निसि भान उर लाइऐ॥ ४८॥

*

मेरे मिलाऐं मिली दिन द्वैक, दुरै-दुरै आनँद ओघ अघाती।
त्यों चसकों चित चित्तए चाहिऐ, सोच-सँकोचन सों लचि जाती॥
'देव' कहाँ तें बनै विधि दोऊ, इतै मुख देखि लला कों लजाती।
हैं इत सीत में संग लहैं, उत सोइवे कों अतिसै ललचाती॥ ४९॥

*

बैरी बयार लगै बरछी सी, अँगार लगै हिम मैन मसूस में।
पान सुगंध सनेह सुरंग, सुमेर हरी सजी सेज अदूस में॥
जाय नहीं रवि हू के तपे, बिन कंत हिमंत के जोर जलूस में।
कीरति-लाड़िली प्रेम की माड़िली, बावरी! रूसत है कोऊ पूस में॥ ५० ॥

*

सुनि कै सखियान पै सांई सवार, चले इत पूस कौ मास जु लाग्यौ।
'रसिकेस' रहे सुख होय महा, अब कीजै कहा सु मनोभव जाग्यौ॥
कछु ठानी उपाय, दई कों मनाय, पसारिकै अंचल सों वर माँग्यौ।
गहिकै वर बीन प्रवीन तिया, तब ही तहाँ राग मलार सुराग्यौ॥ ५१ ॥

*

## हेमंत-विलास के साधन

सौने की अँगीठिन में अगिन अधूम होय,
होय धूम-धार हू तौ मृगमद आला की।
पौन कौ ना गौन होय, भरक्यौ सुभौन होय,
मेबन कौ खौन होय, डब्बियाँ मसाला की॥
'ग्वाल कवि' कहै हूर-परी सी सुरंग वारी,
नाँचती उमंग सों तरंग तान ताला की।
बाला की बहार औ दुसाला की बहार आई,
पाला की में बहार, बहार बड़ी प्याला की॥ ५२ ॥

*

अमल अनोखे, अति चोखे भरे प्यालन में,
अमित मसालन की गिनती गिनावै क्यों।
गिलमैं गलीचन की, परदा दरीचन की,
सेजन की सुखमा अनूप कवि गावै क्यों॥
साल औ दुसालन में, रेसमी रुमालन में,
लौने दीप जालन में, सो हिमंत पावै क्यों।
'रसिक बिहारी' नव बाला अंग माला किये,
मदन बिहाला तिन्हैं सीत-भीत पावै क्यों॥ ५३ ॥

*

गाले अति अमल, भरा ले तोसकों में, फेर—
ऊपर गलीचे बिछवाले जाल वाले अब।
सेजन पै सेजबंद खूब कसवाले बनि,
खाले रस वाले जे गजक बनवाले सब॥

'ग्वाल कवि' प्यारी कों लगाले लिपटाले अंक,
सौइके दुसाले में, मजा ले अति आले जब।
मंजुल मसाले मिले, सुरा के रसाले पिऐं,
प्यारे पर प्याले, मिटै पाले के कासले तब ॥ ५४ ॥

*

सीत अनीत करै अति भीत, जिन्हैं निज मीत मिले कपटी हैं।
तीर सी लागै समीर हिए, रहतीं जो दुसालन में लपटी हैं॥
हैं 'रसिकेस' सुखी तिय सो, बिरची सर में जुनहीं रपटी हैं।
काह हिमंत करै तिनकौ रहै कंत की जो छतियाँ छपटी हैं ॥ ५५ ॥

*

प्रात उठि आइवे कों, तेलहिं लगाइवे कों,
मलि-मलि न्हाइवे कों, गरम हमाम है।
ओढ़िवे कों साल, जे बिसाल हैं अनेक रंग,
बैठिवे कों सभा, जहाँ सूरज की घाम है॥
धूप कों अगर, 'सेनापति' सोंधौ सौरभ कौ,
सुख करिवे कों छिति अंतर कौ धाम है।
आए अगहन, हिम-पवन चलन लागी,
ऐसै प्रभु लोगन कों होत बिसराम है ॥ ५६ ॥

*

अगर की धूप, मृग-मद की सुगंध वर,
बसन विसाल-जाल, अंग ढाकियतु है।
कहै 'पदमाकर' सुपौन कौ न गौन जहाँ,
ऐसे भौन उमँगि उमंग छाकियतु है॥
भोग औ संयोग हित सु रितु हिमंत ही में,
एते सब सुखद सुहाए वाकियतु है।
तान की तरंग, तरुनापन-तरनि-तेज,
तेल-तूल-तरुनि-तमूल ताकियतु है ॥ ५७ ॥

*

गावें गीत अंगना प्रबीन कर बीन लिऐं,
आनँद-उमंग भरी रंग के भवन में।
कहै 'रतनाकर' जवानी की उमंग होय,
तंग होंय बसन सजीले तने तन में॥
सुखद पलंग होंय, दुहरी दुलाई लगी,
आनँद अभंग तब होय अगहन में।

नूपुर के संग-संग बाजत मृदंग होय,
रंग होय नैनन, तरंग होय मन में॥५८॥

*

मारग-सीरष, पूस में सीत हरन उपचार।
नीर समीरन तीर सम, जनमत सरस तुसार॥
जनमत सरस तुसार, यहै रमनी सँग रहिऐ।
कीजै जोबन-भोग, जनम जीवन-फल लहिऐ॥
तपन-तूल-तंबूल, अनल अनुकूल होत जंग।
'सेनापति' पग सदन बास, न बिदेस, न मारंग॥ ५९ ॥

*

मीनन के चौके चुने, चमकै नगीनन के,
झीने पल माने कैसे गहब गहीले हैं।
तूलन के तागे, धागे मंजु मखतूलन के,
रेसम दुकूलन के परदे रँगीले है॥
नीचे नए खासे 'जगमोहन' गलीचे यों,
सो सेज के नगीच ही चिराग चटकीले हैं।
लपटे सु आसन में, छपटे दुसालन में,
सोए सीत-कालन में, छिपकें छबीले हैं॥ ६० ॥

*

खासी कोठरीन में सँवारी सेज सौंधे सनी,
आस-पास अगर-कपूर बगरे रहैं।
दरन सु परदा गलीचन सों झपि भूमि,
बरै दीप कंचन के, अतर धरे रहैं॥
ऐसै समै कंत संग जुवती हिमंत रितु,
पौढ़ि पलिका पै, दोऊ आनँद भरे रहैं।
सीत-त्रास दपटे से, कपटे दुकूल-दुख,
लपटे दुसालन सों, छपटे परे रहैं॥ ६१ ॥

*

आड़े ना रहत, रोम ठाढ़े ही सदा रहत,
पच्छिम कौ पवन फेरि पाला सों कटत है।
कंपत करेज, सेज सोइऐ सुखत अरु,
गब्बर गरीबन की गरुता घटत है॥
'ठाकुर' कहत फेरि पानी तें परस होत,
होत तन पीर, नैम नाँहीं निपटत है।

ओढ़िऐ दुसाला, तरैं तोसक बिसाला, बिना—
लागै अंग बाला, सीत-काला ना कटत है॥ ६२॥

*

अभिराम हमाम के धामन में, चहै केतौ अराम लपेटि पटैं।
बिरचे बिधि केते दुसाले बिसाले, धरे तन में नहिं पाले कटैं॥
'रघुराज' कहै सखी सूरज हू न, निवारि सके हिये हारि हटैं।
छिति में छिनदा में छबीली बिना, छतियाँ छपटैं हिम की दपटैं॥ ६३॥

दर-दर ढाँपैं, जऊ थर-थर काँपें अंग,
अंग नवलान के अनंग रस राचै है।
विविध विलास के अबास सुख-रास जहाँ,
मृगमद-धूम औ अँगीठिन में आचै है॥
बार-बधू निरतत सुढंग तें उमंग भरी,
अमिल अलापन में सप्त सुर साचै है।
'रसिकबिहारी' हितकारी प्रानप्यारी-मुख,
देखिकै हिमंत में, अनंत मोद माचै है॥ ६४॥

*

तेल औ तमोल पुन तरुनि-तुराई-तूल,
जेते सुख-साज तेते सब ही पूरे रहैं।
असन-बसन उष्न कोटिन बिधानन के,
ठौर-ठौर द्वारन किंवार हू मुरे रहैं॥
रसना-अधर-नैन-कंठ-उर-बाहु सबैं,
नव रस अंग तिय-अंग सों जुरे रहैं।
'रसिकबिहारी' तऊ व्यापत हिमंत-सीत,
जदपि घनेरे भले, भौन में दुरे रहैं॥ ६५॥

*

ब्रह्म यंत्र वारे भारे लपकै सुगंध, तैसै—
आलि दीपमाल लाल जालन जरे रहैं।
परम प्रबीन बीन लै-लै सुखकार,
'सरदार' चीन-चीन रंग-रागन भरे रहैं॥
चूमि चंदबदन, चपाय पाँय-पाँय मेलि,
उरज उतंग अंग-अंगन अरे रहैं।
करदे करन हारे, सरदे समीरन के,
जरदे दुसालन के, परदे परे रहैं॥ ६६॥

*

ओक-ओक लोक सब करत कलोल निसि,
कोकन कों सोक भौ, कलानिधि कों काफा सौ।
भनत 'दिवाकर' लगावत अतर अंग,
बारत हुतासन बरपि पौ बराफा सौ॥
राजा औ अमीर पसमीना के बहार लेत,
मुजरा बरंगना करावत इजाफा सौ।
आयौ ये हेमंत, कंत लहत अनंत सुख,
संत जड़ सैन लेत, जगत जुराफा सौ॥ ६७॥
*

## हेमंत-विरह

पल-पल, दिन-दिन जामिनी घटन लागी,
भामिनी जगन लागी, जामिनी इकंत में।
भनत 'दिवाकर' संयोगिनी सुखी न कीनीं,
दु:खिनी वियोगिनी लगीना हँसि हंत में॥
घर-घर, धर-धर बाजत कपाट-पाट,
सटपट सेज पै मजेज छबिवंत में।
सखी इहिं पाख में, जो आयौ न हमारौ कंत,
होंगे प्रान अंत, नहिं पाइकै हेमंत में॥ ६८॥
*

छाई सीतलाई, मुरझाई कला कुंजन की,
मानों मनरंजन की पाइकै जुदाई है।
कापै कहि जाई, दिन हू की लघुताई, जनु—
रही छलताई, लखि प्रीति सकुचाई है॥
रैन अधिकाई, भयौ बिरह सहाई, तासु—
सीत चहुँघाई, बिन मीत भीत धाई है।
पीर सरसाई, फूली सरसों सरस भाई,
हेम रितु आई, न कन्हाई-सुधि पाई है॥ ६९॥
*

बरसै तुषार, बहै सीतल समीर नीर,
कंपमान उर क्यों हू धीर न धरत है।
रातन सिरात, सरसात व्यथा बिरह की,
मदन-अराति जोर जोबन करत है॥
'सेनापति' स्याम! हम धन हैं तिहारी, हमैं—
मिलौ, बिन मिलै, सीत पार न सरत है।

और की कहा है, सबिता हू सीत रितु जानि,
सीत कौ सतायौ धन रासि में परत है॥७०॥

*

बास पिय पास जाकौ, अति ही हुलास ताकौ,
भोगन रसाल रास-रस सरसायौ है।
चकचौंधि देखि-देखि चकित चकोर चाहै,
ससि के समान सर सीतल सोहायौ है॥
बहत समीर सीरी, दहत हमारौ अंग,
रहत न धीर, यों अनंग उँमगायौ है।
छल सों धर्‌यौ है नाम अगहन, गहन सम,
बिरही गहन प्रान, अगहन आयौ है॥७१॥

*

पूस के महीना काम-वेदन सही ना जाय,
भोग ही के द्यौसन ही बिरह अधीन के।
भोर ही कों सीत सों न पावक छुटन, त्योंही—
रात आई जान, है दुखित गन दीन के॥
दिन की नन्हाई 'सेनापति' बरनी न जाय,
रंचक जनाई, मन आवै परबीन के।
दामिनी ज्यों भानु ऐसै जात है चमकि, ज्यों न—
फूलन हू पावत, सरोज सरसीन के॥७२॥

*

पीय-पीय रटत रहत आठ हू पहर,
रसना भई रहत, ज्यों पपीहा पावसी।
घरी-घरी दहै मैन, चित कों न कहूँ चैन,
रह्यौ न परत ऐन बूड़े बेन नाव सी॥
'तुलसी' कहत पिय प्यारे के समीप बिना,
भूषन की कहा, भौन-भोजन न भावसी।
पीउ बिन पूस मास, पैयत न चैन आली,
बुंद ऐसौ दिन होत, रैनि दरियाब सी॥ ७३॥

*

चंद्रक-चंदन चारु चितै, चख नीची करै, न बयारि सोहाई।
आनन पानिप रूखे भए, दिन तें अति होत निसा अधिकाई॥
फूलन सेज विभूषन जाल, चहै छितिपाल नहीं नियराई।
बाहर भावत है न भटू, बनि बाल वियोगिनि सी हिम आई॥७४॥

*

परत तुषार, झार उठत अपार भार,
द्वार भौ पहार, पूस आँगन सुहात है।
बीछी के से छौना, भरे मानहुँ बिछौना माँझ,
दिसि हू बिदिसि लगि घेरे घर घात है॥
'बिट्ठल' सुहित अति गति-मति भूलि जात,
चालिका करात, जब बोलै अधरात है।
बिरह तें हिरात पिया बिन रही, रात—
आवै नियरात, तिय जात पियरात है॥ ७५॥

*

परत तुषार भार, काँपै हिय हरि-हरि,
रजनी पहार, दिन आग जैसे फूस की।
द्वार-द्वार परदे परे हैं भरे तूलन के,
भीतर सँवारि धरे पलँग जलूस की॥
'राम कवि' कहत हनत सीत अब-तब,
आव रे सुजान, तेरी छाती आबनूस की।
जैसे-तैसे कान्ह षट मास तौ व्यतीत कर्‌यौ,
निपट जुवाल भई, काल-रैन पूस की॥ ७६॥

*

अंग सुकराय, औ उसाँसन थकाय नैक,
हिय कों हिमंत बात बेधै चहुँघाय जूटि।
तासु दरसाय दसा तो बिन मलीन अब,
सब सुख चायन कों लीन्हौं कामदेव लूटि॥
खान-पान कों नसाय, डोलै तो विरह पाय,
मूँदि पलकन कों, रहै लोगन तें दूरि छूटि।
भूलि भूलिकै कुपंथ, जाय सुनि प्यारी ताकैं—
काँटौ गड़ि जाय, पै न जाय तेरौ ध्यान टूटि॥ ७७॥

*

सेज सजाई रजाई समैत, जहाँ तहँ आई पिया जो सु अंत की।
माढ़ सुरा है तुरंत अँची, तब कीनीं अरंभ कछु बात इकंत की॥
ज्यों हरि 'तोष जू' सों हँसि कै, रसिकै चसकै सिसक छबिवंत की।
हूलै हिए झुकि झूल सु मूरति, भूलै नहीं हमैं केलि हिमंत की॥ ७८॥

*

अमल कमल-दल लोचन ललित, गात—
जरत, समीर सीत-भीत देह दुख की।

चंद्र कों न लख्यौ जाय, चंदन न लायौ जाय,
चंदन चितायौ जाय, प्रकृति बपुरन की॥
घाट की घटत जात, घटना घरी हू घटी,
छिन-छिन छीन छबि रवि-मुख सुख की।
सीकर तुषार स्वेद सोहत हेमंत रितु,
कैधौं 'केसवदास' तिय प्रीतम बिमुख की॥ ७९॥

*

बैठत उठत जात आवत सकारे-साँझ,
काम के करारे बान हिए डोलियतु है।
देखै बन-बाग भले लागत भयावन से,
खान-पान माँहि मानों विष घोरियत है॥
धाय कै हिमंत-वाय, बेधत दुखद काय,
छाय कै करेजौ छिन माँहिं छोलियत है।
लखै क्यों न जाय, ताहि बिरह सतायौ-तायौ,
तो बिन सहाय हाय-हाय बोलियत है॥ ८०॥

*

एक ओर बान पंचबान कों गहाइ दीन्हों,
एक ओर रन अति कठिन लखावतौ।
दोषाकर बीच दोष आकर बसाई सीत,
भीत करै जेते प्रीति बाहिर निबाहतौ॥
'बंसीधर' कहै घर-डगर-नगर बीर!
लै करि समीर रोम-रोमनि बसावतौ।
छूटतौ न मान, मंत्र-तंत्र अरु यंत्र कीन्हें,
जो नहिं हिमंत दूती कंत बिन आवतौ॥ ८१॥

*

आलि हिमंत समय हिम संगत, बात बहै, जग सीत करै।
पाकत-कंपत कोमल कामिनि, सीत समाकुल कोर भरै॥
मानहुँ कामिनि प्रीतम के बिन, वारि समय नहिं धीर धरै।
सोच करै पियरी तन में, दुबरी नित नैनन नीर ढरै॥ ८२॥

*

# शिशिर

✷

राशि—

मकर + कुंभ

✷

मास—

माघ + फाल्गुन

✷

सिसिर सरस मन बरनिए, 'केसव' राजा-रंक।
नाँचत-गावत रैन-दिन, खेलत-हँसत निसंक॥

# शिशिर–परिचय

शिशिर शीत के उत्थान और पतन की ऋतु है। इस ऋतु में भयंकर सरदी, बर्फीली वायु, मेघ की गरज और बिजली की चमक के साथ माघ मास की वर्षा, आँधी–तूफान एवं ओला–पाला की अधिकता रहती है, जिनके कारण शीत की कठोरता अपनी चरम सीमा पर पहुँच जाती है। इसके फलस्वरूप वन–उपवन और बाग–बगीचों के खिले हुए पुष्प ही नहीं, वरन् उनके पत्ते तक झड़ने लगते हैं। देखते–देखते प्रकृति देवी की मनोरम क्रीड़ा–भूमि उजड़ने लगती है और पल्लवविहीन वृक्षों के कारण सर्वत्र भयावना सा दृश्य दिखलाई देता है! इस प्रकार उजाड़ और बरबादी के वातावरण में शीत भी अपने जीवन की अंतिम घड़ियाँ गिनने लगता है और हतप्रभ एवं बलविहीन होकर ऋतुराज बसंत के लिए स्थान खाली कर देता है।

वैसे तो शिशिर के मध्य काल में ही बसंतागमन के आसार दिखलाई देने लगते हैं, और माघ शुक्ला पंचमी बसंत–पंचमी के नाम से प्रसिद्ध भी है, तथापि शिशिर के अंतिम पखवाड़े में तो होली के रूप में बसंत की धूमधाम आरंभ ही हो जाती है। इस प्रकार बरबादी के वातावरण में उत्पन्न और पोषित होकर भी शिशिर का सुखमय अंत होता है।

फाग और होली शिशिर ऋतु की विशेषताएँ हैं, जिनके कारण यह नीरस ऋतु भी सरस बन गयी है। ब्रजभाषा काव्य के अवलोकन से ज्ञात होता है कि इस ऋतु के वर्णन में कवियों का मन रमा नहीं है, किंतु उन्होंने होली का कथन बड़े विस्तार एवं मनोयोगपूर्वक किया है। ब्रजभाषा के भक्त कवियों ने शिशिर विषयक पदों की रचनाएँ प्रायः नहीं की हैं। रीति कालीन कवियों ने इस ऋतु का भी थोड़ा–बहुत कथन किया है, किंतु वह प्रायः हेमंत ऋतु के वर्णन जैसा ही है और उसमें कोई विशेष चमत्कार भी नहीं है। किंतु फाग और होली के संबंध में ब्रजभाषा का विशाल साहित्य उपलब्ध है, जो भक्ति कालीन पद और

रीति कालीन छंद—दोनों प्रकार की शैलियों में रचा गया है।

शिशिर और बसंत के संधि-काल में पड़ने के कारण होली का उत्सव कई प्रकार की विचित्रताओं को लेकर आता है। वैसे तो होली की गणना देश-भर के मुख्य उत्सवों में की जाती है, तथापि ब्रजभूमि के उत्सवों में इसका सर्वोपरि महत्त्व है। यही कारण है कि ब्रजभाषा के कवियों ने इसका बड़ी उमंग और उत्साह के साथ कथन किया है।

फाग और होली में गायन-वादन-नृत्य आदि विविध कलाओं के सर्वत्र प्रदर्शन होते रहते हैं। इसके अतिरिक्त रंग-बिरंगी गुलाल और पिचकारियों की धूमधाम के कारण समस्त ब्रजभूमि में आनंद और उल्लास का समुद्र सा उमड़ पड़ता है। नर-नारी आनंद विभोर होकर इस उत्सव में ऐसे तल्लीन हो जाते हैं कि कुछ समय के लिए उनको विधि-निषेध का भी ज्ञान नहीं रहता है। ब्रजभाषा-कवियों की तत्संबंधी रचनाओं में इस प्रकार के वातावरण का वास्तविक चित्रण किया गया है, जो सहृदय काव्य-रसिकों को अपूर्व आनंद प्रदान करता है।

## माघ

बन–उपबन केकी–कपोत, कोकिल कल बोलत।
'केसव' लै भूभरे भ्रमर, बहु भाँतिन डोलत॥
मृगमद–मलय–कपूर, धूर धूसरित दसौ दिसि।
ताल–मृदंग–उपंग सुनत, संगीत–गीत निसि॥
खेलत बसंत संतत सुघर, संत असंत अनंत गति।
घर नाह न छोड़िय माह में, जो मन माँहिं सनेह–मति॥ १॥

**

मनि मय महि मुददानी औ मनोहर मंजु,
मानिक के मंदिर महान मूसैं मन हैं।
मालती की महँक मलिंद मदमाते फिरें,
मिले मकरंदन सों मौलसिरी पन हैं॥
'गिरिधरदास' मुकुताहल की माला धरैं,
मदन महीपति के मद मरदन हैं।
माघ के महीना मैन मोहन मयंकमुखी,
मजेदार मौज करें, मन में मगन हैं॥ २॥

## फाल्गुन

'गिरिधरदास' फूलवारे फूले फूलन सों,
फलवारे फलन सों फलित फवत हैं।
फटिक से फरस पै, फरस फरास रच्यौ,
फवनि सों फलक निवासी ही फबत हैं॥
फाटक फराक फनधर फन फवीन कों,
फरक में फरकी फिरोजा की फकत हैं।
फरहत भरे फूलें, फागुन में फनी बंधु,
फील की फिरनि, ऐसी फिरनि फिरत हैं॥ ३॥

**

लोक–लाज तजि राज–रंक, निरसंक बिराजत।
जोइ भावत सोइ कहत, करत पुनि हँसत न लाजत॥
घर–घर जुवती–ज्वान जोर गहि, गाँठनि जोरहिं।
बसन छीनि मुख मीड़ि, आँजि लोचन तृन तोरहिं॥
पट बास सुबास अकास उड़ि, भूमंडल सम मंडिऐ।
कहि 'केसवदास' बिलास निधि, फागुन फाग न छंड़िऐ॥ ४॥

# शिशिर

*

## शिशिर–वर्णन

सिसिर में ससि कौ सरूप पावै सबिता हू,
घाम हू में चाँदनी की दुति दमकत है।
'सेनापति' सीतलता होत है सहस गुनी,
रजनी की झाँई दिन हू में झमकत है॥
चाहत चकोर, सूर ओर दृग–छोर करि,
चकवा की छाती तजि धीर धमकत है।
चंद के भरम मोह होत है कुमोदिनी कों,
ससि संक पंकजिनी फूलि ना सकत है॥ ५॥

*

फूली अवली हैं लोध लवली लवंगन की,
धवली भई है स्वच्छ सोभा गिरि–सानु की।
कहै 'रतनाकर' त्यों मरुवक फूलन पै,
झूलन सुहाई लगै हिम–परमानु की॥
साँझ–तरनी औ भोर–तारा सी दिखाई देत,
सिसिर कुही में दबी दीपति कृसानु की।
सीत–भीत हिए में न भेद यह भान होत,
भानु की प्रभा है, कै प्रभा है सीतभानु की॥ ६॥

*

सिसिर तुषार के बुखार से उखारत है,
पूस बीते होत सुन हाथ–पाँय ठिरि कै।
द्यौस की छुटाई की बड़ाई बरनी न जाइ,
'सेनापति' पाई कछु सोचि कै, सुमिरि कै॥
सीत तें सहस–कर सहस–चरन ह्वै कै,
ऐसें जात भाजि तम आवत है घिरि कै।
जौ लौं कोक कोकी कों मिलत, तौ लौं होत रात,
कोक अधबीच ही तें आवत है फिरि कै॥ ७॥

*

उर में हिम सर सौ लगत, सिहरत सकल सरीर।
सी–सी कहि सिसकत न को, परसत सिसिर–समीर॥ ८॥

*

धाय-धाय सिंधुर मदंध फूले लोधन सों,
गंध-लुब्ध ह्वै कै कंध रगरत गात हैं।
कहै 'रतनाकर' प्रभात अरुनाई माँहिं,
बाघन के लेरुवा लरत लुरियात हैं॥
उठि-उठि धूम बनबासिन के बासन तें,
त्रासन तें सीत के तहाईं मँडरात हैं।
पंछीगन सीस काढ़ि बिटप-बसेरन तें,
उमहिं कछूक, मौन गहि रहि जात हैं॥ ९॥

*

धायौ हिम-दल, हिम-भूधर तें 'सेनापति'
अंग-अंग जग थिर-जंगम ठिरत है।
पैऐ न बताई, भाजि गयी है तताई, सीत—
आयौ आततताई, छिति अंबर घिरत है।
करत है ज्यारी, भेष धरिकै उज्यारी ही कौ,
घाम बार-बार बैरी बैर सुमिरत है।
उत्तर तें भाजि सूर, ससि कों सरूप करि,
दच्छिन के छोर छिन आधक फिरत है॥ १०॥

*

सिसिर खिलारी भयौ मिसिर मदारी महा,
करतब आपनौ अनूपम उघारै है।
कहै 'रतनाकर' अखिल हरियारी पर,
कलित कपूर-धूर बिसद बगारै है॥
पावक पै फूँकि के प्रभाव निज पानी करै,
पानी कों परसि पल उपल सुधारै है।
प्रबल प्रचार सीतकार की करामत सों,
भानु कों पलटि सीत-भानु करि डारै है॥ ११॥

*

छायौ इमि सिसिर-अतंक महि-मंडल में,
अंक माँहिं संकित न बाल ठुनकत है।
कहै 'रतनाकर' न बिकसत बोल नैक,
कोकिल न कूजत, न भौंर गुनकत है॥
इमि हिम-गाला बरसत चहुँ ओरन तें,
ताकौ कहि आवत कसाला-गुनकत है।

सीत-भीत अतुल तुलाई करिवे कों मनों,
धुनक बिधाता तूल-धाप धुनकत है॥ १२॥
*

ह्वै कै भयभीत सीत प्रबल प्रभावन सों,
पाला माँहिं मेदिनी सुगात निज ग्वै रही।
कहै 'रतनाकर' तपाकर कों चंद जान,
मान सुख चकई-वियोग-ताप म्वै रही॥
जोगी भयौ चाहत सँजोगी, भोगी जोगी भयौ,
मति जुवती में पंच-पावक में प्वै रही।
पैठे जात सिमिट भवानी के पटंबर में,
अंबर की चाह यों दिगंबर कों ह्वै रही॥ १३॥
*

बिहरति रहैं बनराज जू में आठौं जाम,
और सों न काम, गान गावैं नंदलाला के।
फाटी सी पिछौरिया में, राजत हजार चीर,
दिपत अनूप रूप, छीने मृगछाला के॥
'लाल बलबीर' स्यामा-स्याम जू के रंग भरे,
तिनकों न व्यापत कसाला भूलि पाला के।
ओढ़ि-ओढ़ि साधु प्रेम-कुटी में निवास करैं,
गूदरी गूँथेवाँ मान मारत दुसाला के॥ १४॥
*

मृगमद-केसर-अगर-धूप-धूम काँपि,
सीत-भीत काँपन की रीतिहिं बुझावैं हैं।
कहै 'रतनाकर' त्यों परदे दरीचिन के,
हिलि-हिलि हिलन अजोगता सुझावैं हैं॥
संग-सुख संपति न दंपति बिहाइ सकैं,
प्रीति सों परस्पर यों भाषि अरुझावैं हैं।
सिसिर-निसा में निसरन कों न बाह कहूँ,
गिलिम-गलीचा पाँय गहि समुझावैं हैं॥ १५॥
*

मंजुल मकंदनि के कोंपल सचोप लख,
लागे गान गुनन मलिंद छिन द्वैक तें।
कहै 'रतनाकर' गुलाबन में बौड़ी लगीं,
औंड़ी ओप औरही अनूप इन द्वैक तें॥

केसरि-कुरंगसार-लेप न सुहात अंग,
कन घनसार के मिलावै किन द्वैक तें।
दाबी रहै हौंसन कौ हुमस न ही में अब,
फाबी फाब सीत पै गुलाबी दिन द्वैक तें॥ १६॥

*

साथ प्राननाथ के सिसिर में समोद बाल,
सरित सरोवरादि माँहिं अवगाहै ना।
बार-बार धूप ही में बैठै छबि वारी जाय,
सीत-छोभ माँहिं छकी चाहै छनौ छाँहें ना॥
'हरिऔध' सी-सी करै, सीतल समीर लगैं,
सीतलता वाकी अजौं सुमुखी सराहै ना।
चाँदनी में कढ़ै नैकौ चित में उमाहै नाँहिं,
चंदमुखी चाव कर चंद हू कों चाहै ना॥ १७॥

*

मृगमद-केसर-अगर-धूम-जालन कौ,
सुखद दुसालन कौ जदपि सहारौ है।
कहै 'रतनाकर' पै आनत बिचार आन,
काँपि जात गात सब हहरि हमारौ है॥
तान की कहा है अब आनि गन हू गै पर्‌यौ,
ऐसौ कछु सिसिर-प्रभाव कौ पसारौ है।
प्रान हू तें प्यारौ मान लागत सखी पै आज,
मान हू तें प्यारौ लगै, पीत पट वारौ है॥ १८॥

*

थिर-चल सकल प्रबल भयभीत ह्वै कै,
जगत जुराफा सम गति दरसत है।
ठौर-ठौर बरसा ज्यों बरसै बरफ-पुंज,
आलय हिमालय चहूँघा सरसत है॥
उदित प्रभाकर की मुदित मयूखैं पुर,
पुहुमी पियूष-धर कैसी परसत है।
सोचित सरोजन कौ, पोचित बदन पेखि,
रोचित कुमोदिनी कैं मोद बरसत है॥ १९॥

*

भानु सीतभानु के समान लघु भान भयौ,
वारी बरसान सों कृसान हू की साला में।

दीपगन बारन भयौ है पौन बारन कै,
'सेवक' सितारन सु तारन की माला में॥
माच्यौ फूल-फूल द्वै अतूल तूल हू कौ तूल,
तैसौ मखतूल भोग लोचन के जाला में।
मदत मसाला की नवाला बिन वाला होत,
पाला सम लागत दुसाला सीत काला में॥ २० ॥

*

चंद-छबि पागि, आगि औरै चलै भानु भागि,
सीत जागि-जागि जग ऐसै गरसत है।
रदन सों बोलैं रद, वदन विकासै कौन,
नदन की गौन-रौन सूधौ सरसत है॥
लागी जऊ झाँपै, मची झर की झरापैं, तऊ—
'सेवक जू' काँपै, न दुराब दरसत है।
दृढ़ बरसाला फोरि, साल हू दुसाला फोरि,
सकल मसाला फोरि, पाला बरसत है॥ २१ ॥

*

डोलत चहूँघा, मतवारे सम बोलत हैं,
सबै नर-नारि सुध भूले हैं सदन की।
केसर के रंग बीच भीजे, अंग राजत है,
सहित गुलाल सोभा साजत बदन की॥
काहू कैं विसेष नख-रेख है उरोजन पै,
काहू कैं कपोलन निसारी है रदन की।
'रसिक बिहारी' हिय सोहिनी बिलोको घनी,
सिसिर है, कैधौं ये मोहिनी मदन की॥ २२।

*

पाबक जुड़ानी, विषधरन गँवाई रिस,
चंडकर सकल प्रचंडता विहाई है।
चोर-विभिचारी निसि भ्रमन विहाय बैठे,
सिंह-वृक वृंद पैठ्यौ गुहन लुकाई है॥
भीति वस जाके दिन दीन ह्वै कै सिमिटत,
पाला मिसि कीरति अपार जासु छाई है।
'पूरन' विलौको जग सातुकी बनावन कों,
सांतमयी, सीतमयी सिसिर सुहाई है॥ २३ ॥

*

तंग पयोद लसै गिरि–सृंग, मिल्यौ चलि सीतलता सरसावत।
त्यौं तरु–जूहन पै बिरमाय, घने सुख–साजन कों लहरावत॥
मंजु दरी निकरी जलधार, बसै पुनि सीकर संग ले धावत।
ग्रीषम हू में कँपावत गात, सुवात हिमांचल छ्वै जब आवत॥ २४॥

*

कोपि कासमीर तें चल्यौ है दल साज वीर,
धीर ना धरत गलगाजिवे कों भीम है।
सुन्न होत साँझ तें, बजत दंत आधी रात,
तीसरे पहर में दहल दै असीम है॥
कहै 'कवि गंग' चौथे पहर सतावै आनि,
निपट निगोरौ मोहि जानि कै यतीम है।
बाढ़ी सीत–संका, काँपै उर है अतंका, लघु–
संका के लगे तें होत लंका की मुहीम है॥ २५॥

*

मकर सीत बरसत विषम, कुमुद–कमल कुम्हिलात।
बन–उपबन फीके लगत, पियरे जोउत पात॥
पियरे जोउत पात, करत जाड़ौ दारुन अति।
सो दूनौ बढ़ि जात, चलत मारुत प्रचंड गति॥
भए नैक माहौठि, कठिन लागै सुठि हिमकर।
'सेनापति' गुन इहै, कुपित दंपति संगम कर॥ २६॥

*

लोक सीत–साँसत सहत, दुरि दिन बितवत घाम।
सिसिर माँहिं कुहरा पर, मचत महा कुहराम॥ २७॥

## शिशिर–विलास

कहूँ बौरे सरस रसाल बन–बागन में,
सुखद सुगंध चाह अमित बढ़ावै हैं।
कहूँ नव नागरी अनंग–रंग छाकी, हिय—
हुलसि बहार तें, बहार सुर–गावै हैं॥
'रसिक बिहारी' कहूँ सँग निज प्रीतम के,
नागरी छबीली बिपरीत–रीति छावै हैं।
सिसिर की सीत कहूँ, मीत सों मिलन कहूँ,
कहूँ निज प्यारे कों बसंत लै बधावै हैं॥ २८॥

*

सुंदर गुलाबी सीस महल बनौ सुभल,
विमल बनाती लगे परदा चमकिकै।
चारु-चारु चतुर चहूँ दिसि बिछाए भाए,
गिलगिली गिलम-गलीचा सु दमकिकै॥
'सोभन' धुकायौ मृगमद औ अगर-धूप,
झूमि-झूमि घूमैं सखिगन त्यों लमकिकै।
लिपट रँगीले लाल सिसिर के सीत-भीत,
अंग लावैं लाड़िली कों, अति ही झमकिकै॥ २९॥

*

गुन के निधान दोऊ, रूप के विधान दोऊ,
परम सुजान दोऊ, मिलि बतरावहीं।
प्रीति-रीति देखैं दोऊ, रहैं अनमेखैं दोऊ,
मुदित अलेखैं दोऊ, रस बरसावहीं॥
राधा-मनमोहन अनंग की तरंगन सों,
सिसिर की रजनी में सुख सरसावहीं।
अगिनि परसि अरु पुलकित गात धरैं,
प्रेम में विवस ह्वै कै दोरु लपटावहीं॥ ३०॥

*

राजत है इहिं भाँति बन्यौ गृह, बात न बात जहाँ बिन काजै।
है हँसती-हँसती चहुँघा, अरु त्यौं हँसती ब्रज-बाल बिराजै॥
पानन को सनमान महा, बहु तान तरंगन की धुनि गाजै।
'बल्लभ' राधिका-स्याम तहाँ लखु, सैसिर के सुख में सुभ भ्राजै॥ ३१॥

भावै न सरित-सर तीर नीर बीर, और—
आतप हुतासन की तपनि सुहावै है।
शिशिर की संक-बंक, अधिक उतंग पर—
यंक पै छबीली संग सुख उँमगावै है॥
अंग-अंग झंपै तऊ मिटत न संकै उर,
सी-सी करि रदन बतीसी बँधि जावै है।
'रसिकबिहारी' राग-रंग में अभंग मोद,
तन पुलकावै, घनौ मदन जगावै है॥ ३२॥

*

रतन जटित त्यों घटित घर चारों ओर,
दरन दिवारन किंवारन मुदाए हैं।

परदा पसम के असम के पड़े हैं, गोल—
गेंदुआ गलीचन, गिलम गुदवाए हैं॥
'मंजु कवि' आतस अँगीठी धूप घूमि-घूमि,
धूम झूमि-झूमि सुचि सौरभ सुहाए हैं।
केलि, कल क्रीड़ा-बीड़ा, हँसन-बसन दुति,
दंपति दिपति दिव्य सीत सिसिराए हैं॥ ३३॥

*

बैठे चित्रसाला में बिसाला रूप बाला-लाला,
एक बैस बाला हू में, अंग उजियाला है।
दीन्हें गल बाँई, तन-मन सों लगाई, मानों—
सुंदर अमोल कंठ मेली बनमाला है॥
'लाल बलबीर' ब्यापै हिम की न पीर बीर,
प्रेम रनधीर पिऐं, रूप-रस प्याला है।
देखि छबि आला, बाला होत हैं निहाला, संग—
राजै प्रतिपाला, राधे छैल नंदलाला है॥ ३४॥

*

आज रंग महल बिराजैं, श्री स्यामा-स्याम,
जग-मग चारों ओर दीपक उजाले हैं।
विविध बनातन के, परदे परे द्वारन पै,
'लाल बलबीर' झब्बा झूमत निराले हैं॥
विद्रुम पलंग, तापै गादी मलमली, जापै—
बसन रँगीले, तर-अतर मसाले हैं।
कहा सीत-पाले, खाँय गरम मसाले, पिऐं—
प्रेम-मधु प्याले, औढ़ैं चौहरे दुसाले हैं॥ ३५॥

*

गरम गिलौरी हैं नकुल नौंनी नेजन की,
ब्यंजन अनेकन में, गरम मसाला हैं।
सुंदर मधुर मीठे मेवा धरे थारन में,
पराके सुधा से भरे कंचन के प्याला हैं॥
'लाल बलबीर जू' के पाला के कसाला कहा,
आय-आय लागत नवीन उर बाला हैं।
जरै दीप-माला, सेज सुंदर बिसाला जाकैं,
साल हैं, दुसाला है, बिसाला चित्रसाला हैं॥ ३६॥

*

पौन प्रविसै न, परे परदे, दिऐ हैं पट,
आतसी अबास, आस-पास के भरे रहैं।
दिपै दीप झुंडन, दिवारन दिवालगीर,
फरसी फनूस चहुँ रौसन धरे रहैं॥
अगर की धूप, सेज अंबर अतर रूप,
'सेवक' मसाले मौज मन के करे रहैं।
दपटे मनोज, तेऊ झपटे सिसिर-सीत,
छपटे दुसालन में, लपटे परे रहैं॥ ३७॥

*

कंचन के पलँग बिछाए सीसमहल में,
चद्दर सुपेदी, सनी सौरभ रसाला में।
ओढ़ैं ऊन अंबर सकल नख-सिख तऊ,
नैक हू न मानैं मन रहत कसाला में॥
'कवि बंसरूप' साजे दीपगन माला स्वच्छ,
अधिक उतंग त्यों अनंग चित्रसाला में।
मदत मसाला हैं, बिसाला जे दुसाला आला,
पाला सम लागैं, बाला बिन सीत-काला में॥ ३८॥

*

राजै आस-पास दासी खासी कर बीन लै-लैं,
गावत सुहावनी अनूप तान ताला में।
चारों ओर द्वारन पै परदे पसमीनन के,
राखे भर अतर अमोल दीपमाला में॥
'लाल बलबीर' प्याला भरे खीर पन्नन के,
पानन के बीरे भर राखे हैं मसाला में।
सजा सेज आला, आवैं मदन गोपाला आजु,
ओढ़ि कै दुसाला बाला बैठी चित्रसाला में॥ ३९॥

*

सोभित सखीन मध्य सुंदर नवेली बाल,
ऐसी छबि देत है अनूप तिहिं काला में।
जैसे उडुगन मध्य राजत सुधाधर जू,
फैल रही जगा-जोति जोबन उजाला में॥
'लाल बलबीर' अंग भूषन नवीन राजैं,
जड़ित जवाहिर अमोल हेम-माला में।

सजा सेज आला, आवैं मदनगोपाला आजु,
ओढ़ि कै दुसाला बाला बैठी चित्रसाला में॥ ४० ॥

*

बैठी केलि-मंदिर में सुंदर सिंगार साजि,
आगम बिलोक रही प्यारे नंद-लाला।
द्वारन में परदे परे हैं मखतूलन के,
तूल भरे दमदमात, लाल रंग गाला के॥
'लाल बलबीर' के रिझावन विचित्र चित्र,
रचे चित्रसाला में अनेक केलि-माला के।
पाला के कसाला के नसावन बिसाला, जहाँ—
राजत अनेक वस्त्र रेसमी दुसाला के॥ ४१ ॥

*

चमचमात चाँदनी चँदोवा लगैं चंद्रमा से,
राजै तसवीर बिपरीति-रीति बाला की।
चौलंग दिवालगिरी, सोहत फनूस-झाड़,
चहकै चिराग, छबि छाई दीपमाला की॥
'लाल बलबीर' सजी, सुंदर सजीली सेज,
गिलम-गलीचे-गादी सुरख दुसाला की।
शिशिर के पाला के कसाला काटिवे के हेत,
रची है बिसाला चित्रसाला नंद-लाला की॥ ४२ ॥

*

सुभग पलंग पै बिराजैं नाथ साथ सब,
विविध सिंगार साजि जेती पुर-बाला है।
ओढ़ि कै दुसाला, उर कंचुकी कसाला,
गरे मोतिन की माला, हीर-हार हू बिसाला है॥
कंचन-अंगीठी सों सु मीठी-मीठी धूम उठै,
मन काम स्याम हेतु, रचे धूम जाला हैं।
'सोभन' भनत एते उदित मसाला जामैं,
तामैं बिच केलि करैं ओढ़ि कै दुसाला हैं॥ ४३ ॥

*

कारचोबी कीमत के परदा बनाती चारु,
चमक चहुँघा समादान जोत-जाला में।
फरस गलीचन के बीच मसनंद, तापै—
मखमली गोल-गोल गुलगुली गाला में॥

'ग्वाल कवि' आला सेजबंद सेज सुंदर पै,
आला में मसाला धरे, अगर मसाला में।
चाहत लला कों चित्रसाला में सुबाला आज,
सौतन दुसाला दिऐं लिपट दुसाला में॥ ४४॥

*

खंभे दार रावटी बनाती लाल डेरन में,
अगर अँगीठी करी सीत की भजाई है।
कहै 'सिवराम' पसमीने की बिछाइत पै,
तखत के रूप सेज सरस सजाई है॥
मोरछली अलकैं, अनूप सीसफूल छत्र,
संजित कौ सोर काम नौबत बजाई है।
प्यारे कौ मिलाप, प्यारी पातसाही पाई, रीझि—
सौतिन कों सालै, दई सखिन रजाई है॥ ४५॥

*

सेवत सनेह तें सनेह निरघूम आग,
पागि–पागि रस चाखै, गरम मसाला कों।
मादक कौ प्याला हू न पाला–दुख टाला नैक,
तूल हू कौ गाला औ रिसाला तेज ज्वाला कों॥
विसद विसाला झाँपि साला औ दुसाला–साल,
साल ना सकत दुख दीह हिम–माला कों।
कहै 'नाथ' साथ कौ न खोवत कसाला वो,
बाला सीत वाला उर लाऐं बिन बाला कों॥ ४६॥

*

गिरै ब्यौम बरफ, झरफ के सनाका चलैं,
मखमली गादी चाँदी–पेंचुआ लगे रहें।
भनत 'दिवाकर' दुसाला वे बिसाला आला,
हरत कसाला, रस–ख्याला तें पगे रहें॥
छाती सें लगाय छाती, ताती कुच थाती मिलि,
मैन–मदमाती, करामाती में जगे रहें।
सिसिर के सीत केन भीत समसीत चीत,
जीत लेत पाला, जो सुबाला के सँगैं रहें॥ ४७॥

*

सीतल समीर आय, उर हू में साल होत,
जगत बिहाल होत, बचत न भागे तें।

हाथ-पाँय कँपैं जाँय, बसन न धरे रहैं,
रैन कंप जाय, न रजाई तन त्यागे तें॥
'राय कवि' दंपति बिनोद चहुँ कोद करै,
सिसिर में होत घर-बाहर सभागे तें।
अगिनि के आगे तें, न जागे तें, न बागे तें,
सु सीत जात उन्नत उरोज उर लागे तें॥ ४८॥

*

मानिक-महल में प्रमानिक बिछाऐं सेज,
हीरन के हार तेज सेज पै धरैं भलैं।
'द्विज बलदेव' त्यौंही कंचन लता सी बाल,
पूर मन गोद कै कपूर अंग में मलैं॥
अमित अरामैं, भोग देत बसु जामैं,
अरु सीत के तमामैं, ते समामैं जायकैं जलैं।
सिसिर की सी करन, सोई है बसीकरन,
ही करन हेतु पिया तौ करत हैं गलैं॥ ४९॥

*

बेर-बेर ढाँकैं, बड़े डर-डर झाँकैं, तऊ—
कड़-कड़ दाँत बाजि-बाजि जुरि-जुरि जात।
नैक होत न्यारे, तौपै थर-थर काँपैं प्यारे,
ओढ़ि-ओढ़ि साल माल हू तें लुरि-लुरि जात॥
'सोभन' भनत भाग आग आगें तात लखि,
छार हू के भार पुनि-पुनि मुरि-मुरि जात।
सिसिर के सीत में, अनीत सीत मान भीत,
सेज में पुनीत मीत दोऊ दुरि-दुरि जात॥ ५०॥

*

जान-जान जानिकै, प्रमानन गलीचे गोल,
तापै मसनंद कामबंद सरसत है।
तापै कारचोबन बितान तान दीने बेस,
मोतिन की झालरैं, झलक दरसत है॥
'मंजु कवि' तामैं पर्‌यौ, पुरट पलंग पास,
पद्‌मिनी प्रवीन परिचर्य्या परसत है।
मोहिनी मनोहर मजे में मोह भरि-भरि,
सुघर विलास वर, वर बरसत है॥ ५१॥

*

चित्र छबि-धामैं, रूप-रासि बसुधा में,
अनुराग-बल तामें, सो सुधा में है रखायौ है।
देत मन कामैं, 'बलदेव' कहो कामैं बाल,
कामै की कटाक्ष करि कामै कों लजायौ है॥
सेवत सुबामैं, ते तमामै हैं समामैं जानि,
हरष हमामैं, भोर सामैं ना जनायौ है।
सिसिर अरामैं-रस, रस-रस रामैं कस,
जामैं काज, जामैं हित, जामैं चित लायौ है॥ ५२॥

## शिशिर-विरह

बैठी चित्रसाला में बिलोकत पिया की बाट,
होय गौ कहा री खाय गरम मसाला में।
सीतल समीर अंग तीर सी लगै हैं बीर,
मानों ये लिपट आई बरफ हिमाला तें॥
'लाल बलबीर' पीर कब लौं सहू मैं बीर,
कीजिऐ उपाय री, बचाओ काम-ज्वाला तें।
भई मैं बिहाला, बिन ए री नंदलाला, नहीं—
सिसिर कौ सीत जाय, साल औ दुसाला तें॥ ५३॥

*

कौने बिरमाए, छैल अज हू न आए, अबै—
मन लेत दाए, को बचावै सीत-काला तें।
दौरि-दौरि आली झुकि-झाकत झरोखन में,
लगन लगी है मेरी मदन गुपाला तें॥
'लाल बलबीर' बिन, जागी बिरहा की पीर,
जाइऐ जरूर, दौर लाइऐ उताला तें।
भई मैं बिहाला, बिन ए री नंदलाला, नहीं—
सिसिर कौ सीत जाय, साल औ दुसाला तें॥ ५४॥

*

देत है न कल, एकौ पल ए हो रघुनाथ!
पौन पछिवाँही बहै अंगन छिलत सौ।
पानी की कहानी, सो तौ जाती न बखानी कछू,
नैक परसत पानि पाय पिघलत सौ॥

कैसे कै हिमंत-अंत सिसिर कौ ह्वै है, पल—
पट के टरत, पेट पीठ सों मिलत सौ।
जब सों उयौ है आज, तब सों देखि सखी,
तरनि कौ तेज, सीत आवत मिलत सौ॥ ५५॥

*

पूस कौ मास सु बीति गयौ, हिय जोस भरी बिरहागिन पैठी।
दोष कहौ किहिं कौ कहिऐ, अब तो सन होत है जाऊँ मैं कैठी॥
याद द्वै बोल मसोसत है जिय, होस परी रहै तासु अँगैठी।
नैक तजै अफसोस कियौ, जिहिं हाय! सो तीन सौ कोस पै बैठी॥ ५६॥

*

अब आयौ माह, प्यारे लागत हैं नाह, रवि—
करत न दाह, जैसौ अवरेखियत है।
जानिऐ न जात, बात कहत बिलात दिन,
छिन सों न तातें, तनकौ बिलेखियत है॥
कलप सी रात, सो तौ सोए न सिरात क्यों हू,
सोइ-सोइ जागे, पै न प्रात पेखियत है।
'सेनापति' मेरे जान दिन हू तें रात भई,
दिन मेरे जान सपने में देखियत है॥ ५७॥

*

परे तें तुसार, भयौ झार पतझार, रही—
पीरी सब डार, सो बियोग सरसत है।
बोलत न पिक, सोई मौन ह्वै रही है, आस-
पास निरजास, नैन नीर बरसत है॥
'सेनापति' केली बिन, सुन री सहेली! माह-
मास न अकेली, बन-बेली बिलसत है।
बिरह तें छीन, तन भूषन-बिहीन दीन,
मानहु बसंत-कंत काज तरसति है॥ ५८॥

*

लागैं न निमेष, चार जुग सौ निमेष भयौ,
कही न बनति कछु, जैसी तुम कंत की।
मिलन की आस तें उसास नाँही छूटि जात,
कैसे सहौं सासना मदन मयमंत की॥
बीती है अवधि, हम अबला अबध, ताहि—
बधि कहा लैहौ, दया कीजै जीव-जंत की।

कहियो पथिक परदेसी सों, कि धन पीछे—
हृ गयी सिसिर, कछु सुधि है बसंत की ॥ ५९ ॥

*

सीत समय परदेस कों पीय-पयान सुन्यो, वह रोवन लागी।
या रितु में हरि क्यों हूँ रहैं, घर देवता पूजि मनावन लागी॥
और उपाय तक्यौ न कछू, तब साजिकै बनि बजावन लागी।
प्यारी प्रबीन भरे सुर मेघ-मलार अलापि कै, गावन लागी॥ ६० ॥

## फाग और होली

### फाग रस-रंग

(राग देवगंधार)

रविजा-तट कुंजन में, गिरिधर खेलत फाग सुरंग।
गोप-बाल गोकुल के सब ही, लिए जोरि सब संग॥
श्री वृषभान-सुता सों, प्रमुदित चले करन हित जंग।
सोभा अद्‌भुत बनी सबन की निरखत लज्यौ अनंग॥
नव सत साज सिंगार राधिका, सनमुख आई दौरि।
प्रेम सहित नैनन अवलोकत, साथ सखी सब जोरि॥
पिचकारी भरि लई कनक की, केसर-रस सों घोरि।
छिरकत चौंप परस्पर बाढ़ी, हँसत मृदुल मुख मोरि॥
चोबा-मेद-फुलेल-अगरजा, लीन्हों सुभग बनाय।
भरि-भरि बेला सब छिरकत हैं, उर आनँद न समाय॥
सरस सुगंध उड़्यौ अति बूका, दिन-मनि लख्यौ न जाय।
चहूँ ओर रस-सागर उमड़्यौ, स्रुति-पथ गयौ बहाय॥
बचन विवेक न बोलत तिहिं छिन, सुधि भूली, नहिं चेत।
सोर करत सब ही धावत हैं, हो-हो सब्द समेत॥
राधा लाल गुलाल मुठी भरि, डारत अति सुख हेत।
बाहर उर अनुराग दुहुँन कौ, प्रगट दिखाई देत॥
पटह-झाँझ-झालर-डफ आवज, बीना-सुर कल मंद।
ताल-पखावज-मुरली-महुवर, बाजत मुरज सु छंद॥
गारी ब्रज-ललना मिलि गावत, मन में अति आनंद।
फगुवा मन भायौ सब माँगत, पकरे आनँद-कंद॥
उलटि सखन-तन चितए मोहन, बाढ़्यौ रंग अपार।

भयौ मूढ़ मन सेष कहन कों, राधा-कृष्न बिहार॥
सिव समाधि भूल्यौ, विधि मन में पछितायौ बहु वार।
जो माँग्यौ फगुवा, सो हँसि कै दीनों नंद-कुमार॥
कुसुमित विपिन सुबल बहु विधि सों, दरस करन कों आयौ।
रितु बसंत केकी-सुक-पिक मिलि मधुपन बोल सुनायौ॥
थके देव-किन्नर, सुर-बनिता अति मन में सुख पायौ।
'गोकुलचंद' सरूप सुखद कौ गुन, संभ्रम सों गायौ॥ ६१॥

(राग गौरी)

खेलत फाग कुँवर गिरिधारी।
अग्रज-अनुज-सुबाहु-श्रीदामा, ग्वाल-बाल सब सँग अनुसारी॥
इत नागरी निकसि घर-घर तें, आगै दै वृषभान-दुलारी।
नव सत सजि ब्रजराज-द्वार मिलि, प्रफुलित भीर भई अति भारी॥
दुंदुभि-ढोल-पखावज-आवज, बाजत डफ-मुरली रुचिकारी।
हस्त कमल लीऐं कर उनमद, भाजत गोप त्रियन सों हारी॥
बाँह उठाय पढ़त हो-होरी, लै-लै नाम देत प्रभु गारी।
इत राधिका निकसि मंडल तें, सनमुख पिय डारत पिचकारी॥
इक गोपी गोपाल पकरि कै, अपने मेल, लै गयी सारी।
आँजत आँख, मनावत फगुवा, हँसत-हँसावत हरि-चितहारी॥
'सूरदास' आनंद-सिंधु में, मगन भए हैं सब नर-नारी।
सुर विमान कौतुक भूले हैं, कोटि मनोज जाँय बलिहारी॥ ६२॥

*

(राग जैतश्री)

खेलत फाग संग मिलि दोऊ, आनँद भरि पिय-प्यारी।
नवल किसोर रसिक नँदनंदन, नव वृषभान-दुलारी॥
नव रितुराज, लता-द्रुम फूले, बरन-बरन छवि न्यारी।
गुंजत मधुप, कीट-पिक कुंजत, स्रवन सुनत सुखकारी॥
तैसौइ सुभग गौर-स्यामल तन, बनी जोट इकसारी।
कमल नैन पर बूका मेलत, हँसि सकुचत सुकुमारी॥
भरि अरगजा कनक-पिचकारी, धाईं सबै ब्रज-नारी।
भरति भावते मदनगुपालैं, बढ़्यौ रंग अति भारी॥
बहुर्‌यौ मिलि दस-पाँच अली, गोविंद भरे अँकवारी।
चोबा-चंदन-अगर-कुमकुमा, दियौ सीस तें ढारी॥

प्रेम मगन मोहन-मुख निरखत, तन सब दसा बिसारी।
'चतुर्भुज' प्रभु सुर-नर-मुनि मोहे, गुन-निधान गिरिधारी॥ ६३ ॥

*

(राग केदारौ)

पकरि बस कीने री नँदलाल।
काजर दियौ खिलार राधिका, मुख सों मसलि गुलाल॥
चपल-चलन कों अति ही अरबर, छूटि न सके प्रेम के जाल।
सूधे किये बंक ब्रजमोहन, 'आनँदघन' रस-ख्याल॥ ६४ ॥

(राग सोरठ)

मनमोहन खेलत फाग री, हौं क्यों कर निकसौं।
मेरे संग की सबै गयीं, मोहि प्रगट भयौ अनुराग॥
एक रैन सपनौ भयौ री, नंदनँदन मिले आय।
मैं सकुचत घूँघट कढ़्यौ, उन भेंटी भुज लपटाय॥
अपनौ रस मोकों दियौ री, मेरौ लीयौ घूँट।
बैरिन पलकैं उघरि तें, मेरी गयी आस सब छूट॥
फिर मैं बहुतेरौ कियौ री, नैक न लागीं आँख।
पलक मूँदि परचौ लियौ, मैं जाम एक लौं राख॥
ता दिन द्वारैं ह्वै गयौ री, होरी-डाँड़ौ रोप।
सास-ननद देखन गयीं, मोहिं घर-रखवारी सोंप॥
सास उसासन त्रासही री, ननद खरी अनखाय।
देबर डग धरिवौ गिनै, मेरौ बोलत नाह रिस्याय॥
तिखने चढ़ि ठाढ़ी रहौं री, लेवौं करौं कन हेर।
रात-दिवस हो-हो रहै, बिच वा मुरली की टेर॥
ऐसी मन में आवही री, छाँड़ि लाज-कुल-कान।
जाय मिलों 'ब्रज-ईस' सों, रतिनायक रस की खान॥ ६५ ॥

*

(राग सारंग)

आज हरि खेलत फाग बनी।
इन गोरी रोरी भरि भोरी, उत गोकुल कौ धनी॥
चोबा कौ ढोवा करि राख्यौ, केसर-कींच घनी।
अबीर-गुलाल उड़ावत-गावत, सारी जात सनी॥
हाथन बनी कनक पिचकाई, ग्वालन छूटि घनी।
'नंददास' प्रभु सँग होरी खेलत, गुरि-मुरि जात अनी॥ ६६ ॥

*

(राग सारंग)

खेलि फाग घर आयौ लाड़िलौ, जसुमति करत बधाई।
विविध उपहार लिए सब गोपिन, ब्रज जन मंगल गाई॥
कनक-थार भर मुक्ताफल, लै आरती उतराई।
नंदनँदन की या छवि ऊपर 'सूरदास' बलि जाई॥६७॥

*

## होली की धूम-धाम

(राग जैतश्री)

नंद-कुँवर खेलत राधा सँग, जमुना-पुलिन सरस रँग होरी।
नव घनस्याम मनोहर राजत, स्यामा सुभग तन दामिनि गोरी॥
केसरि के रंग कलस भरे बहु, संग सखा हलधर की जोरी।
हाथन लिऐं कनक पिचकारी, छिरकें ब्रज की नवल किसोरी॥
चीर-अबीर उड़ावत, नाँचत कटि सों बाँधि गुलाल की झोरी।
मगन भईं क्रीड़त सब सुंदरि, प्रेम-समुद्र-तरंग झकोरी॥
बाजत चंग-मृदंग-अधौटी, पटह-झाँझ-झालरि सुर घोरी।
ताल-रबाव-मुरलिका-बीना, मधुर सब्द उघटत धुनि थोरी॥
अति अनुराग बढ़्यौ तिहिं औसर, कुल-लज्जा मर्यादा तोरी।
मदनगोपाल लाल सँग बिहरत, देह-दसा भूली भई बौरी॥
एक गहत फैंटा फगुवा कों, एक करत ठाड़ी जुठठोरी।
एक जु आँख आँजि कै भाजी, एक विलोकि हँसी मुख मोरी॥
एकन लई छिनाइ मुरलिका, देत गारि मोहन कों भोरी।
एक फुलेल-अरगजा-चोबा, कुमकुम रस-गागर सिर ढोरी॥
विविध भाँति फूल्यौ वृंदाबन, कुँजत कीर-खटपद-पिक-मोरी।
निरखत नेह भरी अँखियन सों, यों चितवत निसि चंद चकोरी॥
थके देव-किन्नर-मुनिगन सब, मनमथ जिन मन गयौ लज्योरी।
'परमानंददास' या सुख कों जाँचत, विमल मुक्ति पद छोरी॥६८॥

*

(राग गौरी)

खेलत मदनमोहन पिय होरी।
लरिका संग सकल गोकुल के, करत कुलाहल ब्रज की खोरी॥
भवन-भवन तें निकसि द्वार ह्वै, अति प्रफुलित मन नवल किसोरी।
सोंधौं लिऐं कनक-बेला भर, अरगज-कुमकुम सों घसि छोरी॥

एक गुवालि गुलाल लिऐं कर, एकन लई बहुत कर रोरी।
एक पलास कुसुम-रँग बरसत, एक लिऐं बीरा भर झोरी॥
बाजत ताल-मृदंग-झाँझ-डफ, बिच-बिच मोहन मुरलि धुन थोरी।
मधुर बचन हँसि कहत परस्पर, 'गोविंद' प्रभु लीनों चित चोरी॥ ६९ ॥

(राग गौरी)

खेलत नंद किसोर ब्रज में, अति रस बाढ़्यौ हो-हो होरी।
गौरी राग अलापत-गावत, मधुर मुरलि कर घोरी॥
कटि पियरौ पट फेंट बनी, छवि सीस चंद्रिका-मोर।
मनमथ-मान हरन हँसि चितवन, चपल नैन की कोर॥
बालक वृंद स्याम सँग सोभित, उत सोहत ब्रज-नारी।
विविध सिंगार सजे मिल झुंडन, देत भामती गारी॥
देखि समाज मदनमोहन कौ, भईं मगन उल्लास।
तिनमें मुख्य राधिका नागरि, सकल सुखन की रास॥
दुंदभि-झाँझ-मुरज-ढप बाजैं, मृदंग-उपंग अरु तार।
दुहुँ दिसि माच्यौ खेल परस्पर, घोषराय दरबार॥
चोवा-साख-अरगजा चंदन, केसर सुरंग मिलाय।
तकि-तकि तरुनि गुपालैं छिरकत, करन कनक-पिचकाय॥
उत मन मुदित लिऐं कर सोंधौं, सखन सहित बलबीर।
जुवति कदंबन ऊपर बरसत, सुरंग गुलाल अबीर॥
जुवती-जूथ पेलि सनमुख ह्वै, मोहन पकरे जाय।
काजर नैन आँजि प्रीतम के, मुरली लई छिनाय॥
पिय-प्यारी की जोट बनाई, अंचल सों पट जोरि।
सैनहिं सैन परसि कर सों कर, हँसत सबै मुख मोरि॥
मगन भईं, तन की सुधि बिसरी, हृदै बढ़्यौ अनुराग।
ये सुख तीन लोक में नाँही, गोपिन कौ बड़ भाग॥
चीर-हार अँग-अंगन भीजैं, कींच मची ब्रज-खोर।
मानहुँ प्रेम-समुद्र अधिक बल, उमँगि चल्यौ मित छोर॥
'चतुर्भुजदास' विलास फाग कौ, कहत न बरन्यौ जाय।
लीला ललित देव गन मोहे, गिरि गोवरधन-राय॥ ७० ॥

*

(राग रामकली)

होरी के मदमाते आए, लागै हो मोहन मोहिं सुहाए।
चतुर खिलारिन बस करि पाए, खेलि-खेल सब रैन जगाए॥
द्दग अनुराग गुलाल भराए, अंग-अंग बहु रंग रचाए।

अबीर-कुमकुमा केसरि लैकै, चोबा की बहु कींच मचाए॥
जिहिं जाने तिहिं पकरि नँचाए, सरवस फगुवा दै मुकराए।
'आनँदघन' रस बरसि सिराए, भली करी हम ही पै छाए॥ ७१ ॥

*

(राग कल्यान)

होरी खेलत कुंज-बिहारी।
संग लिऐं केसर-कुमकुम भरि, पिय पर प्यारी डारी॥
चोबा-चंदन-अगर-अरगजा, चरचित ब्रज की नारी।
तकि-तकि छिरकत है मोहन कों, किलक देत कर-तारी॥
मदनगोपाल गहे श्री राधा, हमहिं देहु फगुवारी।
श्रीगिरिधरलाल दियौ तहाँ सरवस, 'रामदास' बलिहारी॥ ७२ ॥

*

(राग नट)

बहुरि डफ बाजन लागे हेली॥ ध्रु.॥
खेलत मोहन साँवरौ हो, किहिं मिसि देखन जाँय।
सास-ननद बैरिन भईं, अब कीजै कौन उपाय॥
ओजत गागर डारिऐ, जमुना-जल के काज।
इहिं मिस बाहर निकसि कै, हम जाय मिलैं तजि लाज॥
आओ बछरा मेलिऐ, बन कों देहिं निडार।
वे दै हैं हम ही पठैं, हम रहेंगी घरी द्वै-चार॥
हा-हा री हौं जात हों, मोपै नाहिंन परत रह्यौ।
तू तो सोचत ही रही, तैं मान्यौ न मेरौ कह्यौ॥
राग-रंग गहगड मच्यौ री, नंदराय-दर ब।
गाय-खेलि-हँसि लीजिऐ, फाग बड़ौ त्यौहार॥
तिन में मोहन अति बने, नाँचत हैं सब ग्वाल।
बाजे बहु विधि बाजहीं, रुंज-मुरज-डफ-ताल॥
मुरली-मुकट विराजहीं, कटि पट बाधैं पीत।
नृत्यत आवत 'ताज' के प्रभु, गावत होरी-गीत॥ ७३ ॥

*

(राग सारंग)

नैनन में जिन डारो गुलाल, तिहारे पाँय परत नंदलाल।
होत है अंतर पिय दरसन में, बिन दरसन बेहाल॥
कनक-बेलि वृषभान-नंदिनी, प्रीतम स्याम तमाल।
रितु-बसंत वृंदाबन फूल्यौ, नाँचत गोपी-ग्वाल॥

ब्रज के लोग सबै जुरि आए, करत कुलाहल ख्याल।
'रामदास' प्रभु गिरिधर नागर, पीक-रंग सोहै गाल ॥ ७४ ॥

*

(राग काफी)

ब्रज में हरि होरी मचाई ॥
इत तें आई सुघर राधिका, उत तें कुँवर कन्हाई।
हिल-मिल फाग परस्पर खेलें, सोभा वरनी न जाई।
नंद-घर बजत बधाई ॥
बाजत ताल-मृदंग-बाँसुरी, बीना-डफ-सहनाई।
उड़त अबीर-गुलाल-कुमकुमा, रह्यौ सकल ब्रज छाई।
मानों मघवा झर लाई ॥
लै-लै रंग कनक-पिचकारी, सनमुख सबै चलाई।
छिरकत रंग, अंग सब भीजे, झुकि-झुकि चाचर गाई।
परस्पर लोग-लुगाई ॥
राधा सैन दई सखियन कों, झुंड-झुंड घिर आईं।
झपटि लपट गयीं स्यामसुंदरसों, परबस पकड़ लै धाईं।
लाल जी कों नाँच नँचाई ॥
छीन लई मुरली-पीतांबर, सिर तें चुनरि उढ़ाई।
बैनी भाल, नैन बिच कजरा, नकबेसर पहराई।
मनों नई नारि बनाई ॥
सुसकत हौ, मुख मोड़ि-मोड़ि कै, कहाँ गयी चतुराई।
कहाँ गये तेरे तात नंद जी, कहाँ जसोदा माई।
तुम्हैं अब लैं न छुड़ाई ॥
फगुवा दिए बिन जान न पावो, कोटिक करो उपाई।
लैहौं काढ़ि कसक सब दिन की, तुम चित-चोर, चबाई।
बहुत दधि-माखन खाई ॥
रास-विलास करत वृंदाबन, जहाँ-तहाँ यदुराई।
राधा-स्याम जुगल जोरी पर, 'सूरदास' बलि जाई।
प्रीति उर रही समाई ॥ ७५ ॥

*

(राग कान्हरौ)

मोसों होरी खेलन आयौ।
लटपटी पाग, अटपटे बैनन, नैनन बीच सुहायौ ॥
डगर-डगर में, बगर-बगर में, सबहिन के मन भायौ।
'आनँदघन' प्रभु कर द्दग सींदत, हँसि-हँसि कंठ लगायौ ॥ ७६ ॥

*

(राग सारंग)

अहो खेलत होरी, प्यारौ लाल बिहारी, संग वृषभान-दुलारी।
जमुना-पुलिन सुहावनौ, जहाँ फूलि रहे द्रुम भारी॥
गुंजत मधुप, कीर-पिक कुंजत, स्त्रवन सुनत सुखकारी।
इतहीं गोप-कुमार विराजत, उत सब गोकुल-नारी॥
इत नायक बल-मोहन दोऊ, उत चंद्रावलि प्यारी।
इतके कर गेंदुक फूलन की, उत गुहि माल सँभारी॥
पहरावत पीतम प्यारे कों, देत-दिवावत गारी।
बाजत ताल-मृदंग-झाँझ-डफ, तूर-भेरि-सहनारी॥
ढोलक-ढोल-निसान-महूवर, बिच मुरली मनहारी।
इनन लई भरि कनक-कटोरी, उतन लई पिचकारी॥
अति कसि बाँधें फेंट गुलालन, मुठी अबीर उड़ारी।
बूका-बंदन उड़त चहूँ दिसि, दिन निसि ज्यों अँधियारी॥
नैन-सैन दै हँसत परसपर, धाय गहे गिरिधारी।
चोबा-केसरी-मृगमद घोरी, दियौ सीस तें ढारी॥
रोरी हरद कपोलन मींडत, आँखि आँजि अनियारी।
एकन लियौ झपट पीतांबर, एक भरत अँकवारी॥
श्री राधा सों कर गठजोरौ, नाँचत दै कर-तारी।
भीज्यौ रस खेलत रंगन में, रँगमगे भूषन-सारी॥
अधर-माधुरी पिवत-पिवावत, मेटी मदन-व्यथा री।
क्रीड़त देख नंदनंदन, सुर करत कुसुम बरखा री॥
रस-वस खेल मच्यौ जु परस्पर, बरनै कवि कहा री।
अविचल रहो सदा ये जोरी, 'कृष्णदास' बलिहारी॥ ७७॥

*

(राग आसावरी)

आजु हरि खेलत होरी, सँग वृषभान-किसोरी।
पूनौ निसि डहडही उजियारी, बाँह-बाँह में जोरी॥
चाँदनि में गुपाल की चमकनि, अरु बुक्कन की झोरी।
जमुना तीर स्वेत बारू मधि, अति सोभित भइ होरी॥
इत सब सखा खेल बौराने, उत मदमाती गोरी।
अद्भुत छवि 'हरिचंद' देखिकै, रह्यौ हरषि तृन तोरी॥ ७८॥

(राग सारंग)

मोहन हो-हो, हो-हो होरी।
काल्ह हमारे आँगन गारी दै आयौ, सो को री॥
अब क्यों दुर बैठे जसुदा ढिंग, निकसो कुंजबिहारी।

उमँगि-उमँगि आई गोकुल की, वे सब भई धन बारी॥
तबहिं लला ललकारि निकारे, रूप-सुधा की प्यासी।
लपट गयीं घनस्याम लाल सों, चमकि-चमकि चपला सी॥
काजर दै भजि भार भरु वाके, हँसि-हँसि ब्रज की नारी।
कहै 'रसखान' एक गारी पर, सौ आदर बलिहारी॥ ७९॥

*

(राग आसावरी)

बरसाने की नवल नारि मिलि, होरी खेलन आईं।
बरवट धाय, जाय जमुना-तट, घेरै कुँवर कन्हाई॥
अति झीनी, केसरि-रंगभीनी, सारी सुरंग सुहाई।
कंचन बरन कंचुकी ऊपर, झलकत जोबन-झांई॥
केसर-कस्तूरी-मलयागिरि, भाजन भरि-भरि लाई।
अबीर-गुलाल भेंट भरि भामिनि, करन कनक-पिचकाई॥
खेलत-खेलत रसिक-सिरोमनि, राधा जु निकट बुलाई।
'ऋषीकेस' प्रभु रीझि स्याम घन, बनमाला पहराई॥ ८०॥

*

(राग सोरठ)

हौं कैसै जमुना जल जाऊँ, री हरि मो तन हेरै।
मेरे संग की जान देत, वु मेरौ ही मग घेरै॥
नीचौ ह्वै, घूँघट तकै, मेरे सनमुख दरपन लाय।
मुख-प्रतिबिंब निरखि कै, छिन-छिन लेय बलाय॥ री हरि.
डगर बुहारै काँकरी, री डारै दूर उठाय।
मधुर बैन मोसों कहै, चरनन जिन चुभि जाय॥ री हरि.
जब ही हौं गागर भरौं, री तब ही पैठ अन्हाय।
तू जिन परसै सीत में, कहि मोही पै जु भराय॥ री हरि.
हँसि कर कलस उचावही, री मिस कर पकरै बाँह।
क्यों हू हटक्यौ ना रहै, मेरी छल कर पकरै छाँह॥ री हरि.
यदपि सकल ब्रज-सुंदरी, री सब सों खेलै फाग।
मन-क्रम-वच 'ब्रज-ईस' के, नित मोही सों अनुराग॥ ८१॥ री हरि.

*

(राग सारंग)

अहो पिय! मोसों ही खेलो, हौं खेलौं तुम संग।
जो कोऊ और खेलि है तुम सों, कर हौं तामैं भंग॥
हौ ही आँजौं तुम्हारे नयना, जानै न और गँवारि।
तुम मेरे मुख मृगमद माँढ़ौ, हौं भेंटौं अंकवारि॥

तुम डफ लेहु आपुने ही कर, हौं गाऊँगी गारि।
कुमकुम रंग जो छिरको भरि-भरि रत्नजटित पिचकारि॥
तुम सों कहें लेत फगुवा मैं, हौं आलिंगन लेहौं।
'ब्रजपति' आज आन बनिता कौ, लागन लाग न देहौं॥ ८२॥

*

(राग सारंग)

हो-हो होरी खेलन जैऐ, जाय खिलैऐ कुँवर कन्हैऐ।
अपने संग तें फूटि परै छिन, वाहि नियारैं न पत्यैऐ॥
बहुत गुलाल केसरि कौ रस लै, समाज खिलारत न घैऐ।
अपने रंग में ऐसै बोरिऐ, स्याम रंग ढूँढ्यौ नहिं पेऐ॥
इकतन, इकमन होय सखीरी, बाँह पकरि, वाकौ सीस नवैऐ।
भाज चलै तौ तारी दै हँसि, सब ब्रज में री वाहि लजैऐ॥
फगुवा के मिसि फेंट पकरि कै, मृदु मुसिकाय बदन-तन चहिऐ।
'जगन्नाथ कविराय' के प्रभु सों, हिलि-मिलिकै रस सिंधु बढ़ैऐ॥ ८३॥

*

(राग विहागरौ)

रसिक दोऊ खेलन लागे होरी।
उततें निकसे नंदनँदन, इत बरसाने की गोरी॥
बाजत ताल-मृदंग-झाँझ-डफ, मुरलि मधुर धुनि थोरी।
गोपी-ग्वाल सबै जुर आए, भवन रह्यौ नहिं को री॥
भवन-भवन तें भामिनि निकसीं, छिरकत चंदन-रोरी।
बाजत बीन-रबाब-किन्नरी, मनमथ-मान लज्यौ री॥
भरत भामते मदनगोपालैं, हो-हो-हो करि दौरी।
स्यामा-स्याम की या छवि ऊपर, सब डारत तृन तोरी॥
तारी दै दिक भाषत, भली बनी ये जोरी।
केसर और मँगाय विविध रंग, दियौ सीस तें ढोरी॥
खेल मच्यौ ब्रज-बीथिन महियाँ, कुंज-कुंज वर खोरी।
'मुरारिदास' प्रभु फगुवा दीयौ, लोचन लगी ठगोरी॥ ८४॥

*

(राग सारंग)

होरी खेलि न जानैं, तू कब की खिलवारि।
बरजत हौं, रहि ग्वालिनि! खेलै कीरति-सुकुमारि॥
जब आवत कर कमल-नाल लै, थोरौ सौ घूँघट डारि।
चलत दृगंचल, अंचल औ झल, मूर्ति मैन-सर मारि॥

गरुवे वचन, बोल हरुवे, दै जात सबन कों मारि।
कर पर कर, धर चिबुक अँगुरिया, इकटक रही निहारि॥
दक्खिन चरन उठाय उलटि, धरनी जो अंगूठा धारि।
एकटक देखि रहत ठाड़ी, धर रूप त्रिभंगी नारि॥
कबहुँ सकुचि घूँघट गहरौ दै, गावत-सरस धमार।
बहुत गुलाल उड़ाय गगन, फिर देखत बदन उघार॥
तुलत न रति नख-सिख एकौ अँग, को कहि सकै विचार।
मनहरनी ब्रज-तरुनि सबै, ये 'मोहन' मन फँदवार॥ ८५॥

*

(होली डफ की)

मैं तो चौंक उठी, डफ बाजन सों।
सोवत रही अपने आँगन में, जागी गारी गाजन सों॥
देख्यौ तो द्वारे मोहन ठाड़े, सजे छैल सब साजन सों।
'हरीचंद' मेरौ नाम लियौ, नित गारी दई बिन लाजन सों॥ ८६॥

*

(होली डफ की)

पीरी परि गयी, रसिका के बोलन सों। पीरी.॥
आयौ जानि छैल होरी कौ, डरी लाज के खेलन सों॥
एक प्रीति, दूजै होरी सिर पर, कैसै बचि हौं ठठोलन सों।
'हरीचंद' सब कोउ जानेंगे, मेरी गलियन डोलन सों॥ ८७॥

*

नित-नित होरी ब्रज में रहो।
विहरति हरि सँग ब्रज-जुवती गन, सदा अनंद लहो॥
प्रफुलित फलित रहो वृंदाबन, मधुप कृष्ण-गुन कहो।
'हरीचंद' नित सरस सुधामय, प्रेम-प्रवाह बहो॥ ८८॥

## (होली-विरह)

(राग गौरी)

एरी बिरह बढ़ावन, आयौ फागुन मास री।
हौं कैसी अब करूँ, कठिन परी गाँस री॥
औरै रितु ह्वै गयी, बयारहुँ और री।
औरै फूले फूल, और बन ठौर री॥

औरे मन ह्वै गयौ, और तन पीय कौ।
और चटपटी लगी, काम की जीय कौ॥
बन के फूलन देखि, होत जिय सूल री।
बिनु पिय मेटै कौन, विरह की हूल री॥
बिसर्‌यौ भोजन, पान-खान सुख-चैन री।
वही खुमारी चढ़ी रहत, दिन-रैन री॥
रजनी नींद न आवै, जिय अकुलाय री।
चौंकि-चौंकि हौं परौं, चित्त घबराय री॥
अटा-अटा चढ़ि डोलौं, पिय के हेत री।
कहूँ नहीं मेरे लाल, दिखाई देत री॥
सपने में जो कहुँ, पिय-रूप दिखात री।
तौ यह बैरिन नींद चौंकि तजि जात री॥
जो कहुँ बाजन बाजै, गोकुल-गैल री।
तौ उठि धाऊँ, आवत जानूँ छैल री॥
या घर में सखि ! क्यों नहिं लागत आग री।
जाके डर, हौं खेलन जात न फाग री॥
बैरिन मेरी सास-जिठानी हैं सबै।
देखन देत न मोहन कौ मुख री अबै॥
जरौ लाज, ये ऐहै कौन काम री।
जो नहिं खेलन देत, पिया घनस्याम री॥
मोहिं अकेली निरबल-अबला जान री।
तानि कान लौ खींच्यौ, मदन कमान री॥
कहा करौं कहँ जाउँ, बताओ मोहि री।
कहै किन और उपाय, सपथ है तोहि री॥
जदपि कलंकित कहत, सबै ब्रज लोग री।
तऊँ मिटत नहिं, मुख लखिवे कौ सोगरी॥
रोवन हूँ नहिं देत, प्रगट मोहि हाय री।
क्यौं ऐसौ दुख मिटै, बताउ उपाय री॥
फिरि डफ बाजत, सुनि सखि आए स्याम री।
होरी खेलत, प्राननाथ सुखधाम री॥
अब कैसै रहि जाय, मिलौंगी धाई कै।
लाज छाँड़ि, जग नेह-निसान बजाइ कै॥
'हरिचंद' उठि दौरी भामिनि प्रीति सों।
बरजे हू नहिं रही, मिली मन-मीत सों॥ ८९॥

*

(राग खंभाती)

अरी, निसि नींद न आवै, होरी खेलन की चोप।
स्याम सलौना, रूप रिझौना, उलह्यौ जोबन कोप॥
अबहीं ख्याल रच्यौ जु परस्पर, मोहन गिरिधर भूप।
अब बरजत मेरी सास-नँनदिया, परी विरह के कूप॥
मुरली टेर सुनाइ, जगावै सोवत मदन अनूप।
पै जिय सीच रही हौं अपने, जाय मिलौं हरि हूप॥
इत डर लोग, उत चोंप मिलन की, निरखि-निरखि वो रूप।
'आनँदघन' गुलाल घुमड़न में, मिलि हौं अँग-अँग गूप॥ ९० ॥

*

(राग विहाग)

बिनु पिय आजु अकेली सजनी होरी खेलौं।
बिरह-उसास उड़ाइ गुलालहिं द्दग-पिचकारी मेलौं॥
गावों बिरह-धमार, लाल तजि हो-हो बोलि नवेली।
'हरीचंद' चित माँहिं जराऊँ होरी, सुनो हो सहेली॥ ९१ ॥

(राग ठुमरी)

उड़ि जा पंछी, खबर ला पी की।
जाय बिदेस मिलो पीतम सें, कहो बिथा बिरहिन के जी की॥
सौने की चोंच मढ़ाऊँ मैं पंछी, जो तुम बात करो मेरे ही की।
'माधवी' लाओ पिय कौ सँदेसवा, जरनि बुझाओ बियोगिन ती की॥ ९२॥

*

होरी नाहक खेलूँ मैं बन में पिया बिनु होरी लगी मेरे मन में।
सूनौ जगत दिखात स्याम बिनु, बिरह-बिथा बढ़ी तन में॥ पिया बिनु.
काम कठोर दवारि लगाई, जिय दहकत छिन-छिन में।
'हरीचंद' बिनु बिकल बिरहिनी बिलपति बालापन में॥ ९३ ॥ पिया बिनु.

*

## (फाग-अनुराग)

फूलि रही सरसों चहुँ ओर, जो सौने के बेस बिछायत साँचैं।
चीर सजे नर-नारिन पीत, बढ़ी रस-रीति, बरंगना नाँचैं॥
त्यों 'कवि ग्वाल' रसाल के बौरन, भोंरन-झोंरन ऊधम माँचैं।
काम गुरू भयौ, फाग सुरू भयौ, खेलिए आजु बसंत की पाँचैं॥ ९४॥

*

गावै राग बानी वर, मानों सुधा सानी,
सुनि मोहे सब ज्ञानी ध्यानी, ध्यानी अलसंत री।
केसर कुसंभ रंग कंचन के जंत्र भरे,
झोरी भरि रोरी औ गुलाल बरसंत री॥
चोबा और अतर-फुलेल के फुहारे चलैं,
मलै देव मीड़ैं मुख, सुर सोहसंत री।
'मनीराम' माघ सुदी पंचमी पियारे कान्ह,
सजि ब्रजराज आजु खेलत बसंत री॥ ९५॥

*

फागुन लाग्यौ सखी जब तें, तब तें ब्रजमंडल धूम मच्यौ है।
नारि नवेली बचै नहीं एक, विसेष इहैं सबै प्रेम अँच्यौ है॥
साँझ-सकारे कही 'रसखान' सुरंग गुलाल लै खेल रच्यौ है।
को सजनी निलजी न भई, अरु कौन भटू जिहिं मान बच्यौ है॥ ९६॥

*

ठौर-ठौर चाँचर, चुहुल मची चंगन की,
अंगन की औरै दसा, औरै रूप छायौ है।
आनँद उरन अति, अमित अखंड छायौ,
नागर मिलन दिन दाब दरसायौ है॥
लाज औ रुखाइयत, संग लै विवेक पति,
भाज्यौ ब्रज गें तें गार बानन दबायौ है।
प्रौढ़ी प्रीति जागन, नवल नेह लागन कों,
फागुन सनेहिन के भागन तें आयौ है॥ ९७॥

*

फाग मची बरसाने के बाग में, पूर रहयौ थल तान-तरंग सों।
गोप-बधू इत ठाड़ी, गोपाल उतै, 'रघुनाथ' बढ़े सब संग सों॥
घूँघट टारि, सखीन की ओटह्व, प्यारी चलाई जो प्रेम-उमंगसों।
लागी तौ मूठ अबीर की आय पै, प्यारौ अन्हाय गयौ वह रंग सों॥ ९८॥

*

## होली-बहार

बाजैं डफ, ढोल बाजैं, फागु के समाज साजैं,
ग्वालन के झुंड लै गोविंद फौज जोरी है।
बांधैं सिर चीरा, हीरा झलकै कलंगिन में,
अंगन तरंग रंग भूषन करोरी है॥
केसरिया बागे, अनुराग-प्रेम पागे, मन—
माखन सभागे फहरात पट-छोरी है।

लीन्हैं भरि झोरी, पिचकारी रंग बोरी,
आजु होरी, आजु होरी, बरसाने आजु होरी है ॥ ९९ ॥
*

खेलत सुफाग महाराज ब्रजराज आज,
नाँचैं बार-अंगना सभा में छल छूटि-छूटि।
'सेवक' बखानै सुर सकल समाँ के मँचै,
महत मनोज के मजा की मौजि लूटि-लूटि॥
घूमि-घूमि ताल सों, उझकि-झुकि झूमि-झूमि,
हाव-भाव भूमि लौं बताव तान जूटि-जूटि।
पूतरी सी, पातरी, नगी सी, पन्नगी सी, नरी,
किन्नरी सी, किन्नरी-परी सी, परै टूटि-टूटि॥ १०० ॥
*

मोहन औ मोहिनी नें फाग की मचाई लाग,
बाग में बजत बाजे, कौतुक विसाल है।
केसर के रंग बहैं छज्जन पै, छातन पै,
नारे पै, नदी पै औ निकास पै उछाल है॥
'ग्वाल कवि' कुंकम की घालन रसालन पै,
तालन तमालन पै, फूटत उताल है।
गंजन गुलालन पै, लालन पै, ग्वालन पै,
बाल-बाल-बालन पै, घुमड़्यौ गुलाल है॥ १०१ ॥
*

केसर की पिचका परिपूरन, पूर कपूर गुलाल को दौना।
आईं सबै ललना ललितादिक, खेलत फाग निकुंज के कौना॥
केसरिया पट में दृग पावै, गुलाल के त्रासन स्याम सलौना।
माना कहू बिछुरयौ निज साथ तें, सानजुही में छिप्यौ मृग-छौना॥ १०२ ॥
*

कीरति-किसोरी संग स्यामैं लखि भई भोरी,
होरी देखि आई आज प्यारे बलबीर की।
सारी जरतारी की किनारी में गुलाल राजै,
तैसी छबि छाजै उत कास्मीरी चीर की॥
हरैं-हरें आवैं, मंद-मंद सुर गावैं दोऊ,
मिलि मुसकावैं, दुति धावै री सरीर की।
नैन कारे ओर पर, बरुनी की छोर पर,
भौंहन-मरोर पर, ओप है अबीर की॥ १०३ ॥
*

खेलो मिलि होरी, घोरो केसर-कमोरी, फेंको—
भरि-भरि झोरी लाज जिय में बिचारो ना।
डारो बहु रंग, संग चंगऊ, बजावो, गावो,
सबहिं रिझावो, सरसावो संक धारो ना॥
जोरि कर कहति निहोर 'हरिचंद' प्यारे,
मेरी बिनती है एक, ताहि तुम टारो ना।
नैन है चकोर, मुख चंद सों परैगी ओट,
यातें इन आँखिन गुलाल लाल डारो ना॥ १०४॥

*

एक संग धाए नंदलाल औ गुलाल दोऊ,
द्दगन गये जे भरि, आनँद मढ़ै नहीं।
धोय-धोय हारी 'पदमाकर' तिहारी सौंह,
अब तौ उपाय एकौ चित्त में चढ़ै नहीं॥
कहा करौं, कहाँ जाऊँ, कासौं कहौं, कौन सुनैं,
कौऊ तौ निकारो, तातें दरद बढ़ै नहीं।
ऐरी मेरी बीर, जैसे-तैसे इन आँखिन तें—
कढ़िगौ अबीर, पै अहीर कौ कढ़ै नहीं॥ १०५॥

*

खेलिऐ फागु, निसंक ह्वै आजु, मयंकमुखी बड़ भाग हमारो।
लेहु गुलाल दोऊ कर में, पिचकारिन रंग हिए मँहिं मारो॥
भावै तुम्हैं सो करो मोहिं लाल, पै पाँउ परौं, जिन घूँघट टारो।
'बीर' की सों, हम देखि हैं कैसै, अबीर तो आँख बचाय कै डारो॥१०६॥

फागु के भीर अभीरन तें गहि, गोविंदै लै गयी भीतर गोरी।
भाय करी मन की 'पदमाकर', ऊपर नाय अबीर की झोरी॥
छीन पितंबर कमर तें, सु बिदा दई मीड़ि कपोलन रोरी।
नैनन चाइ, कह्यौ मुसक्याइ, लला! फिर खेलन आइयो होरी॥१०७॥

*

बातैं लगाय, सखानतें न्यारौ कै, आजु गह्यौ वृषभान-किसोरी।
केसर सों तन मंजन कै, दियौ अंजन आँखिन में बरजोरी॥
हे 'रघुनाथ' कहा कहौं कौतुक, प्यारे गोपालै बनाय कै गोरी।
छाँड़ि दियौ इतनौ कहि कै, बहुरौ इत आइयो खेलन होरी॥१०८॥

*

लालहिं घेरि रही ललना, मनों हेम–लता लपटानि तमालहिं।
मालहिं टूटत जात न जानत, लूटत हैं रस–रासि रसालहिं॥
सालहिं सौतिन के उर में, चलरी उठि वेगि, दै ताल उतालहिं।
तालहिं देत उठी ततकाल, लगाय गुपाल के गाल गुलालहिं॥१०९॥

*

घेरि लिए घनस्याम, चहूँ दिसि दामिनि सी मिली चेटक कै गयी।
पीत पिछौरी रही कर खेंचि कै, बाँसुरिया हँसि छीनि कै लै गयी॥
प्रेम के रंगन सों भरिकै, अरु फाग के रंगन मोहिनी वै गयी।
केसर सों मुख मीड़ि गोपाल कौ, खंजन से दृग अंजन दै गयी॥११०॥

*

होरी कौ औसर हेरि लला, हरुए ढिंग आय गली में लई गहि।
री छरकायल छूटि गयी, 'रघुनाथ' छबीले न फेरि सके लहि॥
रीझि औ खीझि दोऊ प्रकटीं, बृषभान–लली इमि दूर खरी रहि।
नैन नँचाय कछू कहिवे कों, पै चाह्यौ कह्यौ, नहिं आयौ कछू कहि॥१११॥

*

फाग की रैन अँधेरी गलीन में, मेल भयौ सखि! साँवरे जी कौ।
हौं धरि लीन अचानक दौरि, लगावन काज गुलाल कौ टीकौ॥
वानें गुलाल लगायौ अली जब, लीन्हों मुठी में अबीर सो नीकौ।
वस्त्रहुँ छाँड़ि कन्हैया गयौ, न भयौ सखि! हाय मनोरथ जी कौ॥११२॥

*

रस भिजये दोऊ दुहुँनि, तऊ टिक रहे टरै न।
छवि सों छिरकत प्रेम–रँग, भरि पिचकारी नैन॥११३॥

*

थोरी–थोरी बैस की अहीरन की छोरी संग,
भोरी–भोरी बातन उचारत गुमान की।
कहै 'रतनाकर' बजावत मृदंग–चंग,
अंगन उमंग भरी जोबन उठान की॥
घाघरे की घूमनि समेटि कै कछोटी कियें,
कटि–तट फेंटि कोछी कलित विधान की।
झोरी भरैं रोरी, घोरि केसर कमोरी भरैं,
होरी चली खेलन किसोरी वृषभान की॥११४॥

*

चौरासी समान, कटि किंकिनी विराजत है,
साँकर ज्यों पग जुग घुंघरू बनाई है।

दौरी बे सँ भार, उर-अंचल उघरि गयौ,
उच्च कुच कुंभ, मनु चाचरि मचाई है॥
लालन गुपाल, घोरि केसर कौं रंग लाल,
भरि पिचकारी मुँह ओर कों चलाई है।
'सेनापति' धायौ मत्त काम कौ गयंद जानि,
चोप करि चंपैं, मानों चरखी छुटाई है॥ ११५॥

*

आयौ जुरि उततें समूह हुरिहारन कौ,
खेलन कों होरी वृषभान की किसोरी सों।
कहै 'रतनाकर' त्यों इत ब्रजनारी सबै,
सुनि-सुनि गारी गुनि ठठकि ठगोरी सों॥
आँचर की ओट-ओटि चोट पिचकारिन की,
धाइ धँसी धूँ धर मचाइ मंजु रोरी सों।
ग्वाल-बाल भागे उत, भयरि उताल इत,
आपै लाल गहरि गहाइ गयौ गोरी सों॥ ११६॥

*

पिय के अनुराग सुहाग भरी, रति हेरै न पावत रूप रफै।
रिझवारि महा रसरासि खिलार, सु गावत गारि बजाय डफै॥
अति ही सुकुमार उरोजन भार, भर मधुरी डग, लंक लफै।
लपटै 'घनआनँद' घायल ह्वै, दग पागल छवै गुजरी गुलफै॥११७॥

*

नवल किसोरी भोरी केसर तें गोरी, छैल—
होरी में रही है मद जोबन के छकि कै।
चंपे कैसौ ओज, अति उन्नत उरोज पीन,
जाके बोझ खीन कटि जाति है लचकि कै॥
लाल है चलायौ, ललचाइ ललना कों देखि,
उघरारौ उर, उरबसी ओर तकि कै।
'सेनापति' सोभा कौ समूह कैसे कह्यौ जात,
रह्यौ है गुलाल अनुराग सों झलकि कै॥ ११८॥

*

केसर के हौजन पै मौज मची आनँद की,
दामिनी सी दमकत संग सुकुमारी की।
हँसन चलाइन, बचाइन अदाइन सों,
मुरन-दुरन कोर भीजी तनु सारी की॥

रसिक कुँवर जू के हाथन की लाघवता,
कहाँ लौं सराहों उतै खेलन खिलारी की।
जघन सघन कंद कुचन-कपोलन पै,
मन की भरन, तहाँ परन पिचकारी की॥ ११९॥

*

खेलत खिलार गुन-आगर उदार राधा,
नागरि छबीली फाग-राग सरसात है।
भाग भरे भाँवते सों, औसर फव्यौ है आनि,
'आनंद के घन' की घमंड दरसात है॥
औचक निसंक अंक चोंप खेल धूँ धरि में,
सखीन त्यों सैनन ही चैनन सिहात है।
केसू रंग ढोरि गोरे कर स्यामसुंदर कों,
गोरी स्याम रंग बीचि बूड़ि-बूड़ि जात है॥ १२०॥

*

बैस नई, अनुराग मई, सु भई फिरै फागुन की मतवारी।
कौंवरे हाथ रचैं मिंहदी, डफ नीकैं बजाय रहैं हियरा री॥
साँवरे भौंर के भाय भरी, 'घनआनँद' सोंनि में दीसत न्यारी।
कान्ह है पोषत प्रान-पियें, मुख अंबुज च्वै मकरंद सी गारी॥ १२१॥

*

या अनुराग की फागु लखो, जहाँ रागती राग किसोर-किसोरी।
त्यों 'पदमाकर' घाली घली, फिर लाल ही लाल गुलाल की झोरी॥
जैसी की तैसी रही पिचकी कर, काहू न केसर-रंग में बोरी।
गोरी के रंग में भीजिगौ साँवरौ, साँवरे के रँग भीजिगी गोरी॥१२२॥

*

आई खेलि होरी, कहूँ नवल किसोरी भोरी,
बोरी गयी रंगन सुगंधन झकोरै है।
कहै 'पदमाकर' इकंत चलि चौकी चढ़ि,
हारन के बारन के बंद-फंद छोरै है॥
घाघरे की घूमनि, उरुन की दुबीचै पारि,
आँगी हू उतारि, सुकुमार मुख मोरै है।
दंतन अधर दाबि, दूनरि भई सी चाप,
चौवर-पचौवर कै चूनरि निचौरै है॥ १२३॥

*

रौक्यौ रहै अब क्यों करि कें, मिलि खेलन हौंस कौ ओज पढ़्यौ है।
राख्यौ दुराव दुराय हिऐं, अनुराग सु बाहिर आनि कढ़्यौ है॥
साँवरे छैल गरयारिनि गारिन, गायकें दोहरा एक पढ़्यौ है।
चौंपनि चौगुनिऐ पुट लागि है, आजु तौ सौगुनौ रंग चढ़्यौ है॥१२४॥

*

फागु खेल स्याम संग सदन सिधारी प्यारी,
राजै दुति दामिनी सी भामिनी भरी अनंग।
'कवि राव राना' बैठ रतन सिंहासन पै,
दर्प भरी दर्पन लै भूषन सँभारै अंग॥
चंद मुख चंदन तें चंद की कला सी खाति,
कंचन की झारिन में जल भरि लाई गंग।
कोमल कपोलन तें धोवती गुलाल-लाली,
त्यों-त्यों होत आली! अति गहब गुलाबी रंग॥ १२५ ॥

*

राधा नवेली सहेली समाज में, होरी कौ साज सजें अति सोहै।
मोहन छैल खिलार तहाँ रस-प्यास भरी अँखियान सों जोहै॥
डीठि मिलें, मुरि पीठि दई, हिय-हेत की बात सकै कहि कोहै।
सैनन ही बरस्यौ 'घनआनँद', भीजनि पै रँग-रीझनि मोहै॥१२६॥

*

नौल बसंत उठैं अकुलाय, सुनैं कल कोकिल की किलकारी।
भाँवरै सी भरें साँवरे-साँवरी, होत निछावर ते सहचारी॥
'देव' दुहूँ कों दुहूँ दुरिकै रँग दै पठई, अँग-अंग उजारी।
केसरिया खुलै नंद किसोर, किसोरी कें केसर की रँगी सारी॥१२७॥

*

खेलिवे कों फागु देव-दारा सी उतर आईं,
दीरघ दृगन देखि लगत नहिं पलकैं।
उड़त दुकूल दरसात भुज-मूल वर,
उन्नत उरोज हार-हीरन के झलकैं॥
'बैनी कवि' भू पर धरत मंद-मंद पाँय,
आनन के ऊपर अनूप छबि छलकैं।
लाल-लाल रंग भरी, मदन-तरंग भरी,
बाल भरी आनँद, गुलाल भरी अलकैं॥ १२८ ॥

*

होरी की बातन के चलतें, तुव बोलनि क्यों लरजाय गयी।
अंग लता तुव कंचन सी, किमि हाय रोमंचन छाय गयी॥
'अंबिकादत्त' कों देखत ही, झुकि झाँकती क्यों सरमाय गयी।
धूम धमारन की सुनतें अली, स्वेद के बिंदु नहाय गयी॥ १२९ ॥

*

घन नव बीथिन तें घर-घर घेरि रहे,
लाल पीरे लागत न जानि परैं कारे से।
गावत समाज, करे आवत न बाज राज,
करो ये निलज्ज छके छाक मतवारे से॥
'गोकुल' बसंत में वियोगिनी के जारिवे कों,
होरी सी हिए में हरषित निरधारे से।
भीजे मकरंद, सो पराग लपटाने देखो,
मधुकर डोलत फिरत फगुहारे से॥ १३० ॥

*

फाग रच्यौ नँद-नंद प्रबीन, बजैं बहु बीन, मृदंग रबाबैं।
खेलती वे सुकुमारि तिया, जिन भूषन हू की सही नहिं दाबैं॥
सेत अबीर के धूँ धर में, इमि बालन की बिकसी मुख-आबैं।
चाँदनी में चहुँ ओर मनों, 'नृप संभु' बिराज रहीं महताबैं॥१३१॥

*

आज नँद जू कें आनंद भरे खेलैं फाग,
कोटि चंद तें दुचंद, भाल-दुति लाल की।
आभरन हीरन पै मानिक-ललाई आई,
तैसी छबि छाई है विसाल बनमाल की॥
अबिर उड़ावैं, मुठि-मूठि सी चलावै, सखी—
देखिये लुनाई, नटनागर गोपाल की।
सजे पीत पट पर, मुरली-लकुट पर,
मोर के मुकुट पर, गरद गुलाल की॥१३२॥

*

उततें कन्हाई लरिकाई के सखन लीन्हैं,
करि चतुराई कलि होरी की मचाई है।
इत वृषभान की कुमारी सुकुमारी प्यारी,
आली गन आली में रसाली सी सोहाई है॥

लालन गुलालन की लालन पै डारै मूठि,
चलैं पिचकारी, सुखकारी दुहुँ घाई है।
केसर के रंग साने, सुरंग नेह सरसाने,
मानों बरसा नें वरसाने झरि लाई है॥ १३३॥

*

होरी-होरी करत अबीर भरी झोरी लीन्हैं,
खोरी-खोरी फिरैं ग्वाल-बाल समुदाई है।
तामैं नंदलाल लाल चीरा जरी धरैं, गरैं,
भावत विसाल बनमाल की सोहाई है॥
कीरति-किसोरी संग गोरी यूथ-यूथ मिलि,
भरी अनुराग फाग स्यामा सों मचाई है।
केसर के रंग साने, सुरंग नेह सरसाने,
मानों बरसा नें वरसाने झरि लाई है॥ १३४॥

*

गरजै डफ-झाँझ सु झिल्लिन के गन, बादर लाल गुलाल की झोरी।
बहु बुंदन की पिचकारिन सों, भिजवै हटि कें हरि पीत पिछोरी॥
कल कूजित कोकिल-चातक के गन, गाय रिझावत फाग गनोरी।
सजि कुंजन में मनमोहन सों, जनु पावस पीतम खेलत होरी॥१३५॥

*

दुहुँ ओर सों फागु-मढ़ी उमड़ी, जहाँ श्री-चढ़ी भीर तें भीर भिरी।
धधकी दै गुलाल की धूँ धरि में, घरी गोरी लला मुख-मींड़ि सिरी॥
कुच कंचुकी कोर छुवै छरकै, 'पजनेस' फँदी फरकै ज्यों चिरी।
झरपै, झँपै कौंधै, कढ़ै तड़िता, तरपै मनों लाल घटा में घिरी॥१३६॥

*

लै-लै कर झोरी जुरि आईं इतै गोरी,
उतै होरी खेलिवे कों लाल जाल हू बनायौ कीच।
छाइगौ छिनै में यों गुलाल मेघ-माल ऐसौ,
'द्विजदेव' जासों ना जनायौ परे ऊँच-नीच॥
ऐसी भई धूँ धरि धँमारि की सु ताही समैं,
पावस के भौरें मोर सोर कें उठे अपीच।
घन के समान ज्यों-ज्यों दौरैं घनस्याम, त्यों-त्यों—
संपा सी दुरति आली, चंपा-घन-बन बीच॥ १३७॥

*

जुरि खेलैं तिया-हरि होरी भलैं, बहु मीन मृदंग बजैं रमकैं।
कर कुंकुम लै रँग कंजमुखी, पिय के मुख लावन कों झमकैं॥
तहँ लाल गुलाल के धूँधर में, बहु बालन की दुति यों दमकै।
जनु सावन-साँझ ललाई के माँझ, चहुँ दिसि तें चपला चमकैं॥१३८॥

*

मोती कल गंग, नील सारी कालिंदी संग,
डर्‌यौ लाल रंग रूप भारती कौ भरिगौ।
'सेवक' भनत, कै हिए कौ अनुराग जागि,
उमँगि अदाग आज ऊपर उघरि गौ॥
ललकि लला नें मूँठि बादला की मारी, तापै—
सनख उरोज पर ऐसौ अनुसरिगौ।
मानों भानु पूर कला आपनी कों सूरमनि,
ह्वै कै चंद चूर चंदचूर पै बगरि गौ॥१३९॥

*

रोरी की झोरी भरैं ब्रज गोरी, सु खेलतीं होरी जहाँ छवि छाई।
आयौ तहाँ सुख सों सनि कै, वर बानक सों बनिकै ब्रजराई॥
जौलौं चलायौ चहै लखिकै, उन पै भरि मूठि चहूँकित धाई।
तौलौ कियौ सबकौ मुख लाल, गोपाल गुलाल बिना मुसकाई॥१४०॥

*

बन-बन बानिक में बरन-बरन फूले,
'लोकनाथ' ललित लतान छवि छाई है।
मंजु-मंजु मंजरीन गुंजत मधुप-पुंज,
कुंजन में कोकिला की कूकन सुहाई है॥
होरी-होरी करत किसोरी दौरि खोरी-खोरी,
गोरी चलु तहाँ, जहाँ बल सुखदाई है।
लटकि-लटकि कान्ह बाँसुरी बजावत है,
ए री चलि देखिये, बसंत रितु आई है॥१४१॥

*

लाल की ललकि लखि, दौरि दुरिजात हुती,
छुवन न देत छबि तन दुति जाल की।
जाल की दरीचै ते निहारि मुरि जात हुती,
भाँति हुती मंदिर में दुति सों मसाल की॥
सील की न सुधि ताकों आज, 'मनिदेव' कहै,
ह्वै गयी बसन बारी मदन महाल की।

हाल की सुनो री चित्त चोरी करि दौरी,
वृषभान की किसोरी झोरी भरिकै गुलाल की ॥ १४२ ॥
*

गोरी बाल थोरी वैस, लाल पै गुलाल मूठि—
तानि कै चपल चली आनँद-उठान सों।
वाँए पानि घूँघट की गहनि चहनि ओट,
चोटन करति अति तीखे नैन-बान सों ॥
कोटि दामिनीन के दलन दलि-मलि पाँय,
दाय जीत आई, झुंड मिली है सयान सों।
मीड़िवे के लेखे कर-मीडिवौई हाथ लग्यौ,
सो न लगी हाथ, रहे सकुचि सखान सों ॥ १४३ ॥
*

खेलत फाग जू मेरी भटू, इनसों बड़े चाव तें बाबरी तैं हैं।
केसर के रंग की भरि सुंदरि, डारत कामरी पै पिचकैहैं ॥
त्यों 'ब्रजचंद जू' साँबरे गातन, नावै सुगंधन की लपटैं हैं।
ये मँगुवा दधि-माखन के, ते कहो कहाँ ते फगुवा तोहि दैहैं ॥ १४४ ॥

होरी के दिवस कहूँ गोरी राधिका कों देखि,
कान्ह जिय माँझ यों विचार्‌यौ बुद्धि तीछे तें।
आज बिन रंग केहू छाँड़ि हौं न लाड़िली कों,
घातन में लाग्यौ फिरौ आनँद के ईछे तें ॥
कहै 'चिरंजीवि' त्योंही लला पिचकारी लैकै,
लपक्यौ प्रिया पै, प्रिया भागी तकि तीछे तें।
ओढ़िनी सरकि, चोटी पीठ यों लखाति, मानों—
इंदु भाज्यौ जात, औ फनिंद पर्‌यौ पीछे तें ॥ १४५ ॥
*

केसर सुरंग हू के रंग में रँगौगी आजु,
और गुरु लोगन की लाज कों पहेलिवौ।
गाइवौ-वजाइवौ जू, नाँचिवौ-नँचाइवौ जू,
रस वस ह्वैकै हम सब विधि झेलिवौ ॥
'ठाकुर' कहत बाल, होनी तौ करौंगी सब,
एक अनहोनी कहो कौन विधि ठेलिवौ।
कर कुच पेलिवौ, गरे में भुजि मेलिवौ जू,
ऐसी होरी खेलिवौ जू, हम तौ न खेलिवौ ॥ १४६ ॥
*

अँचरा उरोजन तें खुलि-खुलि जात प्यारी,
फैंकै पिचकारी भारी लागी रंग बरसात।
कहत न बनै न कछु, देखत ही आवै बनि,
मन-कामिनी सी दामिनी सी दुति दरसात॥
कुच उचकौहैं, लचकौहैं मध्य देस वेस,
'बेनी कवि' आनन अनूप छबि सरसात।
छाय जात आनँद, लजाय जात गोरी सुनि,
चोट करि कान्ह पै, अली की ओट आइ जात॥१४७॥

*

मूठी गुलाल भरैं चली लाल के मारिवे कों मुख पै, सुख कों चहि।
'गोकुलनाथ' खिलार लई तब, लोइन हू भरि केसर सों लहि॥
जाय दई पहिलै कुच पै, पिचकारी की धार, निहारि कै हो कहि।
आँचर ओढ़ि, चितै सतराय, लजाय सखीन की ओट लई गहि॥१४८॥

*

मूठि गुलाल लै, आलिन तें कढ़ि, साँवरे पै चली गोप-किसोरी।
त्यों नँदनंदन हू उत धाय, महा सुख छाय, लई कर रोरी॥
होत जुरा-जुरी ही उमड़े दोऊ, खेलैं अनूपम प्रेम की होरी।
हाथ दुहूँ के उठाए उठैं न, रहे लिखे चित्र से नैनन जोरी॥१४९॥

*

आजु की बात कहा कहि हौं, मुख सों कछु हू कहि जात न प्यारी।
साध सब मन की मन ही रही, ऐसी कछू बिधि बात बिगारी॥
'अंबिकादत्त जू' जादू कर्‌यौ, जनु मैं अपनी सुधि हाय बिसारी।
देखत ही मनमोहन कौ मुख, हाथ सों छूटि परी पिचकारी॥१५०॥

*

बादले की ह्वै गयी बसुधा, तिमि गाढ़ी गुलाल की ह्वै अँधियारी।
बाज रहे बहु बाजे सुहावन, ह्वै रही किंकिनी की झनकारी॥
देखौ परै नहिं नैनन सों, 'रघुराज' भयौ तहँ यों भ्रम भारी।
लालन धाय गहै लतिकान, तमालन धाय गहै ब्रज-नारी॥१५१॥

*

डरो ना अहीरन तें, अगर-अबीरन तें,
चार जनी चारु, चार ओरन तें धाओ री।
एक हाथ आड़ौ पिचकारी की अगारी मारि,
एक हाथ ओट राखि आँखिन बचाओ री॥

'कवि सरदार' आयौ बड़ौ खिलवार, ताहि—
खेल कौ सवाद रंग-रंगन बताओ री।
कीरति-कुमारी कह्यौ हेरि कै कुमारी कोउ,
ए री गुनवारी, बनवारी बाँधि लाओ री॥ १५२॥

*

ठाढ़ी रहो, डगो न भगो, अब देखो जो है कछु खेलत ख्यालहिं।
गावन दै री, बजावन दै सखी, आवन दै इतैं नंद के लालहिं॥
'ठाकुर' हौं रँगि हौं रँग सों अंग, ओड़ि हौं बीर! अबीर-गुलालहिं।
धूं धर में, धधकी में, धमार में, धसि हौं अरु धरि लैहौं गोपालहिं॥१५३॥

*

प्रात झुकाझुकी भेष छपाय कै, लै गगरी जल कों डगरी ती।
जानी गयी न कितेकऊ वार तें, आन जुरे, जहाँ होरी धरी ती॥
'ठाकुर' दौरि परे मोहिं देखत, भाग बची सु कछू सुघरी ती।
बीर! जो दौरि किंवार न देउँ री, तौ हुरिहारन हाथ परी ती॥१५४॥

*

फाग में, कि बाग में, कि भाग में रही है भरि,
राग में, कि लाग में, कि सोहैं खात झूठी में।
चोरी में, कि जोरी में, कि रोरी में, कि मोरी में,
कि झूमि झुकझोरी में, कि झोरिन की ऊठी में॥
'ग्वाल कवि' नैन में, कि सैंन में, कि बैन में,
कि रंग लैन-दैन में, कि ऊजरी अंगूठी में।
मूठी में, गुलाल में, कि ख्याल में तिहारे प्यारी,
का में भरी मोहिनी, सो भयौ लाल मूठी में॥ १५५॥

*

खेलत फाग सुहाग भरी, अनुरागहिं लालन कों धरि कै।
मारत कुंकुम, केसर की पिचकारिन में रंग कों भरि कै॥
गेरत लाल गुलाल लली, मनमोहन मौज मिटा करि कै।
जात चली 'रसखान' अली, मद मस्त मनी मन कों हरि कै॥ १५६॥

*

नंद के मंदिर जाउ सबै, दुलही घर राखि, मिलै फगुआ के।
होरी बढ़ावन कों घर कै गये, आए हैं भोर भए रतिया के॥
भीतर भौन के लाय धरौ, ये किंबार उठाय न जाँय यहाँ के।
सासु के ये सुनि बैन विसाल, सो फूलि गये सब अंग तिया के॥ १५७॥

*

खेलन फाग सबै निकसीं, अरु रंग गुलाल लिऐं भरि झोरी।
मूठि चलावत ग्वालिन पै, अरु स्यामल के मुख आवत रोरी॥
जबहीं हँसि हेरि गह्यो अँचरा, परसाद सी प्रीति, गुलाल सी जोरी।
मोसें दुरैहौ कहा सजनी! निहुरे-निहुरे कहुँ ऊँट की चोरी॥१५८॥

*

पीठ दिऐं ही नैक मुरि, कर घूँघट-पट टारि।
भरि गुलाल की मूठि सों, गयी मूठि सी मारि॥ १५९॥

*

गिरै कंपि कछु, कछु रहै, कर पसीज लपटाय।
डारत मुठी गुलाल की, छुटत झूठी ह्वै जाय॥ १६०॥

*

दियौ जु पिय लखि चखन में, खेलत फागु खियाल।
बहुत हूँ मति पीर तु, न फाढ़त बनत गुलाल॥ १६१॥

*

## होली-वियोग

फागुन महीना की कही ना परैं बातें,
दिन-रात जैसे बीतें, सुनैं डफ-घोर कों।
कोऊ उठै तान गाय, प्रान बान पैठि जाय-
चित्त बीच, एरी पै न पाऊँ चित-चोर कों॥
मची है चुहल, चहुँ ओर चोंप चाँचरि सों,
कासों कहौं, सहौं हौं वियोग-झकझोर कों।
मेरौ मन आली वा विसासी बनमाली बिन,
बावरे लौं दौरि-दौरि परै सब ओर कों॥ १६२॥

*

पीरी परी देह छीनी, राजत सनेह भीनी,
कीनी है अनंग अंग-अंग रंग बोरी सी।
नैन पिचकारी ज्यों चल्यौई करै रैन-दिन,
बगराए बारन फिरत झकझोरी सी॥
कहाँ लौं बखानों 'घनआनँद' दुहेली दसा,
फाग मयी भई जान प्यारी वह भोरी सी।
निहारे निहारे बिन, प्रानन करत होरा,
विरह अँगारन मगरि हिय होरी सी॥ १६३॥

*

कहाँ एतौ पानिप बिचारी पिचकारी धरै,
आँसू नदी नैनन उमँगिये रहति है।
कहाँ ऐसी राँचनि हरद-केसू-केसर में,
जैसी पियराई गात पगिये रहति है॥
चाँचरि-चौपही हू तौ औसर ही माचति, पै—
चिंता की चहल चित लगिये रहति है।
तपनि बुझे बिन 'आनंदघन' जान बिन,
होरी सी हमारे हिए लगिये रहति है॥ १६४॥

*

कुमकुम चीर रँग्यौ-उँमग्यौ, पिचकारिन भरि-भरि खेलत होरी।
अबीर गुलाल की धुंधि उड़ै, मानों रंग भरी रस में सरबोरी॥
फागुन के दिन स्याम बिना, अब कैसै जिऐ वृषभान-किसोरी।
व्याकुल बाल धरै नहीं धीर, इतै जरै आप, उतै जरै होरी॥१६५॥

*

सौंधे की बास उसासहिं रोकत, चंदन दाहक गाहक जी कौ।
नैनन बैरी सो है री गुलाल, अबीर उड़ावत धीरज ही कौ॥
राग विराग, धमार त्यों धार सी, लौटि पर्‌यौ ढँग यों सब ही कौ।
रंग रचावन जान बिना, 'घनआनँद' लागत फागुन फीकौ॥ १६६॥

*

तब न सिधारी साथ, मीड़त है अब हाथ,
'सेनापति' जदुनाथ बिना दुख ए सहैं।
चलैं मनरंजन के, अंजन की भूली सुधि,
मंजन की कहा, उनहीं के गूँथे केस हैं॥
बिछुरैं गुपाल, लागै फागुन कराल, तातें—
भई है बेहाल, अति मैले तन भेस हैं।
फूल्यौ है रसाल, सो तौ भयौ उर साल,
सखी डार न गुलाल, प्यारे लाल परदेस हैं॥ १६७॥

*

'घनआनँद' प्यारे कहा जिय जारत, छैल ह्वै फीकिये खौरन सों।
करि प्रीति पतंग कौ रंग दिना दस, दीसि परै सब ठौरन सों॥
ये औसर फागु कौ नीकौ फब्यौ, गिरधारीहिं लै कहूँ टौरन सों।
मन चाहत है मिलि खेलन कों, तुम खेलत हौ मिलि औरन सों॥ १६८॥

*

दसन बसन बोली भरि ए रहे गुलाल,
हँसनि लसनि त्यों कपूर सरस्यौ करै।
साँसन सुगंध सौंधे कोरिक समोय धरे,
अंग-अंग रूप-रंग रस बरस्यौ करैं॥
जान प्यारी तो तन 'अनंदघन' हित नित,
अमित सुहाय राग फाग दरस्यौ करै।
इते पै नवेली लाज अरस्यौ करै, जु प्यारौ—
मन फगुवा दै, गारी हू कों तरस्यौ करै॥ १६९॥

## होली की शुभ कामना

नित-नित होरी ब्रज में रहो।
बिहरत हरि सँग ब्रज-जुवती गन, सदा अनंद लहो॥
प्रफुलित-फलित रहो वृंदावन, मधुप कृष्ण-गुन कहो।
'हरीचंद' नित सरस सुधामय, प्रेम-प्रवाह बहो॥ १७०॥

## * इति शुभम् *